Konzepte der Humanwissenschaften

Rolf Verres und
Ingrid Sobez

Ärger, Aggression und soziale Kompetenz

Zur konstruktiven Veränderung destruktiven Verhaltens

Klett-Cotta

CIP-Kurztitelaufnahme der Deutschen Bibliothek

Verres, Rolf:
Ärger, Aggression und soziale Kompetenz: zur konstruktiven Veränderung destruktiven Verhaltens / Rolf Verres u. Ingrid Sobez. – 1. Aufl. – Stuttgart: Klett-Cotta, 1980.
(Konzepte der Humanwissenschaften)
ISBN 3-12-938310-7
NE: Sobez, Ingrid:

1. Auflage 1980
Verlagsgemeinschaft Ernst Klett – J. G. Cotta'sche Buchhandlung Nachfolger GmbH

Einbandgestaltung und Typographie: Heinz Edelmann, Den Haag
Satz: Fotosatz Aschenbroich, 7000 Stuttgart 1
Druck: F + W Schmidt, 7000 Stuttgart 70

Inhalt

Es kommt nicht auf das an,
was man aus uns gemacht hat,
sondern auf das,
was wir aus dem machen,
was man aus uns gemacht hat.

Jean-Paul Sartre

Vorwort

In diesem Buch haben wir versucht, einen aktuellen Überblick über wichtige Ansätze und Ergebnisse der psychologischen Aggressionsforschung zu geben. Die verschiedenen Ergebnisse dieser Forschungsarbeiten werden jedoch nicht einfach nebeneinander referiert, sondern durchgängig unter einer ganz bestimmten Fragestellung betrachtet. Die Frage lautet: Unter welchen Bedingungen ist es möglich und wünschenswert, sich in solchen Situationen, in denen aggressive und destruktive Handlungsweisen besonders häufig oder intensiv sind, nichtaggressiv zu verhalten? Welche Anregungen gibt uns die psychologische Aggressionsforschung, wenn wir in präventiver oder therapeutischer Absicht zur Verringerung von Gewalttätigkeit und Destruktivität beitragen wollen?

Die Schwierigkeiten unseres Unterfangens sind offenkundig. In der psychologischen Aggressionsforschung gibt es eine Anzahl verschiedener theoretischer „Schulen", die einander (zuweilen in einer recht aggressiven Weise) befehden und dabei die gegensätzlichsten Behauptungen über die Auslösebedingungen und Beeinflussungsmöglichkeiten aggressiver Verhaltensweisen aufstellen. Welche dieser Theorien sind ausreichend empirisch belegt, welche müssen aufgrund unzureichender Belege mit Skepsis betrachtet werden? Einige Aggressionstheorien, die in der Öffentlichkeit großen Anklang finden, haben einer strengen empirischen Prüfung nicht standgehalten. Dennoch üben diese Theorien allein aufgrund der Tatsache, daß sie weithin bekannt sind, einen direkten Einfluß darauf aus, wie aggressive Handlungsweisen eingeschätzt und gegebenenfalls gerechtfertigt werden. Aus diesem Grunde haben wir auch diese Theorien in unsere Betrachtung einbezogen.

Ein weiteres Problem liegt darin, daß selbst dann, wenn eine bestimmte Aggressionstheorie einigermaßen durch empirische Forschungsarbeiten abgesichert ist, noch keineswegs ohne weiteres entschieden werden kann, ob diese Theorie auch *praktisch brauchbar* für diejenigen ist, die in den Bereichen von Erziehung, Beratung, Therapie oder Politik versuchen wollen, einen konkreten Beitrag zur Verringerung von Gewalt und Destruktivität zu leisten. Wir werden deutlich zu machen versuchen, daß große Vorsicht geboten ist, wenn man aus psychologischen Aggressionstheorien einfache „Rezepte" für Beeinflussungsversuche zwischenmenschlicher Aggressionen ableiten will.

Einige Kapitel des Buches sind bestimmten Formen und Bedingungsfaktoren der ganz banalen Alltagsgewalt gewidmet. Dabei spielt eine besondere Rolle die Frage, wie Menschen miteinander umgehen, wenn sie in Ärger und Wut geraten, und welche Möglichkeiten es gibt, aufquellenden Ärger in einer konstruktiven Weise zu handhaben, ohne ihn dabei aus dem Erleben und Handeln ausklammern zu müssen. Zur Psychologie des Ärgers gibt es bisher nur vereinzelte Darstellungen. Am Beispiel der möglichen Umgangsweisen mit Ärger und ärgerauslösenden Bedingungen läßt sich unseres Erachtens besonders deutlich zeigen, daß viele Möglichkeiten einer Weiterentwicklung menschlicher Fähigkeiten zur Konfliktregelung bisher nur in einem ungenügenden Maße erforscht und erprobt worden sind.
Das Buch erhebt keinen Anspruch auf Vollständigkeit. Bei unserer Erörterung der verschiedenen wissenschaftlichen Herangehensweisen an das Aggressionsproblem beschränken wir uns stellenweise darauf, konzeptuelle Grundpositionen deutlich werden zu lassen und diese im Hinblick auf ihre praktische Brauchbarkeit für Versuche zur Prävention destruktiven Verhaltens zu diskutieren. Der Leser sei auf das ausführliche Literaturverzeichnis verwiesen, anhand dessen er sich bei Interesse Zugang zu weiterführenden Arbeiten verschaffen kann. Wir sind auch gern bereit, interessierten Lesern auf Anfrage neueste Literaturlisten zu schicken. Anhand des zweiten Kapitels sowie der Zusammenfassungen am Ende der einzelnen Kapitel hat der Leser die Möglichkeit, sich zunächst einen groben Überblick über das Buch zu verschaffen und dann gezielt diejenigen Abschnitte zu lesen, die ihn persönlich am meisten interessieren.
Einige der von uns vorgetragenen Überlegungen sind vorläufig, noch hypothetisch und sicherlich nur für einen Teilbereich der zwischenmenschlichen Aggressivität brauchbar. Für Anregungen und Diskussionsbeiträge werden wir stets dankbar sein.
Eine Reihe von Anregungen verdanken wir Dr. Gabriele Gloger-Tippelt, Prof. Gert Sommer, Dipl.-Pädagogin Marita Verres-Muckel und unserer Kollegin und Freundin Heidrun Fischer-App. Sie nahmen sich die Zeit, unsere ersten Entwürfe zu diesem Buch kritisch unter die Lupe zu nehmen und mit uns zu diskutieren.. Zu danken haben wir auch Prof. Albert Bandura, ohne den dieses Buch kaum zustande gekommen wäre. Einer von uns (R.V.) hatte Gelegenheit, in den Jahren 1975 und 1976 während eines Forschungsaufenthaltes an der Stanford University zu seinen Schülern gehören zu dürfen. In zahlreichen freundschaftlichen Gesprächen gab Albert Bandura nützliche Denkanstöße und Ermutigungen, die unsere Arbeit an diesem Buch beeinflußt haben. Ingrid Sobez dankt Dr. Gerd Fuchs für zahlreiche persönliche Verzichte, die er während unserer Arbeit an diesem Buch partnerschaftlich in Kauf nahm. Frau Monika Schröder

danken wir für ihre Geduld, mit der sie es fertig brachte, unsere stellenweise chaotisch anmutenden Manuskriptblätter zu entziffern und in eine lesbare Form zu bringen. Dr. Peter Stehlin und Frau Waltraud Gross vom Klett-Cotta Verlag danken wir für die angenehme Zusammenarbeit.

Heidelberg 1980

Rolf Verres
Ingrid Sobez

I.

Wie kann die Kluft zwischen der wissenschaftlichen Aggressionsforschung und den Bedürfnissen der erzieherischen Praxis abgebaut werden?

1

Das Konzept der „sozialen Kompetenz" als möglicher Bezugsrahmen sozialwissenschaftlicher Aggressionsforschung

Beunruhigt durch die hohe Rate zwischenmenschlicher Aggressivität in unserer Gesellschaft, begannen wir, nach wissenschaftlich begründbaren Konzepten zu suchen, deren Umsetzung zur Prävention und Verringerung der aggressiven Verhaltensweisen im alltäglichen Leben der Menschen beitragen könnte.

Wir gewannen jedoch zunehmend den Eindruck, daß zwischen der wissenschaftlichen Erforschung des Aggressionsproblems einerseits und den konkreten Bedürfnissen in der Praxis (z.B. den Bedürfnissen von Erziehern nach Orientierungshilfen für ihren alltäglichen Umgang mit aggressiven Verhaltensweisen) andererseits eine tiefe Kluft besteht. Nur selten werden in wissenschaftlichen Arbeiten zum Aggressionsproblem befriedigende Handlungsvorschläge für eine Verbesserung der menschlichen Interaktionsformen entwickelt.

Ein Großteil der wissenschaftlichen Veröffentlichungen zum Aggresssionsproblem ist noch immer der alten Grundsatzfrage gewidmet, inwieweit die aggressiven, destruktiven und gewalttätigen Verhaltensweisen der Menschen mit primär endogenen („triebhaften") oder aber mit erlernten bzw. sozialstrukturellen Bedingungsfaktoren erklärbar sind.

Die aus der wissenschaftlichen Aggressionsliteratur ableitbaren Handlungsvorschläge sind zudem oft untereinander stark widersprüchlich; es fehlt ihnen ein gemeinsamer konzeptueller Bezugsrahmen. Beispielsweise wird von einigen Aggressionsforschern postuliert, aggressive Kampfspiele dienten der unschädlichen Abreaktion überschüssiger aggressiver Triebenergien und seien somit als Beitrag zur *Verringerung* der zwischenmenschlichen Gesamtaggressivität zu empfehlen (z.B. LORENZ; BACH). Von anderer Seite (z.B. BANDURA) wird dagegen argumentiert, solche Kampfspiele führten langfristig aufgrund von Lern- und Gewöhnungsprozessen eher zu einer *Erhöhung* der aggressiven Verhaltenstendenzen.

Die vorliegende Untersuchung ging zunächst von der Frage aus, *wie eng und wie weit eigentlich der theoretische Bezugsrahmen zu sein hat, der von denjenigen berücksichtigt werden muß, die im präventiven Bereich einen gezielten und wirksamen Beitrag zur Verringerung der zwischenmenschlichen Aggressivität und Gewalttätigkeit leisten wollen.*

Die Frage nach Möglichkeiten einer Verringerung aggressiven Verhaltens bei Menschen setzt ein Wissen darüber voraus, welche Faktoren bei seiner Entstehung auf sozialer, psychischer und körperlicher Ebene zusammenwirken. Die Erforschung dieser Faktoren ist Gegenstand verschiedener wissenschaftlicher Disziplinen, deren Zielsetzungen und Methoden nur wenig aufeinander abgestimmt sind. Eine einzelwissenschaftliche Teilperspektive kann jedoch heute nicht mehr als ausreichend zur Begründung psychosozialer Interventionen angesehen werden.

Die in den Arbeitsbereich von *Psychologen* fallenden Zielsetzungen und Methoden der Forschung sind oft, ebenso wie die aus ihnen abgeleiteten Handlungsvorschläge, schon in ihrem Ansatz stark reduktionistisch. Bei zunehmender Verfeinerung der Forschungsmethodik werden die interessierenden Wirkungszusammenhänge auf einen Bezugsrahmen reduziert, der das Subjekt vom gesellschaftlichen Kontext isoliert und es als unhistorischen Einzelorganismus begreift. Wir wollen die Unfruchtbarkeit eines solchen *„psychologistischen" Vorgehens* an zwei Beispielen erläutern.

1. In vielen psychologischen Experimenten, die die populäre Frustrations-Aggressions-Hypothese stützen sollten, herrschte die ursprüngliche behavioristische Konzeption der Versuchsperson als *„Black Box"* vor. Oft wurden im Experiment den künstlich labilisierten Versuchspersonen aufgrund eines instruktionsbedingten Mangels an alternativen Handlungsmöglichkeiten *aggressive* Reaktionen so sehr nahegelegt, daß diese dann auch zwangsläufig auftraten. Eine experimentell in Erregung versetzte Versuchsperson wird, wenn sie aufgrund der Versuchsanordnung nur an einer Elektroschockmaschine agieren darf, dort wahrscheinlich ihre Affekte mangels anderer Verhaltensmöglichkeiten „abreagieren", *auch wenn sie ansonsten im täglichen Leben zu konstruktiveren Handlungsweisen in der Lage ist (oder zu diesen gebracht werden könnte).* So aber konnte in den wissenschaftlichen Laboratorien – methodenabhängig – ein eindimensionales Menschenbild entstehen, das von fatalistischen „Gesetzmäßigkeiten" wie z.B. dem automatistischen Frustrations-Aggressions-Mechanismus bestimmt war und das auch heute noch die Vorstellungen vieler Menschen über die Herkunft ihrer aggressiven Verhaltensweisen beeinflußt.

Zwar gingen auch die Hauptverfechter der Frustrations-Aggressions-Hypothese (DOLLARD u. Mitarb.) bereits vor 40 Jahren davon aus, daß im allgemeinen eine Aggression erst dann auftritt, wenn eine frustrierte Person keine andere Möglichkeit zur Beseitigung einer Frustration findet. *Die Aggressionsforschung hat jedoch diese – manchmal sehr kurze – Phase des Suchens nach möglichen Alternativreaktionen bisher nahezu durchgängig außer acht gelassen.* Solange Menschen isoliert von ihren gesellschaftlichen und historischen Bezügen erforscht werden, ist der theoretische Bezugsrahmen offensichtlich zu eng, als daß aus ihm lebensnahe Konzepte zur befriedigenden Regulation menschlicher Aggressivität ableitbar wären.

2. Die praktische Unfruchtbarkeit eines solchen „psychologistischen" Vor-

gehens soll noch an einem Beispiel aus dem Bereich der lerntheoretisch orientierten Aggressionsforschung veranschaulicht werden. Prinzipiell darf man wohl an eine lerntheoretisch orientierte Aggressionsforschung die Erwartung knüpfen, daß aus ihren Ergebnissen Konzepte für eine planvolle Veränderung aggressionsfördernder Sozialisationsbedingungen abgeleitet werden können.

Analysiert man lerntheoretisch orientierte Veröffentlichungen zum Thema „Aggressionskontrolle“ jedoch genauer, so fällt auf, daß die bisher aus ihnen abgeleiteten Programme zur Verringerung der menschlichen Aggressivität großenteils implizit dem Denkansatz des *symptom-orientierten Therapiemodells* verhaftet sind. Das bedeutet: lerntheoretisch orientierte Aggressionsforscher haben bisher vorwiegend untersucht, welche „Lernmechanismen“ zur Erklärung der individuellen Aneignung aggressiver Verhaltenstendenzen postuliert werden können; aus diesen Postulaten wurden sodann unmittelbar „Techniken“ bzw. „Strategien“ für eine verhaltenstherapeutische Modifikation des Verhaltens von als „aggressiv“ klassifizierten Einzelpersonen abgeleitet.

Es wurde beispielsweise vorgeschlagen, mit Menschen, die häufig in Ärger und Wut geraten, ein Trainingsprogramm zur Ärgerreduktion durchzuführen. Solche – lerntheoretisch fundierten – Trainingsprogramme führten tatsächlich zu deutlichen Reduktionen von Ärgerreaktionen bei den betreffenden Probanden (vgl. NOVACO 1975, 1976; SIEBERT 1977). Diese Programme sind also wirksam. Aber dennoch lassen sie die Frage offen, ob bzw. unter welchen Bedingungen ihre Durchführung überhaupt sinnvoll ist.

Das therapeutische Interventionsmodell ist unseres Erachtens typisch für die gegenwärtig noch vorherrschende Arbeitsweise lerntheoretisch orientierter Ansätze zur Aggressionskontrolle. Die Konzepte sind symptom-orientiert, und es wird nach immer mehr Therapeuten gerufen, aber kaum versucht, an der Schaffung von Bedingungen mitzuarbeiten, die zu einer grundsätzlichen Senkung des Gewalt- und Aggressionspotentials im sozialen System führen könnten.

Erkenntnisse über die Lernmechanismen bei aggressivem Verhalten stellen zwar sicherlich notwenige, aber keineswegs hinreichende Voraussetzungen für die Planung praxisrelevanter Veränderungsstrategien zur Senkung des gesellschaftlichen Aggressionspotentials dar. Der zugrundeliegende theoretische Bezugsrahmen ist ganz offensichtlich solange zu eng, wie keine Kriterien für die Entscheidung der Frage vorgelegt werden, an welchen Ansatzpunkten und in wessen Interesse die Interventionen stattfinden sollen. Was im Einzelfall *machbar* ist (z.B. die verhaltensmodifikatorische „Zähmung“ eines Jugendlichen, dessen oppositionelle Verhaltensweisen von seinen Erziehern als „aggressiv“ empfunden werden), muß noch nicht notwendigerweise letztlich *„gut“*

sein. Bei Veränderungsstrategien, die implizit oder explizit am symptomorientierten therapeutischen Interventionsmodell orientiert sind, ist die Gefahr stets besonders groß, daß das Verhalten einzelner Menschen von „Verhaltensingenieuren" (PATTERSON) durch raffinierte Sanktionen in einer Weise beeinflußt wird, die nicht ausreichend mit diesen Menschen selbst beraten worden ist. Ihre „innere Welt" (ihre Vorstellungen, Bedürfnisse und Ziele) wird kaum berücksichtigt. Maßstab für die Richtung der Modifikationsstrategien sind die Vorstellungen derjenigen Personengruppen, die sich des Rats der Psychologen bedienen können. Das sind in der Regel die jeweils mit Herrschaftsfunktionen ausgestatteten Mitglieder des betreffenden sozialen Systems. Nicht den Kindern, sondern den Eltern, nicht den Schülern, sondern den Lehrern, nicht den arbeitslosen „Delinquenten", sondern dem Polizeiapparat steht der Zugang zu den wissenschaftlich ausgeklügelten Techniken sozialer Kontrolle am ehesten offen.

Wir möchten schon an dieser Stelle die These aufstellen, daß die mit einer Anwendung des nur an Symptomen orientierten therapeutischen Modells einhergehenden schwerwiegenden ethischen Probleme möglicherweise großenteils umgangen werden könnten, wenn die Veränderungsstrategien am *Kompetenzkonzept* und am systembezogenen *Präventionsgedanken* orientiert wären (vgl. ERNST 1977; GOLDFRIED & D'ZURILLA 1969; PHILLIPS 1970; SOMMER 1977a). Der Begriff *„soziale Kompetenz"* wird in der psychologischen und pädagogischen Literatur uneinheitlich verwendet. Es soll kurz erläutert werden, was wir mit dem „Kompetenzkonzept" meinen und weshalb wir es für sinnvoll halten, seine Brauchbarkeit für unser Anliegen zu überprüfen.

Mit *Kompetenz* wird hier definiert die „Verfügbarkeit und angemessene Anwendung von Verhaltensweisen (motorischen, kognitiven und emotionalen) zur effektiven Auseinandersetzung mit konkreten Lebenssituationen, die für das Individuum und/oder seine Umwelt relevant sind" (SOMMER 1977b, S. 75). Ein menschliches Verhalten kann dann als *„effektiv"* bezeichnet werden, „wenn es dem Individuum kurz- und langfristig ein Maximum an positiven und ein Minimum an negativen Konsequenzen bringt, gleichzeitig für die soziale Umwelt und die Gesellschaft kurz- und langfristig zumindest nicht negativ, möglichst aber auch positiv ist" (SOMMER, a.a.O.). Auf den in dieser Formulierung deutlich enthaltenen normativ-ethischen Aspekt wird später noch ausführlich einzugehen sein, ebenso auf die Frage, ob hiermit zugleich bereits eine Negation, ein Gegenpol zu aggressivem/gewalttätigem Verhalten formuliert ist.

Wir werden untersuchen, ob und gegebenenfalls inwieweit das Konzept der „sozialen Kompetenz" ein geeigneter Bezugsrahmen für die Entwicklung von Strategien zur Senkung des zwischenmenschlichen Aggressionspotenti-

Absender:

POSTKARTE

Buchhandlung

ERHARD + CO.

72192

~~7270~~ **NAGOLD**

Freudenstädter Str. 6, am Busbahnhof

Postfach 12 43, Telefon (0 74 52) 29 91

Ich bestelle zur sofortigen Lieferung – Lieferung am ______________________

Rechnung an ____

Expl.	Verfasser	Titel	Verlag

______________________ ______________________

Ort und Tag Unterschrift

als darstellt, die nicht mit den bis hierhin diskutierten Nachteilen potentiell inhumaner (weil manipulativer) und auf Einzelfälle beschränkten Modifikationsprogramme einhergehen.
Anstelle der üblichen therapeutischen Beeinflussungsversuche – z.B. durch Verhaltensmodifikation in Gefängnissen und Erziehungsheimen – könnte angestrebt werden, die Ergebnisse der sozialwissenschaftlichen Aggressionsforschung mit dem Ziel der *Prävention* bereits auf der Ebene der *kindlichen Primärsozialisation* umzusetzen.
Entwicklungsgeschichtlich (phylogenetisch ebenso wie ontogenetisch) gesehen, nimmt die Notwendigkeit des unmittelbaren Auslebens ungezügelter primitiver Affektreaktionen in dem Maße ab, wie sich *differenziertere soziale Kompetenzen* herausbilden (MONTAGU 1974; SCHMIDBAUER 1972). Wir gehen von der Annahme aus, daß die Menschen der hochentwickelten Industriegesellschaft des 20. Jahrhunderts sich bezüglich der Regulationsmöglichkeiten ihrer affektiven und aggressiven Verhaltensimpulse deutlich von Buntbarschen, Tauben, Ratten und Affen unterscheiden, die teilweise diejenige archaische Aggressivität aufzeigen, mit der die älteren Vorstellungen über die Aggressivität hauptsächlich untermauert wurden. Menschen können mit weit vielseitigeren Verhaltenskompetenzen ausgestattet werden als diejenigen Tiere, an deren Verhaltensweisen die Triebhypothese aggressiven Verhaltens untersucht wurde.
Wir können an dieser Stelle aus unserer Kritik an ‚psychologistischen' Strategien der Aggressionsforschung und am symptomorientierten Therapiemodell unsere konkrete Zielsetzung ableiten.
Es sollen Erkenntnisse der sozialwissenschaftlichen Affekt- und Aggressionsforschung unter der Fragestellung analysiert werden, ob aus ihnen ein Bezugsrahmen für eine gezielte erzieherische (präventive) Förderung solcher sozialer Kompetenzen gewonnen werden kann, die geeignet sind, zu einer Senkung des Potentials an destruktiv-aggressiven und gewalttätigen Verhaltensweisen in zwischenmenschlichen Interaktionen beizutragen.
Aus unserer bisherigen Argumentation ergibt sich bereits, daß ein solcher Bezugsrahmen zu eng wäre, würde er nicht auch den Kontext der real existierenden sozio-ökologischen Systeme im gegenwärtigen Stadium der menschlichen Entwicklung in den Bezugsrahmen mit einbeziehen. In dieser Zielsetzung kommt unsere Auffassung zum Ausdruck, daß sozialwissenschaftliche Forschung nicht nur die Aufgabe hat, soziale Tatbestände zu registrieren und zu analysieren, sondern auch, durch eine praxisorientierte Umsetzung dieser Analysen zu einer „positiven" Entwicklung menschlicher Verhaltenspotentiale beizutragen. In diesem Rahmen gehört es ebenfalls zu den fundamentalen Aufgaben sozialwissenschaftlicher Forschung, zu untersuchen, welche strukturellen Bedingungen im sozialen Bereich für eine Ent-

faltung der anvisierten menschlichen Verhaltenspotentiale wünschenswert sind. Da diese Zielsetzungen mit Wertfragen verbunden sind, müssen diese explizit in die Formulierung des Bezugsrahmens mit eingehen.

2

Leitgedanken des vorliegenden Buches

Will man Konzepte zur Förderung nichtdestruktiver Verhaltenspotentiale von Menschen gewinnen, so genügt es nicht, Kataloge von „Seid-nett-zueinander"-Forderungen in den Raum zu stellen.
Im vorliegenden Kapitel soll ein kurzer Überblick über die Themen dieses Buches gegeben werden. Die Erörterung wird an fünf zentralen Fragestellungen orientiert sein.

1. Wovon hängt es ab, ob ein bestimmtes Verhalten als „aggressiv" bzw. „schädlich" identifiziert wird? Die Ergebnisse der Aggressionsforschung sind schon deshalb nicht einfach in einen widerspruchsfreien Bezugsrahmen für Programme zur Aggressionsverminderung umzusetzen, weil keinerlei Einigkeit darüber besteht, welche Verhaltensweisen als *Aggressionen* bzw. als *Anwendungen von Gewalt* aufgefaßt werden sollen.
In vielen Definitionen aggressiven/gewalttätigen Verhaltens ist nur *implizit* ein Bewertungsaspekt enthalten. Die zugrundegelegten Klassifikations- und Bewertungskriterien werden nicht immer offengelegt. Soll man menschliches Verhalten, das als Ausdruck einer Aggression oder Gewalt bezeichnet wird, per se auch als *sozial unerwünscht* auffassen? Viele Autoren unterscheiden zwischen *gekonnten* und *ungekonnten*, *guten* und *bösen*, *kreativen/konstruktiven* und *destruktiven* Aggressionen, zwischen *legitimen* und *verbotenen* Formen von Gewaltanwendung. Die vielfältigen Möglichkeiten zur Verschleierung und Rechtfertigung von Aggressions- und Gewalthandlungen machen es notwendig, auch die Begriffe der indirekten und der strukturellen Gewalt (GALTUNG 1971, 1975) zu berücksichtigen. Dies ist nur unter Einbeziehung weiterer Aspekte des jeweiligen Interaktionssystems möglich.

2. Was leisten die verschiedenen Ansätze der sozialwissenschaftlichen Aggressionsforschung für das Anliegen der Prävention und Verringerung zwischenmenschlicher Destruktivität? Eine umfassende Theorie aggressiven Verhaltens müßte unter anderem angeben, unter welchen genau definierten Bedingungen aggressives Verhalten mit welcher Wahrscheinlichkeit zu erwarten ist. Von einer konsistenten Theorie der Beeinflussungsmöglichkeiten menschlicher Aggressivität, die ein System von einander nicht widersprechenden Handlungsvorschlägen zur Verringerung der Wahrscheinlichkeit aggressiven Verhaltens liefern würde, sind wir jedoch noch weit entfernt.
Das liegt nicht nur an der Schwierigkeit, eindeutige und verbindliche Klas-

sifikationsregeln für die Unterscheidung von aggressivem und nicht-aggressivem Verhalten zu formulieren, sondern auch an von vornherein völlig unterschiedlichen theoretischen Ausgangspositionen und Methoden der verschiedenen Forschungsrichtungen. In der Fachliteratur findet man erst neuerdings Versuche zur Integration der Theorien (z.B. MICHAELIS 1976; WERBIK 1974).

Wir werden die wichtigsten Ansätze der Aggressionsforschung kurz vorstellen und auf ihre Relevanz für das Anliegen der Aggressionskontrolle überprüfen.

Wenn aus den Ergebnissen der sozialwissenschaftlichen Aggressionsforschung Orientierungshilfen für eine erzieherische Förderung solcher menschlicher Interaktionskompetenzen abgeleitet werden sollen, die geeignet sind, zu einer Senkung des Potentials an destruktiv-aggressiven und gewalttätigen Verhaltensweisen beizutragen, muß zunächst möglichst genau angegeben werden, wie die vielfältigen aggressiven Verhaltensweisen in das Handlungsrepertoire von Menschen gelangen. Ferner muß die Frage beantwortet werden, unter welchen Bedingungen solche Verhaltensweisen von Menschen bevorzugt gelernt und ausgeführt werden. Erst bei genauer Kenntnis der Aneignungsprozesse aggressiver Verhaltensformen kann man versuchen, mit diesen Prozessen durch geeignete Interventionsstrategien zu interferieren und zugleich alternative soziale Handlungskompetenzen zu fördern. Man kann folglich die Aneignungsprozesse aggressiver Verhaltensdispositionen unter dem Gesichtspunkt betrachten, inwieweit es möglich und sinnvoll erscheint, ihnen alternative erzieherische Sozialisationseinflüsse entgegenzusetzen.

3. Ist es möglich und wünschenswert, das Auftreten von Aggressionen durch kognitive Kontrolle von Ärger und Wut zu vermindern? In der letzten Zeit wird häufig zwischen zwei Hauptformen aggressiver Verhaltensweisen unterschieden: den *instrumentellen Aggressionen*, die sehr weitgehend der willkürlichen Kontrolle unterworfen sind und zur Erreichung bestimmter Ziele eingesetzt werden (Beispiel: Raubüberfall), und den *affektiv-expressiven Wut-Aggressionen*, die nur in geringem Maße der willkürlichen Kontrolle unterworfen und vor allem bei Kindern zu beobachten sind.

Man darf davon ausgehen, daß Aggressionen nach dem zweiten Muster ontogenetisch und phylogenetisch die älteren sind und daß Menschen aufgrund ihrer kognitiven Fähigkeiten imstande sind, durch Lernerfahrungen die Wirkung der aggressiven Handlungen immer gezielter zu steuern. In Erziehungsprogrammen zur Prävention aggressiver Verhaltensdispositionen kann man versuchen, an diese Fähigkeit der Menschen zur gezielten Steuerung und Ausformung ihrer Affekte unter bestimmten Gesichtspunkten anzuknüpfen.

Dabei ist allerdings eine Reihe ganz spezifischer Probleme zu berücksichtigen. Selbst wenn erstens affektive Ärgerreaktionen offensichtlich häufig das Auftreten unerwünschter aggressiver Verhaltensweisen begünstigen, und selbst wenn zweitens die Auftretenshäufigkeit, das Erleben und die verhaltensbeeinflussende Wirkung von Affekten wie Ärger und Wut wesentlich durch Lernerfahrungen geprägt werden und somit auch gezielt beeinflußbar sind, so kann es dennoch nicht unhinterfragt das Ziel von Erziehungsmaßnahmen sein, etwa die Ärgerreaktionen von Menschen einfach ohne weiteres unterdrücken zu wollen. Mit Hilfe der in der klinischen Psychologie entwickelten Methoden der Verhaltenskontrolle (ebenso wie mit Hilfe der Psychopharmaka) ist es inzwischen möglich geworden, das affektive Erleben von Menschen in hohem Ausmaß zu manipulieren. Ethische Gesichtspunkte, aber auch verschiedene Erkenntnisse der psychosomatischen Medizin, mahnen hier zu einer sehr vorsichtigen Anwendung der prinzipiell gegebenen Beeinflussungsmöglichkeiten.
Wir werden einige spezielle Forschungsergebnisse zur funktionalen Bedeutung affektiver Komponenten aggressiven Verhaltens besprechen. Es soll versucht werden, daraus *Kriterien für sozial verantwortbare Umgangsweisen mit Ärger und Wut* abzuleiten. Dabei werden wir unter anderem untersuchen, ob die auf SCHACHTER und SINGER (1962) zurückgehende Zwei-Faktoren-Theorie des affektiven Reagierens hierzu nutzbar gemacht werden kann. Die spezielle Frage, wie mit Ärger in befriedigender, möglichst nichtdestruktiver Weise umgegangen werden kann, wird unter eingehender Berücksichtigung der jeweiligen funktionalen Bedeutung von Ärgerreaktionen für das betreffende Individuum, die betreffende Situation und das betreffende soziale Subsystem untersucht werden.

4. Welche Kompetenzen kommen als Lernziele für Erziehungsprojekte zur Prävention destruktiven Verhaltens in Frage? In der klinisch-psychologischen, pädagogisch-psychologischen und auch kriminologischen Literatur finden sich zahlreiche Programme zur Reduktion aggressiver Verhaltensweisen, die zwar durch entsprechende Arrangements ‚erzieherischer' oder ‚therapeutischer' Sanktionen bestimmte, als sozial unerwünscht und schädlich klassifizierte Verhaltensweisen teilweise zu beseitigen vermochten, aber keinerlei Orientierung darüber gaben, welche Zielvorstellung über die implizit angestrebten alternativen nichtaggressiven Verhaltensformen dabei zugrundelagen. Auch die Frage nach dem wünschenswerten Gegenteil von aggressivem Verhalten kann unseres Erachtens nur unter Einbeziehung von Eigenheiten der jeweiligen sozialen Interaktionssysteme beantwortet werden.
Bevor man konkrete Erziehungsziele zur Prävention destruktiven Verhaltens aufstellt, ist es sinnvoll, zunächst typische *Defizite* im Repertoire

menschlicher Verhaltensweisen zu ermitteln, die die Neigung zu destruktiv-aggressivem Verhalten begünstigen können. Erkenntnisse über die Auswirkungen *mangelnder Handlungsbewußtheit, mangelnder Handlungskonstrolle* und *fehlender Verfügbarkeit nicht-aggressiver Kompetenzen* für die Bewältigung zwischenmenschlicher Kollisionen können zur Formulierung eines Positiv-Katalogs von *Lernzielen* für konkrete Erziehungsprogramme führen. Als besonderes Problem wird dabei zu untersuchen sein, von welchen Bedingungen die *Motivation* von Menschen zur Bevorzugung nicht-destruktiver Verhaltensmöglichkeiten abhängt.

5. Welche sozialstrukturellen Faktoren müssen bei Bemühungen um eine Verringerung destruktiver Verhaltensweisen berücksichtigt werden? Aus Erkenntnissen der Sozialwissenschaften abgeleitete Veränderungsprojekte finden nicht im luftleeren Raum statt, sondern innerhalb ganz bestimmter sozio-ökologischer Systeme. Rein individualisierte Erziehungsprogramme haben besonders dann nur eine sehr begrenzte Chance auf Erfolg, wenn es im sozialen System strukturelle Faktoren gibt, die einen Einfluß auf die Aggressivität und Gewalttätigkeit der Menschen haben.
Es ist also grundsätzlich notwendig, auch die sozialstrukturellen Bedingungen der Auftretenshäufigkeit von Gewalttätigkeit und Aggressivität unter der Fragestellung zu untersuchen, welche Veränderungen dieser Bedingungen aus der Sicht der sozialwissenschaftlichen Aggressionsforschung und im Rahmen des Konzepts der *gesellschaftspolitischen Prävention* wünschenswert sind.
Ob Menschen dazu gebracht werden können, sich nicht-destruktiv zu verhalten, hängt ganz wesentlich davon ab, welchen *funktionellen Wert* sie den verschiedenen Verhaltensmöglichkeiten in ihrer gegebenen Umwelt beimessen. Bestimmte sozialstrukturelle Faktoren legen es den Menschen geradezu nahe, ihre aggressiven Verhaltenspotentiale ohne große Hemmungen häufig zu aktivieren und immer raffinierter auszuformen. Daher ist es sicherlich sinnvoll und notwendig, zu überlegen, wie eine soziale Umwelt aussehen könnte, die demgegenüber einen respektvollen Umgang der Menschen miteinander fördert. Im „Mikrokosmos" kleiner sozialer Einheiten (Familie, Kinderhort, Schule, Wohngemeinschaft, Nachbarschaft) können entsprechende Modelle sozial-kompetenten Umgangs erprobt und verbreitet werden.

– – –

Wollten wir im vorliegenden Buch versuchen, alle angedeuteten Perspektiven auch nur einigermaßen gründlich auszuleuchten, so würde unsere Untersuchung einen enzyklopädischen Umfang annehmen. Wir werden uns

daher auf einige wenige Aspekte des Problems konzentrieren. Insbesondere hinsichtlich der sozialstrukturellen Bedingungen von Gewalt und Gewaltlosigkeit werden wir uns auf einige Andeutungen beschränken müssen. Hauptsächlich wollen wir uns mit der praktischen Relevanz solcher Befunde der psychologischen Aggressionsforschung auseinandersetzen, die einen Bezug zu der Fähigkeit der Menschen haben, ihr Verhalten in wechselseitiger Bezogenheit selbstverantwortlich zu regulieren.
Beginnen wir mit der Frage, wie aggressive Verhaltensmuster von nichtaggressiven Verhaltensmustern unterschieden werden können und welche Kategorien hierbei eine Rolle spielen.

II.

Wovon hängt es ab, ob ein bestimmtes Verhalten als „aggressiv“ oder „destruktiv“ definiert wird?

Programme zur Beeinflussung von Aggressionen und Gewalttätigkeiten können nicht in Angriff genommen werden, bevor nicht Klarheit darüber besteht, welche Arten menschlicher Interaktionen unter welchen Bedingungen als „aggressiv“, als „schädlich“ oder als „gewalttätig“ zu klassifizieren sind.

Die häufig so diskrepanten Benennungen von Verhaltensweisen als „aggressiv“ oder„nicht-aggressiv“ sind nicht nur für den Sozialwissenschaftler ein Problem, der um eine möglichst exakte Terminologie bemüht ist, um seine Forschungsergebnisse mit den Befunden anderer Wissenschaftler vergleichbar zu machen. Vielmehr haben die unterschiedlichen Etikettierungen auch im alltäglichen Leben Konsequenzen. *Die Art, wie Menschen ihr eigenes Verhalten einschätzen, hat auch Rückwirkungen auf eben dieses Verhalten selbst – zum Beispiel auf seine Auftretenshäufigkeit.* Wer gar nicht wahrnimmt, daß er andere Menschen schädigt, wird wahrscheinlich wenig Grund dafür sehen, seine schädigenden Verhaltensweisen jemals zu hinterfragen oder gar einzustellen.

Voraussetzung für jede Erörterung der Aggressivität und für eine Vergleichbarkeit verschiedener Forschungsergebnisse sollte sein, daß die Diskussionspartner sich auf die gleichen, eindeutig nachvollziehbaren Regeln zur Klassifikation von Verhaltensweisen in „aggressive“ bzw. „nicht-aggressive“ geeinigt haben.

Ferner benötigen wir Kriterien für die Entscheidung der Frage, ob wir sämtliche Verhaltensweisen, die wir als „aggressiv“ oder „gewalttätig“ bezeichnen, auch als unerwünscht oder gar verboten ansehen wollen.

3

Wertungen beim Umgang mit den Begriffen „Aggression“ und „Gewalt“

Ob ein Beobachter eine bestimmte Handlung als eine Aggression empfindet, hängt nicht nur davon ab, was der jeweils Handelnde objektiv tut. Bereits bei der Benennung einfacher motorischer Aktivitäten von Menschen spielen Abstraktionsprozesse eine Rolle, da meist versucht wird, den – mehr oder weniger deutlich erkennbaren – *Sinn* dieser Aktivitäten mitzuerfassen. Dabei laufen *Interpretationen* ab, deren Art vom subjektiven Vorverständnis des Beobachters, der Perspektivität seiner Wahrnehmung und anderen Variablen beeinflußt ist. Wenn wir als Beobachter einer Interaktionssequenz zwischen zwei Personen P 1 und P 2 feststellen:

„P 1 greift P 2 an“

so kann die in diese Formulierung eingegangene Abstraktion der tatsächlichen motorischen Aktionsprozesse unter anderem davon abhängen, welche *Perspektive* wir als Beobachter eingenommen haben. Folgende Variationen der Einschätzung sind möglich:

a) P 1 lehnt unsere Feststellung als „falsch“ ab (sie empfindet ihr eigenes Verhalten nicht als einen Angriff; sie ist sich auch keiner Angriffsabsicht bewußt), während P 2 unserer Feststellung zustimmt (P 2 fühlt sich angegriffen).

b) P 1 stimmt unserer Feststellung zu (P 1 hat P 2 tatsächlich angreifen wollen), während P 2 sie als „falsch“ ablehnt: P 2 hat sich nicht angegriffen gefühlt.

c) Sowohl P 1 als auch P 2 lehnen unsere Feststellung als „falsch“ ab: weder hat P 1 angreifen wollen, noch hat P 2 sich angegriffen gefühlt.

d) Sowohl P 1 als auch P 2 stimmen unserer Feststellung zu.

e) Obwohl wir als Beobachter den Vorgang nicht als eine Aggression empfinden, wird er von P 1 und P 2 übereinstimmend als solche eingeschätzt.

Je eindeutiger eine Handlung als „Aggression“ erkennbar ist, desto höher ist oft ihr Vergeltungsrisiko. Daher bedienen sich Menschen meist subtilerer Mittel, wenn sie andere Personen schädigen wollen. In einem Programm zur Aggressionskontrolle müssen gerade auch die weniger offenkundigen Akte gewalttätigen Verhaltens identifiziert und berücksichtigt werden.

Die zahllosen in der sozialwissenschaftlichen Literatur vorgeschlagenen Definitionsversuche sind untereinander derart widersprüchlich, daß es uns unabdingbar erscheint, vor der Festlegung auf eine bestimmte Definition aggressiver Verhaltensweisen *die verschiedenen Variablen zu diskutieren, die in den Entscheidungsprozeß, ein bestimmtes menschliches Verhalten als „aggressiv" oder „gewalttätig" zu bezeichnen, implizit oder explizit eingehen.* Zur Frage der konkreten Vorgehensweisen zur *Operationalisierung* aggressiven Verhaltens im Rahmen vokn empirischen Unter suchungen oder Interventionsprojekten sei auffolgende ausführliche Darstellungen verwiesen: BANDURA und WALTERS 1963; BANDURA, UNDERWOOD und FROMSON 1975; KEIL-SPECHT 1971 LISCHKE 1972, S. 20–33, S. 79–151; MICHAELIS 1976, S. 119–121;OSWALD und RAUE 1971, S 21–28; PATTERSON u. Mitarb. 1975; PETERMANN und PETERMANN 1978, S.43–93; REID und PATTERSON 1976, S. 126ff; SCHOTT 1975, S. 137ff; SELG 1974, S. 55–146; VOLKMANN-RAUE 1977, S. 94–190; WERBIK 1974, S. 20ff.

Die Einschätzung einer beobachteten Handlung als „Aggression" ist als ein kognitiver Klassifizierungsprozeß aufzufassen, in dessen Verlauf sehr verschiedene Faktoren in unterschiedlicher Gewichtung zum Tragen kommen. In Reden von Politikern beispielsweise findet man immer wieder *„bedingungslose Absagen an jede Form von Gewalt"*. Analysiert man solche Reden von Politikern jedoch genauer, so kann man häufig in den gleichen Reden ganz unverblümte *Forderungen nach mehr struktureller Gewaltausübung* durch die Organe der Herrschaftssicherung entdecken: z. B. in Rufen nach häufigeren Polizei-Einsätzen, schärferen Kontrollen von Bürgern, Beschneidung von Rechten zur freien Meinungsäußerung der Intellektuellen und Dissidenten, Einführung legalisierter Formen der Tötung einzelner Mitbürger (Todesstrafe, gezielter Todesschuß bei polizeilichen Verfolgungen), usw.

Es kann weitreichende Auswirkungen haben, ob eine Handlung als eine Aggression eingeschätzt wird oder nicht. Insbesondere aufgrund der vielfältigen Verschleierungsmöglichkeiten halten wir es für notwendig und sinnvoll, die Relativität solcher Klassifizierungsprozesse anhand folgender Fragestellungen transparenter zu machen:

- ▷ Welches grundsätzliche Aggressionsverständnis liegt der Klassifizierung zugrunde?
- ▷ Welcher Art und Ausprägung sind die emotionalen Begleiterscheinungen der Handlung?
- ▷ Auf wen oder was ist die Handlung gerichtet?
- ▷ Führt die Handlung zu einer faktischen Schädigung?
- ▷ Ist eine Schädigungsabsicht erkennbar?
- ▷ Welche wahrgenommenen allgemeinen Charakteristika der handelnden Person beeinflussen den Klassifizierungsprozeß?
- ▷ Wie wirken sich die persönlichen Wertsysteme des Beobachters aus?
- ▷ Inwieweit erscheint die Handlung im jeweiligen sozialen Bezugsrahmen legitimiert?

Den Ausgangspunkt zahlreicher Definitionsversuche bildet der schon im lateinischen Wort *„aggreddi"* bezeichnete Aspekt der *gerichteten Aktivität:* der Handelnde geht offensiv auf etwas zu, er nimmt etwas in Angriff. Begriffsverwirrung entsteht häufig dadurch, daß man den Begriff des *„In-Angriff-nehmens"* in zweierlei Hinsicht eingrenzen kann, wie in Abbildung 1 veranschaulicht ist.

„in Angriff nehmen" →

a) jede gerichtete, offensive Aktivität (wird meist nicht-wertend oder positiv wertend betrachtet)

b) aggressives Verhalten im engeren Sinne: schädigendes, gewalttätiges Angriffsverhalten (wird meist negativ wertend betrachtet)

Abb. 1 Die zwei Hauptbedeutungen des Aggressionsbegriffs, aufgrund derer psychologische Aggressionsdefinitionen in zwei „Typen" eingeteilt werden können

Definitionen des ersten Typs findet man hauptsächlich in der triebtheoretisch orientierten Literatur. Hierzu einige Beispiele (zum Teil entnommen einer von Pilz und Mösch (1975) vorgenommenen Zusammenstellung von 58 bekannten Definitionsversuchen):

Ammon: Aggression ist das Herangehen an Menschen und Dinge, eine Ich-Funktion, ein Vehikel allen menschlichen liebenden und schöpferischen Tuns im Dienste des Lebens- und Erhaltungstriebes.
Bach und Goldberg: Aggression ist jedes Verhalten, das im wesentlichen das Gegenteil von Passivität und Zurückhaltung darstellt.
Hacker: Jene dem Menschen innewohnende Disposition und Energie, die sich ursprünglich in Aktivität und später in den verschiedenartigsten individuellen und kollektiven, sozial gelernten und sozial vermittelten Formen von Selbstbehauptung bis zur Grausamkeit ausdrückt.
Mitscherlich: Aggression ist ein vitales Grundvermögen, eine Triebausstattung, die in der sozialen Realität die vielfältigsten Umwandlungen erfährt. Gekonnte Aggression ist eine ziel- und sachgerechte Aktivität.
Röhm: Aggression ist eine breite Skala von angreiferischen Verhaltensweisen destruktiv-gemeinschaftswidrigen oder konstruktiven Charakters, die durch Aktivität oder Passivität vollzogen werden, bewußt oder unbewußt intendiert sind, verbal oder motorisch realisiert werden und sich auf die eigene Person oder auf Objekte, seien es andere Menschen, Tiere oder Gegenstände, beziehen.

„Definitionen" dieser Art sind so allgemein, daß praktisch jedes mögliche menschliche Verhalten (selbst Neugierverhalten oder das Trinken des Kleinkindes an der mütterlichen Brust) als eine „Aggression" aufgefaßt werden kann. Wir zweifeln daher an der Brauchbarkeit dieser Definitionen des ersten Typs.

Zum *Problem* wird menschliches „Aggressionsverhalten" vorwiegend dann, wenn es als eine bestimmte Form der *Konfliktaustragung* mit *Schädigungen* oder *Beeinträchtigungen* von Menschen oder Sachen verbunden ist. Auch im allgemeinen Sprachgebrauch kommt dem Begriff „Aggression" vorwiegend diese eingegrenzte Bedeutung zu (vgl. ELHARDT 1974, S. 30f.; JÜTTEMANN 1978; NOLTING 1978, S. 19–26). Daher wollen wir nur Definitionen des zweiten Typs bei unserer weiteren Erörterung genauer betrachten. Hierzu gehören beispielsweise die folgenden Formulierungsversuche:

BANDURA: Aggression soll als eine Verhaltensweise gelten, die zur persönlichen Schädigung und zur Zerstörung von Eigentum führt. Die Schädigung kann sowohl psychisch (in Form von Abwertung oder Erniedrigung) als auch physisch sein.

BERKOWITZ: Aggression ist ein Verhalten, dessen Ziel eine Schädigung oder Verletzung ist.

BUSS: Aggression ist eine kämpferische (aggressive) Handlung in den verschiedensten – zum Beispiel auch verbalen – Formen.

FESHBACH: Aggression ist ein Verhalten, das bei anderen einen Schaden herbeiführt, wobei dieser Schaden entweder instrumentell zur Erlangung neutraler Objekte ist oder selbst das Hauptziel darstellt.

SCHMIDT-MUMMENDEY: Aggression sind jene Verhaltensweisen, die 1. gegen einen Gegenstand oder einen anderen Menschen gerichtet, d.h. transitiv sind, und die 2. für den, der sich gerade aggressiv verhält, eine subjektive Wahrscheinlichkeit, die größer als Null ist, aufweisen, diesen Gegenstand oder Mitmenschen auch zu erreichen und damit entweder jene aus seinem Weg zu irgendeinem Ziel zu räumen oder ihnen unangenehme oder schädliche Reize zuzufügen oder beides.

SELG: Aggression besteht in einem gegen einen Organismus oder ein Organismussurrogat gerichteten Austeilen schädigender Reize.

Ob und wie man den in all diesen Definitionen des zweiten Typs eingegrenzten Aspekt des *Schädigens* genauer bestimmen kann, werden wir im folgenden untersuchen.

Wenn der Aspekt des *Destruktiven* offensichtlich ein Hauptkriterium solcher Verhaltensweisen ist, die man im allgemeinen Sprachgebrauch als „Aggressionen" bezeichnet, so ist dennoch die oben angesprochene Komponente der *gerichteten Aktivität* nicht völlig bedeutungslos. Je *intensiver*, *heftiger* oder *impulsiver* eine Verhaltensweise ausgeführt wird, desto eher neigen Beobachter dazu, sie als „aggressiv" zu etikettieren (BANDURA 1979a; WALTERS & BROWN 1963). Bedeutsam für den Etikettierungsprozeß ist ferner, *welche Verhaltensmittel* der „Aggressor" einsetzt. *Physische* Angriffe werden – je nach ihrer Intensität – meist eher als eine Aggression empfunden als *verbal* vorgebrachte Angriffe. Eine Rolle spielt ferner, ob *Waffen* benutzt werden und ob die *Mimik* und die *Gestik* des Handelnden den Eindruck einer besonderen *„Dramatik"* vermitteln.

Affektive und instrumentelle Aggressionen

Aggressive Handlungen können unter starker Affektbeteiligung, z.B. im Zustand „rasender Wut", aber auch völlig „kaltblütig" ausgeführt werden. Im alltäglichen Sprachgebrauch wie auch in der psychologischen Forschung wird häufig nicht klar genug unterschieden zwischen Aggression als ausgeführter Handlung einerseits und den angenommenen Motivationen bzw. mit der Handlung verbundenen Emotionen andererseits. Psychophysiologen haben beispielsweise die neurophysiologischen Manifestationen der Wutempfindung untersucht und anschließend behauptet, sie hätten „Aggressionszentren" im Gehirn entdeckt. Zwar kann zwischen Wutempfindungen und Kampfverhalten durchaus eine funktionale Beziehung bestehen; dennoch sollte eine definitorische Verschmelzung vermieden werden, zumal auch ganz andere Emotionen (z.B. Angst) mit Aggressionen einhergehen können (FÜRNTRATT 1974; LISCHKE 1972).

In neueren Veröffentlichungen findet man häufig den Vorschlag, zwischen *„expressiver Wutaggression"* und zielgerichteter *„instrumenteller Aggression"* zu unterscheiden (z.B. bei BUSS 1972).

Diese beiden „reinen" Formen des Aggressionsverhaltens sind allerdings auf der Verhaltensebene oft schwer voneinander zu isolieren, da expressive und instrumentelle Anteile miteinander in enger Wechselbeziehung stehen können. MICHAELIS (1976a) hat daher für die Untersuchung *„expressiv-instrumenteller Mischaggressionen"* ein detailliertes Mehrkettenprozeßmodell vorgeschlagen, das dazu anregen soll, die affektiven und instrumentellen Verhaltenskomponenten innerhalb aggressiver Handlungsabläufe zeitlupenartig (voneinander isoliert) zu erfassen und ihren funktionellen Stellenwert zueinander minutiös zu bestimmen.

Direkte und indirekte Aggressionen

Ziele aggressiver Handlungen können *Personen* oder *Sachen* sein. Sie können *direkt* oder *indirekt* an die Adresse der eigentlich gemeinten Zielperson gerichtet sein oder auch auf ein Ersatzobjekt „verschoben" werden (vgl. FREUD 1941). Eine besondere Stellung nimmt die Selbstaggression ein.

Ehepaar-Therapeuten (z.B. MANDEL u. Mitarbeiter 1973, S. 153ff.; WATZLAWICK u.a. 1969) berichten häufig von *„getarnten"* (d.h. Verantwortung leugnenden) Aggressionen innerhalb familiärer Interaktionen. Diese müssen dem jeweiligen Handelnden durchaus nicht immer als solche bewußt sein. Hiermit kann beispielsweise gemeint sein:

- ▷ Vergessen wichtiger Angelegenheiten; „Schlampen";
- ▷ „versehentliche" Beschädigung von Dingen, die dem Partner lieb und teuer sind;
- ▷ Ironie und Sarkasmus;
- ▷ Koalitionsbildungen mit einem Kind durch Verwöhnung, oder besondere Härte gegen das Lieblingskind des Partners im Namen von Erziehungsgrundsätzen;
- ▷ den anderen durch unerfüllbare Aufgaben, Doppelbindungen scheitern lassen;
- ▷ Entwertungen und Disqualifikationen des Gesprächspartners durch Themenwechsel, Antworten an Dritte, Eingehen auf Nebenaspekte („Tangentialisierung"), Nichtzuhören, Schweigen, absichtliches Mißverstehen durch Allzuwörtlichnehmen einer Aussage.

Deutlicher noch läßt es sich am Beispiel der in vielen Ländern zunehmend „verfeinerten" *Foltermethoden* zeigen, daß die Richtung menschlicher Aggressionen nicht immer klar erkennbar ist, sondern oft erst aus dem jeweiligen Kontext erschlossen werden muß, z. B. bei

- ▷ Techniken der sensorischen Deprivation;
- ▷ gezielt angewandten Doppelbindungen in der Kommunikation mit dem Ziel einer systematischen Verunsicherung;
- ▷ „Gehirnwäsche";
- ▷ Herbeiführen von totaler Erschöpfung durch Entzug von Nahrung, Wärme, Schlaf;
- ▷ Demütigung durch Verhinderung persönlicher Hygiene, verdreckte Umgebung, erniedrigenden Entzug der Intimsphäre (vgl. AMNESTY INTERNATIONAL 1975; ESSER 1978, S. 150–154; G. KELLER 1978).

Da indirekte Aggressionen oft schwer zu interpretieren sind, ist man als Beurteiler in allen Fällen verschleierter Destruktivität ganz besonders auf gründliche Interaktionsanalysen im betreffenden System und auf die Aussagen sämtlicher beteiligter Interaktionspartner angewiesen. Die *faktische Wirkung* der in Frage kommenden Verhaltensweisen wird dabei manchmal als ein entscheidenderes Kriterium in den Klassifizierungsprozeß eingehen als die bis hierhin diskutierten Verhaltensaspekte.

Als „Nebenwirkungen" in Kauf genommene Schädigungen

Zahlreiche Autoren machen folgerichtig bei ihren Definitionsversuchen den faktischen Prozeß des *physischen oder psychischen Beschädigens* (durch *Verlet-*

zung oder *Beeinträchtigung* anderer Personen) zum Hauptkriterium oder sogar zum einzigen Kriterium aggressiver Verhaltensweisen (z.B. FESHBACH, SELG; siehe oben).
Da sich der Sachverhalt der Schädigung jedoch nur anhand sozialer, kontextspezifischer *Normen* definieren läßt, müssen wir nun genauer reflektieren, was mit der Kategorie „Schädigung" gemeint sein kann und unter welchen Bedingungen eine eingetretene Schädigung als Kategorie in den Etikettierungsprozeß von Verhaltensweisen als „Aggression" eingeht.
Selbst auf den ersten Blick unzweifelhaft als Beschädigung und Aggression anmutende Handlungen können je nach ihrem situativen und personalen Kontext unterschiedlich eingeschätzt und bewertet werden.
Schädigende Handlungen werden von den meisten neutralen Beobachtern in unserem Kulturkreis wahrscheinlich dann übereinstimmend als „Aggressionen" bezeichnet, wenn diese Handlungsweisen bei uns als sozial verboten gelten.
Darüber hinaus hängt es auch vom *Verhalten des Opfers* ab, ob eine Angriffshandlung als „Aggression" klassifiziert wird. Beispiel: Schulkinder „schlagen" einander mit einem Stock, sie spielen „Fechten". Viele Beobachter werden ein solches Schlagen so lange nicht als Aggression auffassen, wie beide Kinder sichtliches Vergnügen daran zeigen. Sollte eines der Kinder laut zu schreien und zu weinen beginnen, steigt die Wahrscheinlichkeit einer Etikettierung des vorausgegangenen Verhaltens als Verletzung/Beschädigung und somit als Aggression stark an. Indem das eine Kind zu schreien beginnt, gibt es uns einen Anreiz, die Verhaltenssequenz nunmehr stärker *aus seiner Perspektive* nachzuempfinden.
Wird eine momentane Schädigung zur Wiederherstellung des Wohlbefindens eines anderen Menschen objektiv notwendig, so werden die meisten Beobachter die betreffende Handlung kaum als eine echte „Schädigung" und schon gar nicht als eine „Aggression" etikettieren, da die Handlung ja letztlich als Aktion *für* das Wohlbefinden des Geschädigten und nicht als Aktion *gegen* ihn interpretierbar ist. Beispiel: Ein vom Krebs befallenes Körperteil wird chirurgisch entfernt, da nur so eine weitere Ausbreitung der Krebserkrankung abgewendet werden kann. Weniger Einhelligkeit bei Beobachtern wird das Verhalten eines Vaters hervorrufen, der sein Kind mit dem Stock schlägt, nachdem es nicht zur befohlenen Zeit nachhause gekommen ist. Trotz der offensichtlich erfolgten Schädigung rechtfertigt mancher Erziehungsberechtige sein Schlagverhalten als „wohlmeinende Erziehungsmaßnahme" die – langfristig gesehen – dem Wohle des Kindes diene.
Wenn unmittelbare Beeinträchtigungen und Schädigungen anderer Personen (z.B. in Form von körperlichen Bestrafungen) mit dem Verweis auf

langfristig intendierte positive Folgen gerechtfertigt werden, so führt dies häufig dazu, daß die momentane Handlung von Beobachtern wie auch vom Handelnden selbst gar nicht mehr als faktische Schädigung und Aggression angesehen wird. *Ob eine entsprechende Einschätzung unmittelbar im Wahrnehmungsprozeß selbst oder erst später reflektierend, das heißt in einem nachfolgenden gedanklichen Schritt, getroffen wird, läßt sich oft nur schwer feststellen.*
In der Realität gibt es tatsächlich manchmal Aggressionen, die im Augenblick unumgänglich erscheinen. Dies wird häufig bei der Rechtfertigung erzieherischen Strafverhaltens geltend gemacht, aber auch bei der Rechtfertigung oppositioneller Gewalttätigkeit in solchen sozialen Systemen, die oppositionelle Artikulationsmöglichkeiten auf friedlichem Wege nicht in ausreichendem Maße zulassen (vgl. hierzu ENGEL-JANOSI u. a. 1977; SENGHAAS 1971; WALDMANN 1977). Die Reflexion darüber, ob diese Aggressionen angesichts der letztlich intendierten positiven Ergebnisse legitimierbar sind, sollte aber möglichst erst als ein zweiter Schritt erfolgen, nachdem im ersten Schritt erkannt und eingestanden worden ist, daß die eigene Gewaltanwendung eine faktisch schädigende Aggressionshandlung ist. Erst wenn man sich dies klarmacht, gewinnt man möglicherweise eine Motivation, überhaupt nach nicht-destruktiven oder zumindest weniger destruktiven Alternativmöglichkeiten zu suchen. Wer aber sein Kind prügelt und diese Aktion bereits in der Wahrnehmung ausschließlich als eine positive Erziehungsmaßnahme erlebt, dem bleibt möglicherweise der Blick für die *schädigenden Folgen* seines Tuns völlig versperrt. Entsprechendes dürfte auch für zahlreiche Gewaltanwendungen im politischen Bereich gelten.
Das Kriterium der gewaltsamen Beschädigung/Beeinträchtigung ist also eigentlich nur unter Heranziehung weiterer Kriterien exakt bestimmbar. *Nicht nur offensichtlich intendierte, sondern auch als Nebenwirkungen in Kauf genommene Schädigungen stellen das eigentlich Problematische bei Aggressionen dar.*
Neben einer genauen Erfassung des situativen Kontexts im betreffenden sozialen Interaktionssystem ist auch eine Reflexion der eigenen normativen Standards notwendig, die man selbst als Beobachter aktualisiert, wenn man die Handlungen von Menschen nach der Dimension „aggressiv-nicht-aggressiv" zu klassifizieren versucht. Dies gilt besonders für nicht-körperliche (psychische) und indirekte Angriffe, bei denen der Eintritt einer Schädigung manchmal *nur aus dem Kontext erschließbar* ist. Als Beispiele können einige Formen „sprachlicher Gewalt" genannt werden: Verleumdung, Diffamierung, Beleidigung, Totreden, das Wort im Munde herumdrehen (ESSER 1978, S. 86ff.). In der psychologischen Aggressionsliteratur gibt es nur wenige Ansätze einer begrifflichen Normierung der Kategorie „Schädlichkeit/ Beeinträchtigung". Manche Autoren neigen dazu, den Sachverhalt

der gewaltsamen Beschädigung wie ein unmittelbar einsichtiges Kriterium zu handhaben und dabei vor allem die vielfältigen Formen indirekter und verschleierter Schädigung aus der Betrachtung auszublenden.

Demgegenüber hat der norwegische Friedensforscher Johan GALTUNG (1971) einen umfassenderen Gewaltbegriff vorgeschlagen, der auch die nicht direkt beobachtbaren Formen physischer und psychischer Schädigung einschließt:

„Gewalt liegt dann vor, wenn Menschen so beeinflußt werden, daß ihre aktuelle somatische und geistige Verwirklichung geringer ist als ihre potentielle Verwirklichung.“ Wenn das Potentielle (das, was sein könnte) größer ist als das Aktuelle (das, was ist) und das Aktuelle *vermeidbar*, dann wird nach diesem Konzept auf das Vorliegen von Gewalt geschlossen (zur Herleitung und Begründung siehe FRIEBEL 1976, S. 110–142; GALTUNG 1971; zum soziologisch-politologischen Gewaltbegriff vgl. auch DÜRKHEIM 1961; ENGEL-JANOSI 1977; ESSER 1978, S. 32ff.; HORN 1973).

Soziologisch-politologische Versuche einer begrifflichen Normierung bei der Untersuchung von Gewaltverhältnissen sind allerdings nicht ohne weiteres auf die Handhabung des Aggressionsbegriffs in psychologischen Arbeiten übertragbar. In den soziologisch-politologischen Gewaltbegriff sind nämlich unter anderem die Dimensionen der *strukturellen* und *latenten Gewalt* – als Bestimmungselemente von Formen sozialer Organisation – eingegangen. Diese sind nicht nur als reine Verhaltens- und Erlebnisprozesse beschreibbar und daher mit dem gegenwärtigen Forschungsinstrumentarium der Psychologie nur partiell erfaßbar (vgl. hierzu RIBES-INESTA, 1976, S. 5ff.).

Wir wollen in unseren weiteren Erörterungen von folgender Unterscheidung zwischen den Begriffen Gewalt und Aggression ausgehen:

Gewalt liegt im Sinne GALTUNGs dann vor, wenn Verhältnisse gegeben sind, die zu einer Beeinträchtigung der somatischen oder geistigen Verwirklichung von Menschen führen, und wenn diese Beeinträchtigung vermeidbar ist. Gewaltverhältnisse können als ein *strukturelles Prinzip* in sozialen Interaktionssystemen begriffen werden, d.h. als eine mit Unterdrückung (Schädigung/Beeinträchtigung) einhergehende *Organisationsform.* Auf Gewalt beruhende Organisationsprinzipien können unabhängig von ihren verschiedenen konkreten Realisationsmöglichkeiten auf der Ebene des tatsächlichen Handelns beschrieben werden. Strukturelle Gewalt wirkt sich erst *sekundär* auf das Verhalten von Menschen aus, z.B. wenn restriktive Gesetze, ungerechte Produktionsverhältnisse oder rigide Gruppennormen *konkret durchgesetzt* werden.

Als *Aggressionen* (personale Gewalt) bezeichnen wir nur diejenigen Erscheinungsformen von Gewalt, die als tatsächlich aktive Handlungsvollzüge zu einer effektiven Schädigung von Menschen oder Sachen führen.

Zu einer gewaltsamen Schädigung/Beeinträchtigung von Menschen oder Sachen führende Handlungen werden häufig dann nicht eindeutig als Aggressionen empfunden, wenn Unklarheit über die *Schädigungsabsicht* seitens der handelnden Person besteht. Dies kann unter anderem dann der Fall sein, wenn eine Person durch ein bestimmtes Verhalten eine andere Person *versehentlich* schädigt.

Unser obiges Beispiel der „Fechten" spielenden Kinder verdeutlicht dies: dem einen Kind rutscht der Fechtstock aus Ungeschick so aus, daß dieser das andere Kind im Gesicht trifft. Je weniger deutlich eine Schädigungsabsicht seitens der handelnden Person erkennbar ist, desto geringer wird die Übereinstimmung bei der Einschätzung der betreffenden Handlung als „Aggression" sein.

In einigen früheren behavioristischen Arbeiten wurde der Begriff der Intention aus der Aggressionsdefinition ausgeklammert. Eine Aggression wurde einfach dann konstatiert, wenn „ein Verhalten Reize liefert, die anderen Organismen schaden" (z. B. BUSS 1961).

Im allgemeinen Sprachgebrauch geht das Kriterium der Schädigungsabsicht meist dann als entscheidendes Element in den Etikettierungsprozeß ein, wenn diese Absicht deutlich erkennbar ist. Das gilt besonders auch für solche Verhaltensweisen, bei denen zwar eine eindeutige Schädigungsabsicht erkannt wird, der beabsichtigte Schaden aber nicht eintritt. Beispiel: Ein Mitglied einer militanten Gruppe feuert einen Sprengkörper in Richtung auf eine Menschengruppe; das Geschoß verfehlt jedoch sein Ziel und explodiert auch nicht.

In solchen Fällen eindeutiger Schädigungsabsicht kann das Kriterium der Intentionalität die Klassifizierung stärker beeinflussen als das Kriterium des faktisch eingetretenen Schadens. Auch BUSS (1972, S. 23f.) hat aus diesem Grunde seine frühere vielzitierte puristisch-behavioristische Sichtweise inzwischen verworfen und ausdrücklich auch *mißlungene Schädigungsversuche* unter den Begriff der Aggression subsummiert.

Probleme bei der Erfassung von Handlungsintentionen: die Bedeutung des Interaktionskontexts.

In früheren behavioristischen Arbeiten überwog die Auffassung, nicht eine Introspektion seitens der handelnden Person, sondern nur die Interpretation des Verhaltens und seines Kontexts durch den behavioristischen Beobachter sei eine zulässige Methode zur Erfassung von Verhaltenszielen. Den Versuchspersonen wurde – analog dem Vorgehen bei Experimenten mit Tieren – die Rolle eines „Objektes“ zugewiesen (HOLZKAMP 1972, S. 35 ff.).

Die fehlende Berücksichtigung innerpsychischer Prozesse in den früheren Arbeiten aus dem behavioristischen Lager hat bei manchen Autoren zu einer pauschalen Ablehnung des gesamten lerntheoretischen Forschungsansatzes geführt (z. B. bei FROMM 1974).

In der neueren sozial-kognitiven Lerntheorie (z. B. BANDURA 1979a, 1979b) sind auch die innerpsychischen Regulationsprozesse des Verhaltens berücksichtigt. Dennoch ist die Frage der Erfassungsmöglichkeiten von Schädigungsabsichten keineswegs befriedigend gelöst. Zwar kann man – wie beispielsweise WERBIK (1971, S. 233–247; 1974, S. 141 ff.) fordert – die handelnde Person ausdrücklich darum bitten, auf die Grundlage vorher getroffener *sprachlicher Vereinbarungen* ihren eigenen Handlungen Aussagen zuzuordnen. Das Verhalten der Person kann dann durch ihre eigenen Aussagen klassifiziert werden.

Hierbei treten jedoch mindestens drei Schwierigkeiten auf:

▷ Eine gewaltsame Schädigung von Menschen oder Sachen kann selbst das *Hauptziel* einer (z. B. bewußt feindseligen) Handlung sein, oder aber als *Nebenwirkung* von der handelnden Person *in Kauf genommen werden.* Zahlreiche aggressive Handlungen entspringen nicht primär einer Absicht zu schädigen. Sie werden vielmehr *„rücksichtslos“* eingesetzt, um auf gewaltsamem Wege Dinge zu erreichen, die anders nicht so einfach oder überhaupt nicht erreichbar erscheinen. *Für den Handelnden selbst kann die Tatsache, daß er dabei jemandem ein Leid zufügt, völlig bedeutungslos sein.* Das kann auch gelten für bestimmte Formen rein expressiver Wutaggression. Durch Befragung des Aggressors über seine eigenen Handlungsabsichten wird man in solchen Fällen möglicherweise irregeleitet.

▷ Aggressive Schädigungsabsichten werden von Aggressoren häufig *bewußt abgestritten.* Dieses Problem ließe sich zwar prinzipiell durch die von WERBIK (a. a. O.) geforderte sprachliche Normierung reduzieren. Ob die notwendige Übereinstimmung aller Menschen über eine detaillierte kognitive Terminologie jemals realisiert werden kann, ist allerdings fraglich. Damit soll freilich nicht bestritten werden, daß es sinnvoll ist, eine solche sprachliche Normierung anzustreben.

▷ Befragt man eine Person retrospektiv nach ihren Handlungsabsichten, so kann sich herausstellen, daß der Person selbst gar nicht eindeutig bewußt war, welches Ziel sie mit ihrer Handlung verfolgte. Menschlichen Handlungen können *nicht-bewußte Motivationen* zugrunde liegen, die manchmal erst nach langer und intensiver Exploration verstehbar werden. Eine latente

Aggressionsabsicht gegen einen bestimmten Mitmenschen kann sich zum Beispiel in der Weise ausdrücken, daß man in Gegenwart dieses Menschen häufig solche Verhaltensweisen zeigt, die diesen Menschen herabsetzen, beleidigen oder entwerten. Derartige Prozesse laufen oft geradezu stereotyp immer wieder ab, ohne daß dies dem jeweils Handelnden selbst unmittelbar deutlich sein muß. In gruppendynamischen und therapeutischen Sitzungen werden solche *„unterschwelligen" Aggressionen* häufig erst nach dem Einsatz verdeutlichender Kommunikationstechniken (z.B. Rollenspiel, Psychodrama, konfrontierendes Feed-back) für den Handelnden selbst einsichtig. Stehen dem Handelnden aber darüber hinaus irgendwelche kognitiven Erklärungsmuster zur Verfügung, die sein Verhalten in ein positives Bezugssystem der Rechtfertigung, Rationalisierung oder Ideologisierung einbetten, so ist die Wahrscheinlichkeit dafür, daß er die faktische Destruktivität seines Verhaltens erkennen kann, weiter vermindert.
Gerade diejenigen Aggressionen, die ohne ein klares Bewußtsein einer Schädigungsabsicht gezeigt werden, können langfristig von ganz besonderer Destruktivität sein. Sie erfolgen ja mit *„gutem Gewissen"*, laufen also möglicherweise noch unbeschränkter und unkontrollierter ab als die weniger verschleierten Aggressionsformen, für die man mit größerer Wahrscheinlichkeit zur Rechenschaft gezogen wird (HACKER 1972).

Die bis hierhin diskutierten Probleme der Erfassung aggressiver Schädigungsabsichten sind nicht prinzipiell unlösbar. Im Falle einer unterschiedlichen Einschätzung bei den jeweils Beteiligten müssen weitere Kriterien herangezogen werden. Dem Kriterium der faktischen gewaltsamen Beschädigung wird in solchen Fällen ein größeres Gewicht beizumessen sein.
Man kann die einzelnen in Frage stehenden Interaktionssequenzen unter dem Aspekt untersuchen, *welche funktionelle Bedeutung sie für die Beziehung der Interaktionspartner, also für das betreffende Kommunikationssystem insgesamt haben,* statt sie in der Betrachtung als isolierte Prozesse aus dem sonstigen Geschehen herauszulösen.
Ironische Bemerkungen einer Person P 1 können unter anderem dann als Aggression kategorisiert werden, wenn die gemeinte Person P 2 unter ihnen leidet oder wenn aus dem Interaktionskontext ersichtlich ist, daß bei den Sticheleien von P 1 *der Respekt vor der menschlichen Würde von P 2 verloren gegangen ist,* d.h. die optimale Entfaltung von P 2 verhindert wird. *Es ist also in einem solchen Fall zu klären, ob P 1 versucht, Rückmeldungen von P 2 wahrzunehmen und ihr eigenes Verhalten in Rücksichtnahme auf die Gefühle von P 2 auf diese abzustimmen.* Es ist ein wichtiger Unterschied, ob man am Verhalten eines anderen Menschen sachliche Kritik übt oder ob man diesen Menschen in herabsetzender Weise beschimpft.

Zusammenfassend ergibt sich aus unseren Ausführungen zur Intentionalität aggressiven Verhaltens, daß es im Rahmen eines erzieherischen Programms notwendig ist, den Blick der Menschen für die vorhersehbaren faktisch destruktiven Folgen des eigenen Verhaltens zu schärfen. Dabei sollte ein Hauptziel darin bestehen, *die Fähigkeit zur Wahrnehmung der funktionellen Bedeutung eigener Verhaltenssequenzen aus der Perspektive der Interaktionspartner zu schulen und dadurch die Selektivität und Standortgebundenheit der Selbstwahrnehmung zumindest ansatzweise zu reduzieren* (vgl. hierzu HOLZKAMP 1973, S. 27–29; ferner auch WERBIK 1971, S. 91ff.).

Pauschalisierende Zuschreibungen

Ob Handlungen einer Person als „Aggressionen" etikettiert werden, hängt auch davon ab, welche allgemeinen Charakteristika man dieser Person zuordnet (*Hofeffekt*). Böse Absichten schreibt man eher denjenigen Menschen zu, die man auch ansonsten nicht mag (BANDURA 1979a). Der allgemeine Rollenstatus der handelnden Person kann determinieren, ob man bestimmte Verhaltensweisen dieser Person als „normal" oder als „abweichend" empfindet. Durchsetzungsverhalten wird eher als „aggressiv" etikettiert, wenn es von einer Frau gezeigt wird, als wenn es von einem Mann gezeigt wird, da es dem noch vorherrschenden Rollenklischee der Frau widerspricht. Haftet der handelnden Person aufgrund früherer Vorfälle bereits das Etikett einer besonderen Brutalität, Gewalttätigkeit oder Feindseligkeit an, werden ihre weiteren Verhaltensweisen wahrscheinlich von vorneherein eher in diesem Bezugsrahmen wahrgenommen. Lauthals vorgetragene Sprechchöre bei einer öffentlichen Veranstaltung werden dann eher als eine „aggressive Störung" empfunden, wenn sie von einer Gruppe stammen, die man als politischen *Gegner* empfindet, als wenn sie von Mitgliedern der eigenen Bezugsgruppe organisiert wurden.

Aggressionstoleranz

Die Klassifizierung von Verhaltensweisen als „aggressiv" hängt – wie bereits deutlich geworden sein dürfte – wesentlich davon ab, innerhalb welcher normativen Bezugssysteme ein Beobachter das betreffende Verhalten wahrnimmt und interpretiert.

„Jenachdem, in welchem Wertsystem ein Lehrer denkt, wird er ein Verhalten (positiv) als kritisch oder aber (negativ) als frech, als selbständig oder als ungehorsam, als selbstbewußt oder als vorlaut und dreist, als kreativ oder als albern und unpassend registrieren" (GRELL 1975, S. 31).

Eine Hauptrolle spielen dabei die *persönliche Definitionsbreite für Aggressionen* sowie das Ausmaß der *Aggressionstoleranz* seitens der beobachtenden Person.
In Kriegszeiten werden brutale Gewaltakte von Beobachtern *nicht* als „Aggressionen" klassifiziert, die durch Gewöhnung bereits eine hohe Toleranzschwelle für solche Akte entwickelt haben. Aus dem Vietnamkrieg wurde bekannt, daß Soldaten, die den Angehörigen des „Feindes" Ohren abgeschnitten, innerhalb ihrer Bezugsgruppe nicht etwa hierfür verurteilt wurden, sondern sogar im Sozialprestige stiegen, je mehr abgeschnittene Ohren sie – an einer Kette aufgereiht – mit sich herumtrugen (vgl. BANDURA 1979a, S. 219f.).
Persönliche Wertsysteme werden *situationsspezifisch variabel* aktualisiert. Einem Menschen gegenüber, der im Verdacht steht, einen Mord begangen zu haben, zeigen viele Menschen eine weit geringere Aggressionstoleranz als gegenüber der faktisch ebenso großen Grausamkeit, die mit der von ihnen gleichzeitig geforderten Todesstrafe verbunden ist.

Rechtfertigungs- und Verschleierungsprozesse

Bei unserer Erörterung des Kriteriums der gewaltsamen Beschädigung haben wir ein Postulat aufgestellt, das noch einer genaueren Überprüfung und Präzisierung bedarf. Das Postulat lautete (siehe Seite 38):
Die Reflexion darüber, ob bestimmte Aggressionen (zum Beispiel: körperliche Züchtigungen im Rahmen elterlichen Strafverhaltens; Anwendungen bestimmter oppositioneller Gewaltformen innerhalb sozialer Systeme, die durch Herrschaftsverhältnisse gekennzeichnet sind) durch den Verweis auf letztlich intendierte positive Ergebnisse *legitimierbar* sind, soll innerhalb des Einschätzungsprozesses möglichst erst als ein isolierbarer, zweiter Schritt der Feststellung erfolgen, nachdem im ersten Schritt der Feststellung die betreffende Gewaltanwendung als faktische – zumindest momentan – schädigende Aggressionshandlung wahrgenommen und zugegeben worden ist. Wir betrachten eine solche konzeptuelle Unterteilung des Einschätzungsprozesses in zwei gedankliche Schritte als wünschenswert, weil wir es im Rahmen eines Programms zur Reduktion aggressiver Verhaltensdispositio-

nen für unerläßlich halten, *den Grad der Identifizierbarkeit faktisch aggressiver Verhaltensweisen zu maximieren, also Verschleierungsmöglichkeiten zu reduzieren und Legitimationen kritisch zu kontrollieren. Verweise von Aggressoren auf langfristig intendierte positive Folgen ihres Handelns führen häufig dazu, daß momentane faktische Aggressionen nicht mehr als solche wahrgenommen werden.*
Wir müssen nun untersuchen, ob die von uns geforderte Zweiteilung des Einschätzungsprozesses in voneinander unabhängige Schritte der (1.) Feststellung und (2.) der Reflexion überhaupt grundsätzlich möglich ist.

Die Rolle von Intuition und Reflexion bei der Einschätzung von Aggressionen

Bei der Wahrnehmung von Interaktionssequenzen setzen wir Interpunktionen. Wir empfinden, daß bestimmte Verhaltenseinheiten sich aus dem übrigen Geschehenskontinuum wie eine *„Figur"* vom *„Hintergrund"* abheben. Je mehr eine Verhaltensweise dem widerspricht, was wir als „normal" oder „selbstverständlich" wahrzunehmen gewohnt sind, desto eher sind wir geneigt, sie überhaupt in unserer Wahrnehmung aus dem übrigen Geschehen als ein *Ereignis* herauszulösen.
Aufgrund zahlreicher Untersuchungen zum Ablauf von Wahrnehmungsurteilen kann davon ausgegangen werden, daß wir die Tatbestände und Ereignisse in unserer Umwelt nicht einfach hinsichtlich ihrer figural-gegenständlichen Merkmale betrachten, sondern daß die *wahrgenommenen Tatbestände bereits während des Wahrnehmungsprozesses selbst als solche eine spezifische Bedeutung für uns haben* (RUBINSTEIN 1968, S. 319). „Gegenstandsbedeutungen werden nicht ‚vorgestellt' oder ‚gedacht'; sie werden im eigentlichen und engsten Sinne *wahrgenommen*" (HOLZKAMP 1973, S. 26; Hervorhebung im Original).

Wir sagen nicht: (a) „P 1 bewegt seine rechte Hand mit hoher Geschwindigkeit auf die linke Wange von P 2 zu",

sondern wir sagen: (b) „P 1 schlägt P 2 ins Gesicht"

oder: (c) „P 1 gibt P 2 eine Ohrfeige".

Die Handbewegung von P 1 hat also für uns eine bestimmte *Bedeutung.* Diese Bedeutung geht in unsere Wahrnehmung und Verbalisierung des Beobachtungsinhalts ein.
Würde ein Beobachter in seiner Wahrnehmung der genannten Interaktionssequenz eine „Weitwinkel-Perspektive" einnehmen, d.h. auch die *systemische Bedeutung dieser Sequenz für das Kommunikationssystem „P 1 – P 2"* mit

erfassen, so würde er vielleicht formulieren:

(d) „P 1 straft P 2, nachdem P 2 ungehorsam war"

Indem der Beobachter nunmehr das Verhalten von P 1 als einen Akt des „Strafens" kennzeichnet, erscheint der Verhaltensabschnitt in besonderem Licht. Das Verhalten von P 1 wird als eine *Reaktion auf ein Verhalten von P 2* begriffen. Da P 2 den Anlaß für die Ohrfeige geliefert hat, besteht die Möglichkeit, daß die Bedeutung des Sachverhaltes so wahrgenommen wird: Nicht der Ohrfeigende (P 1), sondern der Geohrfeigte (P 2) trägt die eigentliche Verantwortung für die Ohrfeige. Wie auch die in die Formulierung eingeflossene Rede vom „Ungehorsam" zeigt, ist die Bedeutungshaltigkeit wahrgenommener Tatbestände nicht zuletzt auch von jeweils *aktualisierten ethischen Wertungsprozessen* geprägt. Man könnte – weniger wertend – auch formulieren:

(e) „P 1 schlägt P 2 ins Gesicht, nachdem P 2 etwas anderes getan hat, als P 1 zuvor von ihm verlangt hatte."

Noch deutlicher wertende Formulierungen, die zugleich einen höheren Abstraktionsgrad zeigen, könnten etwa lauten:

(f) „P 1 gibt P 2 seine verdiente Strafe"

oder: (g) „P 1 ist von heiligem Zorn über P 2 erfüllt"

oder gar: (h) „P 1 erzieht P 2".

Würde die gleiche Interaktionssequenz von einem außenstehenden Beobachter im Lichte eines Wertsystems wahrgenommen, das dem Verhalten von P 1 die *(negative) Bedeutung einer „verbotenen" Handlungsweise* beimißt, so könnte dieser Beobachter unter anderem formulieren:

(i) „P 1 greift P 2 körperlich an"

oder: (k) „P 1 verhält sich aggressiv gegenüber P 2"

oder: (l) „P 1 wendet physische Gewalt gegenüber P 2 an".

All die diskutierten Klassifizierungsbeispiele b – l ein-und-desselben Tatbestandes sollen demonstrieren, daß *beobachtete Verhaltenssequenzen eine mit Wertungen einhergehende Bedeutung besitzen in dem Sinne, daß mit Wahrnehmung auch immer ein Wahrnehmungsurteil verbunden ist*, das mehr oder weniger deutlich konturiert sein kann und von Beobachter zu Beobachter unterschiedlich ausfallen kann. Häufig dürfte es schwer auszumachen sein, ob der Bewertungsvorgang Teil des unmittelbaren Wahrnehmungsprozesses als solchem ist oder aber als sekundärer Reflexionsprozeß nach der ursprünglichen Wahrnehmung stattfindet.

Bei der Wahrnehmung aggressiver Verhaltensakte ist es häufig besonders problematisch, daß einseitige und verfestigte Interpretationsgewohnheiten dazu führen, daß auch *gewalttätiges Erziehungsverhalten* von vornherein in der Bedeutung einer *„gerechten Vergeltung“* und nicht als Destruktion erlebt wird. In Gesellschaften, die ein auf dem Racheprinzip beruhendes Rechtsverständnis tradieren, werden körperliche Züchtigungen und andere Bestrafungsakte bereits in der verbalen Beschreibung eher als selbstverständliche Erziehungsmaßnahmen dargestellt und somit auch primär als solche wahrgenommen werden statt als destruktives oder inhumanes Verhalten. Die *verbale Benennung* wahrgenommener Tatbestände kann als Indikator für die Art und Weise fungieren, in der die Bedeutung von Tatbeständen wahrgenommen wird. Die wahrgenommene Bedeutung von Tatbeständen wird in Form *sprachlicher Symbolisierungen* erlebt, gedacht und mitgeteilt. „Wenn die Stufe des Sprachlich-Symbolischen auf gesamtgesellschaftlichem Niveau erreicht wurde, *ist das wahrgenommene Ding niemals mehr von seinem ‚Begriff‘ zu trennen.* An der Wahrnehmung muß jetzt eine neue Qualität herausgehoben werden, die ihr umfassendstes Charakteristikum als spezifisch menschliche Orientierungsweise darstellt. *Der Gegenstand wird notwendig durch seinen Begriff hindurch, in Form seines Begriffes wahrgenommen*“ (Holzkamp 1973, S. 152; Hervorhebungen im Original; vgl. hierzu auch Jüttemann 1978, Steinert 1972, S. 113–116).

Zusammenfassend ergeben sich aus unserer Erörterung des Zustandekommens subjektiver Wahrnehmungsurteile folgende Schlußfolgerungen, die auch beim weiteren Gang unserer Untersuchung berücksichtigt werden sollen:

▷ Es ist detailliert zu erforschen, unter welchen Bedingungen im Laufe des Sozialisationsprozesses die unterschiedlichen Wahrnehmungsweisen von Verhaltensmustern ihre jeweilige Prägung als „aggressiv“ oder „nicht-aggressiv“ erhalten.

▷ Es ist zu erforschen, welche funktionalen Beziehungen bestehen zwischen den verschiedenen Wahrnehmungsweisen auf der einen Seite und dem tatsächlichen Verhalten auf der anderen Seite. Es sind also im Rahmen unserer weiteren Untersuchung bevorzugt solche Theorien der menschlichen Aggressivität zu berücksichtigen, die den *kognitiven Regulationsprozessen* des Verhaltens eine besondere Aufmerksamkeit widmen und somit möglicherweise einen Bezugsrahmen für eine erzieherische Entwicklung von Kompetenzen im Sinne einer primären Prävention bieten.

▷ Es ist verstärkt nach Möglichkeiten zu fahnden, die Wahrnehmung so zu schulen, daß Verschleierungsmöglichkeiten bei schädigenden Verhaltensweisen so weit wie irgend möglich reduziert werden und Legitimationen so explizit und kritisch wie möglich kontrollierbar werden. Ein Ziel könnte darin bestehen, *„intuitive Situationsinterpretationen“* (ARNOLD 1960, 1970; SIEBERT 1977b, S. 41) in all denjenigen Bereichen zunehmend in eine stärker *„reflexive Wahrnehmungsweise“* zu überführen, in denen der Legitimierungsaspekt wirksam ist. Dieses Ziel könnte zum Beispiel durch Konfrontationen mit alternativen Situationsbeurteilungen oder auch durch zusätzliche „verunsichernde“ Informationen angestrebt werden.

4

Zur Frage der „sozialen Unerwünschtheit“ aggressiven Verhaltens

Wir wollen nun auf die – bei Bemühungen um „Aggressionskontrolle“ zentrale – Frage zurückkommen, ob sämtliche Verhaltensweisen, die wir als „aggressiv“ bezeichnen, auch als sozial unerwünscht oder gar als verboten angesehen werden sollen.

Die im engeren Sinne destruktiven Verhaltensweisen sind oft nur schwer als solche von der Gesamtmenge „aggressiv“ genannter Verhaltensweisen abzugrenzen: sie sind von einer unscharf konturierten Grauzone umgeben. Hier wirken sich all diejenigen Variablen auf den Etikettierungsprozeß aus, die wir im vorigen Kapitel besprochen haben.

Unser Interesse an Aggressionskontrolle ist primär auf diejenigen Klassen menschlichen Verhaltens gerichtet, auf die die Aggressionsdefinitionen des „zweiten Typs“ (s.S. 33) zutreffen. Besonders prononciert hat TEDESCHI die Forderung erhoben, den Begriff „Aggression“ in der sozialwissenschaftlichen Forschung gänzlich aufzugeben. Das Forschungsinteresse solle primär und ausdrücklich auf *unerlaubte Gewalt* gerichtet werden, wobei die starke Belastung des Aggressionsbegriffs mit Wertungen explizit herauszustellen sei (TEDESCHI, SMITH & BROWN 1974, ähnlich auch WERBIK 1974, vgl. ferner MICHAELIS 1976b, S. 268).

Aus unseren Erörterungen zur Relativität der Klassifizierungskriterien läßt sich zusammenfassend folgern, daß es nahezu unmöglich ist, eine Aggressionsdefinition zu formulieren, die differenziert genug ist, alle offenen und verschleierten Formen zwischenmenschlicher Destruktivität zu erfassen, und die dabei zugleich einen brauchbaren Rahmen für die Ableitung wünschenswerter sozialer Kompetenzen bietet.

Nach Abwägung aller vorgetragenen Schwierigkeiten erscheint uns der von SCHMIDT-MUMMENDEY (1972) vorgelegte Definitionsversuch als besonders brauchbar für die Erörterungen im vorliegenden Buch. Unseren weiteren Erörterungen aggressiven Verhaltens soll die folgende Definition zugrundeliegen (modifiziert nach SCHMIDT-MUMMENDEY (1972):

> Aggressionen sind jene Verhaltensweisen, die 1. gegen einen Gegenstand oder einen anderen Menschen gerichtet sind, und die 2. für den, der sich gerade aggressiv verhält, eine subjektive Wahrscheinlichkeit aufweisen, diesen Gegenstand oder Menschen auch zu erreichen und damit entweder jene aus seinem Weg zu räumen oder ihnen unangenehme oder schädliche Reize zuzufügen oder beides.

Nachdem wir uns für ein eingegrenztes Aggressionsverständnis im Sinne einer Favorisierung der Definitionen des „zweiten Typs“ (vgl. S. 33ff.)entschieden haben, ergibt sich für uns noch die folgende Schlußfolgerung:
Alle Überlegungen zur Frage, welche Formen menschlicher Aggressionshandlungen im Rahmen irgendwelcher langfristiger Zielsetzungen *doch* als legitimiert aufgefaßt werden sollten, weisen in eine Richtung, die wir als äußerst problematisch ansehen. Da viele Verhaltensklassen in der angedeuteten „Grauzone“ liegen und da – wie wir gesehen haben – der Grad der sozialen Schädlichkeit von Verhaltensweisen meist nur anhand *relativer* Kriterien bestimmt werden kann, sei die Frage nach der sozialen Unerwünschtheit menschlicher Aggressionshandlungen vorläufig wie folgt beantwortet:
Maßnahmen zur Aggressionsprävention bzw. Aggressionskontrolle sollen dazu beitragen, die Auftretenswahrscheinlichkeit derjenigen Formen menschlichen Verhaltens zu reduzieren, bei denen nach Abwägung der denkbaren Verhaltensalternativen festgestellt werden kann, daß auch eine nichtschädigende oder zumindest weniger schädigende Handlungsweise möglich ist.
Positiv ausgedrückt: es soll dazu beigetragen werden, solche Verhaltenskompetenzen auszumachen und zu fördern, die die Wahrscheinlichkeit, sich destruktiv zu verhalten, insofern vermindern, als sie zu konstruktivem Umgang mit solchen Situationen befähigen, in denen häufig aggressives Verhalten auftritt.
Bereits an dieser Stelle lassen sich aus der bisherigen Erörterung einige Groblernziele für Projekte zur Prävention destruktiver Verhaltensklassen ableiten. Da viele Aggressionen im Urteil von Aggressoren selbst, von außenstehenden Beobachtern und sogar von Aggressionsopfern nicht als solche erkannt werden, das heißt in ein *Bezugssystem der Selbstverständlichkeit* eingebettet sind, ist es notwendig, daß möglichst viele Menschen lernen, Aggressionen als Aggressionen wahrzunehmen und zu beurteilen. Dazu sind folgende Kompetenzen zu fördern:

- ▷ Kompetenzen zur möglichst objektiven Beobachtung; dies setzt eine ständige kritische Überprüfung eigener Bezugssysteme und Interpunktionssetzungen voraus;
- ▷ Kompetenzen zur Infragestellung gewohnter Wahrnehmungsurteile (Rollentausch, Rollendistanz);
- ▷ Kompetenzen zur differenzierten Wahrnehmung von Kontextvariablen bei der Beurteilung destruktiver Verhaltensklassen;
- ▷ Kompetenzen zur kritischen Reflexion eigener impliziter Werthaltungen.

Bei der Einschätzung von Verhaltensweisen als „aggressiv" oder „nicht-aggressiv" wird eine Anzahl subjektiver Kriterien in jeweils unterschiedlicher relativer Gewichtung herangezogen.
Die bisher vorliegenden Definitionsversuche aggressiven Verhaltens lassen sich in zwei grundsätzlich verschiedene Gruppen einteilen. In den Definitionen des „ersten Typs" wird unter Aggression (meist in wenig wertender Weise) nahezu jede gerichtete, offensive Aktivität verstanden. Die Definitionen des „zweiten Typs" dagegen decken nur solche Verhaltensklassen ab, die als Gewaltanwendungen zu Schädigungen und Beeinträchtigungen von Menschen oder Sachen führen und meist negativ bewertet werden. Nur auf die letztgenannten Verhaltensklassen beziehen sich die Erörterungen in den folgenden Kapiteln dieses Buches.
Es soll begrifflich klar getrennt werden zwischen Aggressionen als ausgeführter Handlung einerseits und den angenommenen Motivationen und mit der Handlung einhergehenden Affekten (Ärger, Wut) andererseits.
Die Richtung aggressiver Handlungen ist häufig nicht deutlich erkennbar; sie muß in solchen Fällen aus dem jeweiligen situativen Kontext erschlossen werden.
Die Einschätzung von Verhaltensklassen als „destruktiv" hängt weitgehend davon ab, ob diese im subjektiven Wahrnehmungsurteil als „sozial verboten" empfunden werden. Möglichkeiten der Verschleierung und Rechtfertigung ergeben sich häufig aus der Tatsache, daß die kurz- und langfristigen Auswirkungen von Aggressionen im Wahrnehmungsurteil ganz unterschiedlich gewichtet sein können. Ein Hauptproblem stellen diejenigen Schädigungen dar, die von Aggressoren nicht direkt intendiert, sondern lediglich als Nebenwirkungen von Handlungen in Kauf genommen werden.
Das Kriterium der Intentionalität ist aus diesem Grunde nur mit Vorbehalten und oft nur unter Anlegung interaktioneller (systemischer) Perspektiven verwertbar. Gerade diejenigen Aggressionen, die ohne eine offenkundige Schädigungsabsicht gezeigt werden, können sich langfristig besonders destruktiv auswirken, da sie möglicherweise in besonders geringem Maße einer Kontrolle unterliegen. Viele Aggressoren versuchen nicht, Rückmeldungen von Interaktionspartnern wahrzunehmen und ihr eigenes Verhalten in Rücksichtnahme auf diese abzustimmen.
Die Einschätzung von Verhaltensweisen als „aggressiv" hängt auch davon ab, welche allgemeinen Charakteristika dem Handelnden zugeschrieben werden.
Die Identifizierung aggressiver Verhaltensweisen ist ferner häufig dadurch

erschwert, daß die relevanten normativen Bezugssysteme von vielen Menschen situationsspezifisch sehr unterschiedlich aktualisiert oder aber außer Kraft gesetzt werden.
Damit Legitimationen und Verschleierungen explizit und kritisch kontrolliert werden können, ist den kognitiven Regulationsprozessen aggressiven Verhaltens eine besondere Aufmerksamkeit zu widmen. Verschleierungsmöglichkeiten lassen sich wahrscheinlich prinzipiell dadurch reduzieren, daß möglichst viele Menschen darin trainiert werden, „intuitive Situationsinterpretationen" zugunsten einer stärker „reflexiven Wahrnehmungsweise" in Frage zu stellen.
Sämtliche Legitimierungsversuche von Aggressionen unter Geltendmachung irgendwelcher langfristiger positiver Zielsetzungen sind in jedem einzelnen Falle kritisch zu hinterfragen, da sie im konkreten Fall die Bereitschaft von Menschen reduzieren können, nach möglichen weniger schädigenden Handlungsalternativen zu suchen.

III.

Welche Handlungsanweisungen lassen sich aus den Ergebnissen der psychologischen Aggressionsforschung ableiten?

5

Probleme bei der vergleichenden Beurteilung psychologischer Aggressionstheorien

Will man einen Beitrag zur Senkung der Auftretenswahrscheinlichkeit destruktiv-aggressiver Verhaltensklassen in einem bestimmten sozialen Bereich leisten, so benötigt man zunächst genaue Kenntnisse darüber, welche ganz konkreten lebensgeschichtlichen Erfahrungen die *Formen*, die *Häufigkeit* und die *Zielobjekte* menschlicher Aggressionshandlungen beeinflussen. Die überholte akademische Streitfrage, inwieweit das aggressive Verhalten von Menschen im Sinne der Triebhypothese als Resultat angeborener Faktoren oder aber im Sinne der älteren behavioristischen Forschung als ausschließlich umweltdeterminiertes Geschehen zu begreifen sei, wird in populären ebenso wie in wissenschaftlichen Abhandlungen auch heute noch immer wieder neu aufgeworfen.

Die Verfechter der jeweiligen Extrempositionen pflegen ihren Kontrahenten in vereinfachender Weise den Vorwurf einer „monokausalen Sichtweise“ zu machen und diese sodann als „falsch“ zu entlarven.

Differenziertere Ansätze reduzieren das Problem nicht mehr auf die Grundsatzfrage, ob die menschliche Aggressivität ein ererbtes *oder* erlerntes Phänomen sei, sondern sie fragen nach der *Trennbarkeit* und *Gewichtsbestimmung* beider Komponenten (MICHAELIS 1976b, S. 17ff.).

Die Notwendigkeit multifaktorieller, dabei stärker auf Anwendungsmöglichkeiten gerichteter Analysen ist immer deutlicher geworden. Bei Versuchen zur Integration der Theorien ergibt sich allerdings das Problem, daß die verschiedenen Erklärungsansätze der menschlichen Aggressivität aufgrund völlig unterschiedlicher Ausgangshypothesen und empirischer Vorgehensweisen nicht immer untereinander kompatibel erscheinen.

Herkömmliche wissenschaftstheoretische Prinzipien können vor allem dann nicht zur Beurteilung von Theorien herangezogen werden, wenn in den betreffenden Theorien von Konstrukten ausgegangen wird, die Abstraktionen, hypothetische Entitäten ohne direkt faßbare physische Existenz darstellen.

Ein Beispiel für ein solches Konstrukt ist das *energetische Triebmodell* der menschlichen Aggressivität. Psychoanalytische wie auch ethologische Forschungsansätze bauen auf der Annahme eines solchen energetischen Triebmodells auf. Dabei werden Triebe als autonome (d. h. nichterlernte) verhaltensaktivierende, situationsunspezifische Energiequellen verstanden, die mehr oder weniger kontinuierlich bestimmte Erregungen produzieren und periodisch nach Entladung drängen. Da bisher keine wissenschaftliche

Methode angegeben werden konnte, mit deren Hilfe die mit diesem Konstrukt gemeinte hypothetische Antriebsquelle destruktiven Verhaltens als real existierend nachweisbar oder aber als nichtexistierend falsifizierbar wäre, werden die Ergebnisse solcher älteren Forschungsrichtungen von den neueren lerntheoretisch orientierten Autoren meist als *insgesamt* unbrauchbar und indiskutabel zurückgewiesen.

Dabei wird jedoch leicht übersehen, daß eine wissenschaftliche Theorie selbst dann, wenn einige ihrer grundlegenden Konstrukte äußerst fragwürdig sind, dennoch eine Reihe nützlicher Axiome hervorbringen kann (vgl. hierzu GROEBEN & WESTMEYER 1975; HOLZKAMP 1972; WESTMEYER 1973).

Beispielsweise finden sich in Veröffentlichungen zur sozial-kognitiven Lerntheorie vehement vorgebrachte Zurückweisungen des gesamten psychoanalytischen Denkansatzes; nichtsdestoweniger stellt die gleiche Theorie selbst einige *intrapsychische Prozesse der selektiven Aktivierung und Inaktivierung bestimmter Kontrollmechanismen des Verhaltens* zur Diskussion, die in der psychoanalytischen Literatur bereits seit 70 Jahren als *„Abwehrmechanismen"* detailliert beschrieben und – wenn auch auf der Grundlage völlig anderer Ausgangshypothesen – untersucht worden sind. Die Unversöhnlichkeit der verschiedenen Positionen in der Aggressionsforschung erweist sich nicht selten als scheinbar.

Selbst wenn man der Auffassung ist, daß eine ganz bestimmte Theorie (zum Beispiel die sozial-kognitive Lerntheorie) derzeit die brauchbarsten und differenziertesten Grundlagen für einen theoretischen Bezugsrahmen von Programmen zur Prävention destruktiver Verhaltenstendenzen liefert, so ist es dennoch notwendig, auch alternative Forschungsrichtungen daraufhin zu überprüfen, ob von diesen nicht doch Anregungen für die praktische Arbeit ausgehen. Diese können als Anstoß für eine Weiterentwicklung des eigenen Ansatzes verstanden werden.

Wir wollen in den folgenden Kapiteln die wichtigsten Forschungsansätze mit ihren zentralen Aussagen skizzenhaft vorstellen und diskutieren. Bei der Diskussion der vorliegenden Aggressionstheorien werden wir uns – im Hinblick auf das Anliegen einer möglichen Nutzbarmachung der theoretischen Erkenntnisse für eine Prävention gewalttätigen Verhaltens – von folgenden Beurteilungskriterien leiten lassen:

- ▷ empirische Überprüftheit der Theorie
- ▷ praktische Relevanz der Theorie für präventive Strategien der Förderung nichtaggressiver sozialer Kompetenzen
- ▷ Akzeptierbarkeit der von der Theorie ausgegangenen Anwendungsergebnisse.

Diese Kriterien sollen zunächst erläutert werden.

Theorien sind nur selten in ihrer Gesamtheit „wahr" oder „unwahr"; es besteht auch die Möglichkeit, daß sie nur *teilweise „wahr"* sind. Die Forschungsfelder der verschiedenen Theorien stimmen nur selten mit dem behaupteten Anwendungsfeld überein (Problem der *Repräsentanz* im weiteren Sinne; HOLZKAMP 1972). *Die verschiedenen Theorien können sich auf ganz unterschiedliche Teilphänomene der menschlichen Aggressivität beziehen.* Es ist nicht anzunehmen, daß sämtliche von Aggressionstheorien behandelten Phänomene unter eine gemeinsame Obertheorie subsumierbar sind (MICHAELIS 1978).

Da bei der Theoriengenerierung nur selten eine strukturelle Ähnlichkeit zwischen Forschungsfeldern (Labors) und behaupteten Anwendungsfeldern (soziale Wirklichkeit) besteht, *ist bei Versuchen der praktischen Umsetzung von Aggressionstheorien grundsätzlich mit der Möglichkeit zu rechnen, daß sich ganz andere Effekte einstellen, als von der Theorie her erwartet werden.*

MICHAELIS (1978) fordert aus diesem Grunde sogar ein *generelles Anwendungsverbot* der Ergebnisse der Aggressionsforschung, da immer zu befürchten sei, daß mit der Nutzung einer nicht ausreichend praktisch überprüften Theorie gar „Öl ins Feuer" gegossen, das heißt mehr Schaden als Nutzen erzielt werde. Zur Untermauerung dieser Überlegung lassen sich leicht Beispiele finden. Aus der weitgehend auf Tierbeobachtungen und – von ARISTOTELES angeregten – philosophischen Spekulationen basierenden *Katharsishypothese* wird von verschiedenen Autoren die Schlußfolgerung abgeleitet, die zwischenmenschliche Aggressivität könne unschädlich gemacht werden, indem eine ausreichende Anzahl kanalisierender Aggressionsrituale (etwa in Form von Kampfspielen) bereitgestellt werde (vgl. z.B. LORENZ 1963). Überprüft man diese Hypothese in realen sozialen Situationen, so zeigt sich, daß viele Aggressionsrituale nicht etwa das Quantum zwischenmenschlicher Aggressionen senken, sondern daß sie es – aufgrund von Einübungs- und Gewöhnungsprozessen – auch steigern können (BANDURA 1979a, S. 30f.; 141–144; 159–176).

Die von MICHAELIS angeführten prinzipiellen Vorbehalte gegen eine Anwendung von Ergebnissen der Aggressionsforschung könnten zumindest dann teilweise an Gewicht verlieren, wenn sich präzise angeben ließe, *für welchen anwendungsrelevanten Teilbereich die jeweilige Theorie Gültigkeit beansprucht,* und wenn die theoretischen Aussagen über die Determinanten aggressiven Verhaltens als *Aussagen über Bedingungszusammenhänge* formuliert würden:

„Sofern bestimmte in der theoretischen Annahme formulierte, konstituieren-

de Bedingungen realisiert sind und sofern keine störenden Bedingungen (Randbedingungen) vorliegen, treten bestimmte, nämlich die in der theoretischen Annahme behaupteten, empirischen Effekte auf" (HOLZKAMP 1972, S. 94).
Unter Heranziehung solcher Konditionalsätze kann man versuchen, zur Schaffung von Bedingungen beizutragen, unter denen die Auftretenswahrscheinlichkeit destruktiver Handlungen *in definierten sozialen Bereichen* sinkt. Die Anwendungsresultate liefern dann zugleich Hinweise über die Gültigkeit der Konditionalsätze und damit auch Hinweise auf möglicherweise notwendige Ergänzungen oder Modifikationen des theoretischen Systems.
Auch einem solchen deterministischen Ansatz sind allerdings Grenzen gesetzt. In einer Auseinandersetzung mit dem Exhaustionsprinzip (HOLZKAMP 1968) hat WERBIK nachzuweisen versucht, daß es in der Aggressionsforschung logisch unmöglich ist zu sagen: „Es wird für die Geltungsbehauptung die Voraussetzung gemacht, daß ganz bestimmte reale Bedingungen, und *nur* diese Bedingungen gegeben sind" (WERBIK 1974, S. 31). Die Menge der möglichen Prädikatoren von Ereignissen sei potentiell unendlich. Wieviele Prädikatoren man tatsächlich zur Prädikation von Ereignissen verwende, hänge lediglich von der Differenzierung des terminologischen Systems ab. Somit könne man ein konkretes Ereignis niemals durch eine endliche Menge von Prädikatoren *vollständig* beschreiben. Ähnliche Überlegungen finden sich auch bei MICHAELIS (1976b).
Diese Überlegungen sind insofern gewichtig, als *in der Praxis einzelne empirisch gewonnene Konditionalsätze häufig tatsächlich zu vorschnell angewandt werden.* Hat man beispielsweise erkannt, daß im Laborexperiment die Auftretenswahrscheinlichkeit bestimmter Aggressionen durch körperliche *Bestrafungen* gesenkt werden kann, so darf diese „Erkenntnis" dennoch nicht unhinterfragt im erzieherischen Alltag angewandt werden, da offensichtlich auch alternative und/oder weitere Konditionalsätze Gültigkeit haben können. In einer Familie hängt die Häufigkeit von Aggressionen bei einem Kind nicht lediglich davon ab, ob es für diese Aggressionen bestraft oder belohnt wird, sondern auch von weiteren Faktoren, die erst bei einer differenzierten Betrachtung des *familiären Interaktionssystems als Ganzem* herausgefunden oder beeinflußt werden können (vgl. STIERLIN 1978).
Der Hinweis auf dieses grundsätzliche Problem sollte unseres Erachtens jedoch nicht zu der Schlußfolgerung verleiten, mit Versuchen zur Schaffung aggressionsvermindernder sozialer Bedingungen dürfe erst dann begonnen werden, wenn eine vollständige, in jeder Hinsicht „wahre" Obertheorie der menschlichen Aggressivität erarbeitet ist. Wir halten es geradezu für sozial unverantwortlich, nicht auch schon beim gegenwärtigen begrenzten Stand der Erkenntnisse vorsichtige Versuche zur Senkung der menschlichen

Gewalttätigkeit zu unternehmen. Dabei ist allerdings von vorneherein denjenigen theoretischen Ansätzen der Vorzug zu geben, in denen die *modifizierbaren* Aspekte der menschlichen Aggressivität thematisiert sind.

Relevanzkriterium: Ist die Theorie nützlich für Maßnahmen zur Prävention?

Forschungsergebnisse können auf den verschiedensten Ebenen angewandt werden, wie in der Einleitung zu dieser Arbeit bereits dargelegt wurde. Die Ebene der individuellen Verhaltensmodifikation in Form therapeutischer Interventionen oder in Form juristisch kodifizierter Sanktionen ist nicht die einzige denkbare Ebene von Ansätzen zur Anwendung von Ergebnissen der Aggressionsforschung.
Die verschiedenen Ergebnisse der Aggressionsforschung sollen insbesondere auch daraufhin betrachtet werden, ob sie eine Relevanz für präventive Strategien der Förderung nicht-aggressiver sozialer Kompetenzen erkennen lassen. Die im vorliegenden Kapitel angestellten Überlegungen werden am Ende unserer Untersuchung in die abschließende Beurteilung des Kompetenzkonzepts eingehen.
Eine Aggressionstheorie besitzt nicht nur dann eine praktische Relevanz, wenn sie von Agenten sozialer Veränderung (Sozialarbeitern, Psychologen, Pädagogen, Politikern) im Rahmen geplanter Innovationsstrategien gezielt und erfolgreich nutzbar gemacht werden kann. *Theorien besitzen vielmehr auch bereits dann eine praktische Relevanz, wenn sie allein aufgrund ihrer Bekanntheit in irgendwelchen Bevölkerungskreisen einen Einfluß auf Handlungsbegründungen und -interpretationen haben.* Wenn eine bestimmte Aggressionstheorie beispielsweise besagt, die menschliche Aggressivität entspringe primär oder hauptsächlich „angeborenen“ Verhaltensdeterminanten, und wenn diese Theorie zugleich „populär“ ist, d.h. von vielen Menschen als zutreffend beurteilt wird, so ist die Theorie in hohem Maße praktisch relevant, da von ihr im Alltagsleben Auswirkungen auf die verhaltensbezogenen Wahrnehmungsurteile von Menschen ausgehen.

Akzeptierbarkeitskriterium: Ist eine praktische Anwendung der Theorie ethisch vertretbar?

Eine praktische Anwendung von Ergebnissen der Aggressionsforschung kann unter bestimmten Umständen selbst dann, wenn diese im Sinne der jeweils zugrundeliegenden Theorie vollständig vorhersagegemäß und präzise eintreffen, in zweierlei Hinsicht bedeutsame Probleme mit sich bringen.

Problemfall 1: Nichtakzeptierbarkeit im Rahmen eines übergeordneten ethischen Wertsystems

Die Ergebnisse können, obwohl theorieimmanent zutreffend und schlüssig, im Lichte eines *übergeordneten ethischen Wertsystems*, zum Beispiel dem Wertsystem der humanistischen Psychologie oder dem Wertsystem der Menschenrechtscharta, inakzeptabel sein. Dieser Fall kann besonders dann leicht eintreten, wenn die zugrundeliegende Theorie selbst nicht *explizit* auf ein solches Wertsystem bezogen ist, also vom Postulat der „Wertfreiheit" wissenschaftlicher Forschung ausgeht oder lediglich ihrer *„technischen Relevanz"* Bedeutung beimißt.
Beispielsweise ist es prinzipiell denkbar, bestimmte unerwünschte Verhaltensweisen durch *totale Überwachung* oder konsistente *harte Bestrafung* von Menschen unter Kontrolle zu halten. Ein etwas drastischeres Beispiel für die hier gemeinten ethischen Probleme stellt die Erkenntnis der psychophysiologischen Forschung dar, daß man durch gezielte Ausschaltungsoperationen im Gehirn die Aggressionsrate von sogenannten „Triebtätern" hochsignifikant senken kann (vgl. hierzu MARFELD 1970, S. 376–384). Eine entsprechend breite chirurgische Anwendung dieser Erkenntnis über prinzipiell „machbare" Interventionen ist nicht akzeptierbar, wenn man ein Wertsystem anlegt, in dem die größtmögliche Entfaltung menschlicher sozialer Kompetenzen zum Oberziel erklärt wird.
Ein solches Wertsystem kommt in dem auf Seite 20 explizierten Kompetenzkonzept von SOMMER (1977b) zum Ausdruck. Als wegweisend für weiterführende Überlegungen in dieser Richtung können ferner die von der American Psychological Association erstmals 1963 verabschiedeten *„Ethical Standards of Psychologists"* angesehen werden (abgedruckt im *American Psychologist*, Januar 1963).

Problemfall 2: unerwünschte Nebenwirkungen

Die Anwendungsergebnisse können, obwohl theorieimmanent schlüssig, *unerwünschte Nebenwirkungen* mit sich bringen, *deren Eintritt innerhalb des jeweils zugrundeliegenden theoretischen Bezugsrahmens gar nicht als Möglichkeit vorgesehen ist, somit vielleicht nicht einmal bemerkt wird.* Setzt man beispiels-

weise gegenüber einem Kind bestimmte – an älteren Konzepten der Verhaltenstherapie orientierte – externe Sanktionen gezielt ein, so darf man unter bestimmten Bedingungen tatsächlich damit rechnen, daß die beobachtbare Aggressionsrate bei diesem Kind in bestimmten sozialen Bereichen sinken wird (PATTERSON 1971; 1975). Wie ist es aber zu bewerten, wenn dieses Kind *in anderen, nicht kontrollierten Situationen* weiterhin häufig aggressiv reagiert oder im Anschluß an das Therapieprogramm als „Nebenwirkung" der Sanktionen besonders ängstliche Reaktionstendenzen oder auch psychosomatische Krankheiten entwickelt, *die mit dem methodischen Inventar des betreffenden angewandten theoretischen Ansatzes überhaupt nicht faßbar sind?* Oder man denke an den Fall eines Psychologen, der auf der Grundlage des von George BACH entwickelten „Fair-Fight-Konzepts" (das stark an der Katharsishypothese orientiert ist) für ein Ehepaar die therapeutische Strategie entwarf, ihre gegenseitigen Ärgergefühle unter Benutzung gepolsterter Boxhandschuhe regelmäßig rituell auszudrücken und „abzureagieren", dann aber angezeigt und aus der American Psychological Association hinausgeworfen wurde, nachdem die „Therapie" zu Knochenbrüchen bei den Hilfesuchenden geführt hatte (BANDURA, persönliche Mitteilung).
Wären die als Beispiele genannten Interventionsversuche von einem ausreichend weit gefaßten Bezugsrahmen ausgegangen, so wären die unerwünschten Nebeneffekte möglicherweise nicht eingetreten, da bereits das theoretische Vorwissen um ihre grundsätzliche Auftretensmöglichkeit von vorneherein zu einer antizipatorischen Korrektur der geplanten Interventionsstrategie hätte führen müssen.
Zusammenfassend wäre also von einer Theorie zu fordern, daß sie in ausreichendem Maße *Vorhersagen darüber erlaubt, was im Falle ihrer praktischen Anwendung konkret eintreten wird,* d.h. daß sie – wie MICHAELIS (1978) formuliert – „nicht nur das im Hinblick auf die Anwendung interessierende Phänomen (Aggression) zu erklären vermag, sondern auch diejenigen weiteren Phänomene, die a) durch die Anwendungs*operation* parallel (zur Aggression) berührt werden (Nebeneffekte); die b) durch das Anwendungs*resultat* (Aggressionswandlung) betroffen werden (Nacheffekte)".
Beim gegenwärtigen Stand der Aggressionsforschung ist es noch nicht zu erwarten, daß eine bestimmte Theorie umfassende Voraussagen über *sämtliche* mögliche Neben- und Nachwirkungen ihrer praktischen Anwendung erlaubt. Unsere Ausführungen sollten als Hinweis dafür verstanden werden, daß es wichtig ist, bei der praktischen Anwendung einer Aggressionstheorie den eigenen Ansatz gegenüber alternativen Theorien offenzuhalten.

Zusammenfassung des 5. Kapitels

Die verschiedenen psychologischen Erklärungsansätze der zwischenmenschlichen Aggressivität sind nicht ohne weiteres miteinander vergleichbar, da sie auf ganz unterschiedliche Aspekte zwischenmenschlicher Aggressionen bezogen sein können und zum Teil von Konstrukten ausgehen, die sich einer direkten empirischen Überprüfung entziehen. Will man versuchen, theoretisch formulierte Erkenntnisse über die Determinanten aggressiven Verhaltens für eine gezielte Förderung nichtaggressiver sozialer Kompetenzen nutzbar zu machen, so sieht man sich dem Problem gegenüber, daß die Forschungsfelder der verschiedenen Theorien (Laborexperimente; Tierbeobachtungen) nur selten mit den infragekommenden sozialen Anwendungsfeldern (komplexen sozialen Systemen) identisch sind. Daher ist bei Umsetzungsversuchen von theoretischen Erkenntnissen im Rahmen konkreter praktischer Interventionen grundsätzlich mit der Möglichkeit zu rechnen, daß sich ganz andere Effekte einstellen, als von der Theorie her erwartet werden. Aus diesem Grunde wäre es wünschenswert, daß sich bei jeder Aggressionstheorie präzise angeben ließe, für welchen anwendungsrelevanten Teilbereich die Theorie Gültigkeit beansprucht. Im Idealfall müßte eine anwendungsrelevante Theorie Vorhersagen über sämtliche Wirkungen, Nebenwirkungen und Nachwirkungen erlauben, mit denen im Falle ihrer Anwendung in sozialen Systemen zu rechnen ist. Eine solche „Obertheorie" der menschlichen Aggressivität liegt derzeit nicht vor.

In den folgenden Kapiteln soll versucht werden, die wichtigsten konkurrierenden psychologischen Aggressionstheorien skizzenhaft vorzustellen und im Hinblick auf folgende drei Beurteilungsgesichtspunkte zu diskutieren:

1. Es soll gefragt werden, welche Hinweise zur empirischen Überprüftheit der Theorie vorliegen und für welchen anwendungsrelevanten Teilbereich die Theorie Aussagen über Bedingungszusammenhänge aggressiven Verhaltens macht.
2. Es soll gefragt werden, welche praktische Relevanz die Theorie für Strategien zur präventiven Förderung nicht-aggressiver sozialer Kompetenzen erkennen läßt und ob sich Aussagen darüber machen lassen, welche Einflüsse von der Theorie bereits aufgrund ihres faktischen Bekanntheitsgrades auf die Handlungsbegründungen und -interpretationen von Menschen ausgehen.
3. Es soll gefragt werden, ob die von der Theorie ausgehenden Effekte in sozialen Interaktionsfeldern im Rahmen übergeordneter ethischer Wertsysteme (d.h. im Rahmen des Oberziels der größtmöglichen Entfaltung menschlicher sozialer Kompetenzen) ethisch akzeptierbar sind.

6

Der psychoanalytische Erklärungsansatz menschlicher Aggressivität

Bei einer angemessenen Erörterung des psychoanalytischen Erklärungsansatzes der menschlichen Aggressivität sollten unseres Erachtens nicht nur die entsprechenden Arbeiten FREUDs berücksichtigt werden, die dieser zu Beginn unseres Jahrhunderts vorgelegt hat. Vielmehr erscheint es sinnvoll zu überlegen, wie sich der psychoanalytische Erklärungsansatz *heute* auswirkt und welche Handlungsanweisungen sich aus dem *gegenwärtigen* Erkenntnisstand der psychoanalytisch orientierten Forschung ableiten lassen. Allerdings haben auch die ursprünglichen Auffassungen FREUDS bis in die heutige Zeit aufgrund ihres großen Bekanntheitsgrades in der Bevölkerung wahrscheinlich Auswirkungen auf die Art und Weise, wie die Menschen ihre eigene Aggressivität wahrnehmen und bewerten (vgl. S. 57; siehe auch NOLTING 1978, S. 19–26). Daher sind auch hierzu einige Ausführungen angebracht.

FREUD sah den Ursprung aggressiver Verhaltensweisen in angeborenen Verhaltensdispositionen, die er *Triebe* nannte. Damit waren Kräfte gemeint, die ihren Ursprung in einer somatischen Triebquelle haben, sich psychisch repräsentieren, unter anderem durch einen dranghaften Charakter und vor allem durch Vorstellungs- und Affektrepräsentanzen, die ihr Ziel in dessen Befriedigung suchen und auf diesem Weg auf ein Objekt angewiesen sind, an welchem oder durch welches sie ihr Ziel, die Befriedigung, erreichen (LOCH 1971, S. 18).

FREUD modifizierte seine Auffassungen über die Herkunft menschlicher Aggressivität im Laufe seines Lebens mehrfach. Sah er die Aggressivität ursprünglich nur als eine Komponente der Sexualität (1905) oder der Ich-Triebe (1915) an, so stellte er zuletzt den ursprünglich „Aggressionstrieb" genannten *Todestrieb* den sogenannten *Lebenstrieben* (Sexual- und Erhaltungstrieben) antagonistisch gegenüber. Unter Aggression verstand er nun die nach außen gerichtete Manifestation des Todestriebes, dessen selbstzerstörerische Tätigkeit nur durch Mischung mit den Lebenstrieben und durch Ausrichtung auf äußere Objekte unter Kontrolle gehalten werden könne. „Zurückhaltung von Aggression ist überhaupt ungesund, wirkt krankmachend" (in: Abriß der Psychoanalyse, 1938).

Aggressivität ist in der Sichtweise FREUDs zunächst jede Aktivität, die nach Entspannung drängt. Wird der Aktionsradius eines Individuums stark ein-

geschränkt, so tritt nach einer gewissen Zeitspanne zwangsläufig ein „Aggressionsüberschuß" auf, der nach destruktiver Entladung drängt.
FREUD unterteilte den psychischen Apparat in die Instanzen *„Es"*, *„Über-Ich"* und *„Ich"* und ordnete letzterem die Funktion der Verteilung der psychischen Energie zu. Das *Ich* der Persönlichkeit hat in diesem Modell gewissermaßen eine Vermittlerfunktion und muß sowohl den Triebwünschen *(Es)* als auch den verinnerlichten sozialen Umweltforderungen (repräsentiert im *Über-Ich*) gerecht werden.
Dem hier gemeinten *„Realitätsprinzip"* unterliegt nach FREUD auch die Aggressivität. Da sie von der sozialen Außenwelt nur bedingt toleriert wird, ist es Aufgabe des *Ich*, die Triebspannungen mit den Erfordernissen der sozialen Realität in Einklang zu bringen.
Entscheidend ist hierbei, inwieweit es dem *Ich* gelingt, die aggressive Energie so zu kanalisieren, wie es die jeweilige Gesellschaft für wünschenswert erachtet. Bis zu welchem Ausprägungsgrad der Ausdruck aggressiver Impulse toleriert oder gar erwünscht, also ‚legal' ist, entscheidet nicht das Individuum, sondern auch die Sozietät, deren Mitglied es ist.
Auf Anregung des Völkerbundes und seines internationalen Instituts für geistige Zusammenarbeit in Paris korrespondierte FREUD im Jahre 1932 mit Albert EINSTEIN zur Frage, ob es einen Weg gebe, „die Menschen von dem Verhängnis des Krieges zu befreien". EINSTEIN richtete an FREUD ausdrücklich die Frage, ob sich aus dem psychoanalytischen Verständnis menschlicher Aggressivität *„Wege der Erziehung"* aufzeigen ließen und ob es eine Möglichkeit gebe, „die psychische Entwicklung der Menschen so zu leiten, daß sie den Psychosen des Hasses und des Vernichtens gegenüber widerstandsfähiger werden" (Zitate nach EINSTEIN/FREUD: Warum Krieg? Ausgabe 1972; Zürich).
FREUD entwarf in seiner Antwort ein äußerst pessimistisches Menschenbild. „Interessenkonflikte unter den Menschen werden . . . prinzipiell durch die Anwendung von Gewalt entschieden". Gewalttätigkeit seitens der Stärkeren könne nur durch die Vereinigung der Schwächeren wettgemacht werden. Den Menschen wohne ein *„Trieb zum Hassen und Vernichten"* inne, der das Bestreben habe, sich selbst zum Zerfall zu bringen. „Der Todestrieb wird zum Destruktionstrieb, indem er mit Hilfe besonderer Organe nach außen, gegen die Objekte gewendet wird. Das Lebewesen bewahrt sozusagen sein eigenes Leben dadurch, daß es fremdes zerstört".
Selbst die Entstehung des Gewissens sei durch eine Wendung der Aggression nach innen zu erklären. Es sei direkt ungesund, wenn sich dieser Vorgang in allzu großem Ausmaße vollziehe. Die Wendung der Triebkräfte zur Destruktion in der Außenwelt entlaste dagegen das Lebewesen und wirke sich wohltuend aus. Es habe keine Aussicht, die aggressiven Neigungen der

Menschen abschaffen zu wollen. Man könne höchstens versuchen, sie so weit *abzulenken*, daß sie nicht ihren Ausdruck im Kriege finden müsse. Hierzu sei eine *Mischung des Aggressionstriebes mit den Lebenstrieben* notwendig. „Allles, was Gefühlsbindungen unter den Menschen herstellt, muß dem Krieg entgegenwirken". Kriege erschienen FREUD allerdings als „naturgemäß, biologisch wohlbegründet, praktisch kaum vermeidbar".

Spätere psychoanalytische Autoren setzten sich in sehr unterschiedlicher Weise mit dem FREUDschen Triebkonzept auseinander. Der 27. Psychoanalytische Kongress in Wien 1971 war vornehmlich der Theorie, Klinik und Anwendung des psychoanalytischen Aggressionsbegriffes gewidmet. Dabei teilte STEIN die Psychoanalytiker bezüglich ihrer Konzeption der menschlichen Aggressivität in vier Gruppen ein:

- ▷ Analytiker, die das Konzept vom Todestrieb beibehalten (z. B. Melanie KLEIN),
- ▷ Analytiker, die die Existenz aggressiver und libidinöser Energie annehmen (z. B. HARTMANN, BRENNER),
- ▷ Analytiker, die das Konzept primärer Aggression zurückweisen (z. B. FENICHEL, GILLESPIE, STONE),
- ▷ Analytiker, die das energetische Modell überhaupt zurückweisen (nach ELHARDT 1974, S. 15).

Angesichts dieser Uneinheitlichkeit des psychoanalytischen Aggressionsverständnisses wäre es geradezu vermessen, den psychoanalytischen Ansatz im Hinblick auf unsere Fragestellungen in einer Gesamtsicht angemessen würdigen zu wollen. Wir werden deshalb nur einige zentrale Gesichtspunkte erörtern können.

Psychoanalytiker haben sich intensiv mit der funktionellen Bedeutung *affektiver Spannungszustände* und mit der Frage möglicher *problematischer körperlicher Auswirkungen latenter Feindseligkeitsempfindungen* auseinandergesetzt. Insbesondere bei der Untersuchung *psychosomatisch erkrankter Personen* wurde wiederholt festgestellt, daß diese deutlich seltener als Vergleichsgruppen feindselige Impulse in Handlungen umsetzen und darüber hinaus auch deutlich weniger oft Gefühle ausdrücken (vgl. hierzu BRÄUTIGAM & von RAD 1977; FREIWALD, LIEDTKE, ZEPF 1973; LUKATS & LUTHE 1975; von RAD 1977; SIFNEOS 1975).

Aus solchen Befunden wird häufig ein *Defizitmodell* abgeleitet, das dann wiederum so interpretiert wird, man müsse in erzieherischen oder psychotherapeutischen Situationen zu aggressiven Äußerungen geradezu ermuntern (vgl. hierzu BERNA 1973; DANN 1971).

Dabei wird allerdings nicht selten vernachlässigt, nach möglichen *nichtaggressiven* Ausdrucksmöglichkeiten negativer emotionaler Empfindungen zu suchen oder menschliche Lebensbedingungen und Verhaltenskompetenzen so zu beeinflussen, daß feindselig getönte affektive Spannungen von vorneherein nicht so häufig auftreten müssen.

Probleme der empirischen Überprüfung des psychoanalytischen Aggressionsverständnisses

Das Hauptproblem liegt bei vielen psychoanalytisch orientierten Ansätzen unseres Erachtens darin, daß sie von einem Aggressionsbegriff des „ersten Typs" ausgehen, also nicht begrifflich zwischen Aggressivität und Destruktivität unterscheiden (siehe die Zitate auf Seite 33f dieser Arbeit). MITSCHERLICH spricht von Aggression als einem „vitalen Grundvermögen"; SPITZ (1969, S. 124) führte besonders deutlich aus:

„Selten wird erläutert, daß der Aggressionstrieb sich nicht auf Feindseligkeiten beschränkt. In Wirklichkeit dient bei weitem der größte und wichtigste Teil des Aggressionstriebes als Motor jeder Bewegung, aller Aktivitäten, ob groß oder klein, und letzten Endes als Antrieb für das Leben selbst".

Auch RÖHM (1972) geht bei seinem Versuch, aus der psychoanalytischen Theorie ein Konzept für einen erzieherischen Umgang mit kindlichen Aggressionsäußerungen abzuleiten, von einem äußerst globalen Aggressionsverständnis aus, in dem Aggression unter anderem als „Motor gesellschaftlicher Veränderungen" begriffen wird (siehe das Zitat auf S. 33).
Eine empirische Überprüfung psychoanalytischer Auffassungen zur menschlichen Aggressivität erweist sich als umso schwieriger, je weniger präzise der jeweils verwendete Aggressionsbegriff eingegrenzt ist. FREUD hat selbst, wie sein Biograph JONES (1969) berichtet, stets zu vermeiden versucht, sich auf präzise Definitionen festzulegen.
Erst in jüngerer Zeit wurden Ansätze zu einer begrifflichen Differenzierung des in der psychoanalytischen Literatur oft sehr uneinheitlich und global verwendeten Sammelbegriffs „Aggression" z.B. von ELHARDT (1968; 1974) und FROMM (1974) vorgelegt. Sie können als Versuche aufgefaßt werden, eine präzisere empirische Überprüfung entsprechender Einzelhypothesen zu ermöglichen, was in der früheren Phase der psychoanalytischen Theorienbildung nur selten überhaupt intendiert war (vgl. hierzu SARNOFF 1971; FROMM 1974, S. 431ff).
ELHARDT hält es für sinnvoll, die verschiedenen beobachtbaren Formen menschlicher Aggressionen hinsichtlich ihres jeweiligen subjektiven Triebziels gegenüber dem Objekt (im Verhalten wie auch in der Phantasie) akzentmäßig in drei Gruppen mit fließenden Grenzen zu unterscheiden:

„a) aktiv-spontane (vermutlich endogene) Aggression ohne subjektive Feindseligkeit: Objekt soll erreicht, handhabbar bemeistert werden,
b) re-aktive defensive Aggression mit Feindseligkeitsanteil, als Angstabwehr: Objekt soll als provokant schädigend zurückgewiesen werden,
c) (ursprünglich vermutlich re-aktive) „aktiv"-destruktive Aggression mit überwiegender und subjektiv intendierter Feindseligkeit und Zerstörungstendenz: Objekt soll verletzt, beseitigt oder gequält werden mit „sadistischer" Lust als Selbstzweck" (ELHARDT 1974, S. 32ff).

Derartige Versuche einer Ausdifferenzierung, insbesondere die den Definitionen des „zweiten Typs" entsprechenden Formulierungen b) und c), eröffnen möglicherweise erste Zugänge zu empirischen Vergleichsuntersuchungen mit präziseren Operationalisierungen der jeweils verwendeten Konstrukte.
Kontrollierte Studien zur Überprüfung psychoanalytischer Aussagen über Auftretensbedingungen und Verhinderungsmöglichkeiten destruktiver Verhaltensklassen stehen bisher allerdings noch weitgehend aus (vgl. MICHAELIS 1976b, S. 92f.).
Für das in unserem Zusammenhang besonders wichtige Anwendungsgebiet der Prävention und Erziehung wurde kasuistisches Material unter anderem vorgelegt von AICHHORN (1957), FUSS (1969, 1970), REDL u. WINEMAN (1962), ZULLIGER (1970). In diesen Falldarstellungen bleibt – angesichts der hohen Komplexität der zugrundeliegenden Theorie – freilich oft ungeklärt, welche spezifischen Elemente des jeweils berichteten Erzieherverhaltens letztlich den entscheidenden Einfluß auf die Aggressivität der Jugendlichen hatten.
Versuche einer empirischen Überprüfung der triebtheoretischen Fundierung des psychoanalytischen Aggressionsverständnisses wurden in der psychophysiologischen und anthropologischen Forschung unternommen. Eine überaus gründliche Zusammenschau und Diskussion bisher gewonnener Befunde findet sich bei FROMM (1974, S. 81–162). Die Ergebnisse lassen sich in der Feststellung zusammenfassen, daß eine somatische Triebquelle, das heißt eine physiologische Fundierung einer periodisch nach Entladung drängenden Aggressivität, bei Menschen nicht nachweisbar ist. Zur Verdeutlichung seines Standpunkts führt FROMM ein Zitat von SCOTT (1958) an: „Ein Mensch, der das Glück hat, in einer Umgebung zu leben, in der keine Stimulation zu kämpfen vorhanden ist, wird keinen physiologischen oder nervlichen Schaden nehmen, weil er niemals kämpft" (vgl. hierzu auch BANDURA 1979 a, S. 27–55; KAISER 1973, S. 50).
Auch FREUDs pessimistische Vorstellung, Kriege seien als „naturgemäße, biologisch wohl begründete, praktisch kaum vermeidbare" Phänomene der menschlichen Existenz zu verstehen, muß aufgrund ethnologischer Untersu-

chungen an praktisch „nicht-destruktiven" Kulturen infrage gestellt werden (FROMM 1974, S. 148–158).
Man kann ganz grundsätzlich die Frage stellen, ob es überhaupt sinnvoll ist, das Gedankengebäude der Psychoanalyse an Kriterien zu messen, die primär zur empirischen Überprüfung naturwissenschaftlicher Theorien entwikkelt wurden. FREUD selbst bezeichnete seine Auffassungen über die menschliche Aggressivität als eine „Mythologie". Seine Erklärungsversuche menschlicher Destruktivität bewegten sich nicht auf einer naturwissenschaftlichen, sondern auf einer kreativ-philosophischen Ebene; aus diesem Grunde ist eine Vergleichbarkeit mit stärker empirisch orientierten Theorien stark erschwert (MICHAELIS 1976b, S. 92f.).
Wenngleich die Frage nach der empirischen Überprüftheit des psychoanalytischen Aggressionsverständnisses, insbesondere im Hinblick auf die Aussagen über Bedingungszusammenhänge in erzieherischen Bereichen, bisher nicht befriedigend beantwortet ist, konnte der psychoanalytische Erklärungsansatz dennoch nicht aus unserer Betrachtung ausgeblendet werden, da er angesichts seiner unbestrittenen Popularität mit hoher Wahrscheinlichkeit einen Einfluß darauf hat, wie viele Menschen ihre eigene Aggressivität beurteilen und gegebenenfalls rechtfertigen.

Zum Relevanzkritierium: psychoanalytische Pädagogik und Gesellschaftskritik

Obwohl die Psychoanalyse ursprünglich als eine *therapeutische* Methode zur individuellen Behandlung von Neurosen entwickelt wurde, haben sich – wie bereits erwähnt – einzelne Psychoanalytiker bereits in den Frühzeiten der Psychoanalyse um Möglichkeiten einer präventiven Umsetzung psychoanalytischer Erkenntnisse bemüht. August AICHHORN beispielsweise (1925) versuchte, Konzepte für Anwendungsmöglichkeiten der Psychoanalyse auf die Probleme von Verwahrlosung und Delinquenz von Jugendlichen, aber auch auf Erziehung und Erziehungsberatung im allgemeinen zu entwickeln. Schon im Jahre 1912 erschien PFISTERs Arbeit über „Anwendungen der Psychoanalyse in der Pädagogik und Seelsorge". Neuere Übersichten zur psychoanalytisch orientierten Pädagogik finden sich bei Anna FREUD (1978, S. 519ff), HÖCHSTETTER (1970) und RÖHM (1972).
Es erweist sich freilich als sehr schwierig, die vorliegenden Entwürfe zur psychoanalytischen Pädagogik im Hinblick auf das *unserer* Betrachtung zugrundeliegende Konzept zur Erarbeitung nichtaggressiver sozialer Kompetenzen (vgl. S. 20) zu beurteilen. Dies liegt unter anderem daran, daß das

Hauptaugenmerk der genannten Autoren weniger auf eine Entwicklung *spezifischer Kompetenzen* zur effektiven Auseinandersetzung mit solchen Situationen gerichtet ist, in denen häufig aggressives Verhalten auftritt, sondern vielmehr auf das ganz grundsätzliche und globale Anliegen, eine *Balance zwischen Triebbefriedigung und Triebunterdrückung*, das heißt „eine vernünftige Mitte zwischen Befriedigung und Versagung" zu finden (Anna FREUD 1978, S. 521).

Mit diesem Hinweis soll darauf aufmerksam gemacht werden, daß es verfehlt wäre, würde man das psychoanalytische Aggressionsverständnis pauschal mit dem fatalistischen Todestrieb-Konzept FREUDs identifizieren und es damit als gänzlich irrelevant abtun.

FREUDs Vorstellung, die potentielle Destruktivität des nach außen gerichteten Aggressionstriebes könne prinzipiell durch eine Mischung mit den „Lebenstrieben" (das heißt libidinösen Energien) und durch Herstellung zwischenmenschlicher Gefühlsbindungen reduziert werden, hat zahlreiche gesellschaftskritische Autoren dazu angeregt, *soziale Strukturen daraufhin zu untersuchen, inwieweit sie mit einer repressiven Unterdrückung libidinöser Strebungen von Menschen verbunden sind.* Autoren wie Wilhelm REICH, Theodor ADORNO, Erich FROMM und Herbert MARCUSE haben versucht, auf der Grundlage der psychoanalytischen Theorie gesellschaftspolitische Konzepte zu entwickeln, die es ermöglichen sollten, libidinösen Strebungen von Menschen mehr Geltung zu verschaffen und sich gezielt mit gesellschaftlichen Gewaltverhältnissen auseinanderzusetzen.

Solche Arbeiten haben einen direkten Bezug zum eingangs erörterten Konzept der sozialen Kompetenz. Sie haben nämlich die Aufmerksamkeit von Menschen darauf gelenkt, eine Änderung von sozialen Strukturen und konkreten Lebensbedingungen dahingehend anzustreben, daß durch eine Herstellung von weniger repressiven, stärker auf Gefühlsbindungen basierenden sozialen Beziehungen die Wahrscheinlichkeit dafür erhöht wird, daß sich das zwischenmenschliche Zusammenleben insgesamt positiver gestaltet.

Insgesamt zeigt sich, daß eine Theorie selbst dann von hoher praktischer Relevanz sein kann, wenn ihre Grundannahmen einer direkten empirischen Überprüfung nur schwer zugänglich sind.

Allerdings muß kritisch angemerkt werden, daß eine systematische Aufarbeitung psychoanalytischer Vorstellungen über konkrete Handlungsmöglichkeiten zur gezielten Förderung spezifischer nicht-destruktiver Interaktionskompetenzen bisher nicht geleistet wurde.

Wie bereits deutlich geworden sein dürfte, ist das psychoanalytische Gedankengebäude nicht als ein homogenes System von Aussagen über Bedingungszusammenhänge aggressiven Verhaltens aufzufassen. Die Auffassungen psychoanalytischer Autoren über die Determinanten destruktiven Verhaltens unterscheiden sich teilweise erheblich.

Insofern sind die daraus resultierenden uneinheitlichen Anwendungsergebnisse auch nur bedingt miteinander vergleichbar bzw. bezüglich ihrer grundsätzlichen Akzeptierbarkeit zu beurteilen.

Die im zitierten Brief FREUDs an EINSTEIN, aber auch in zahlreichen Bestsellern MITSCHERLICHs (z. B. 1970, S. 53, S. 103) zum Ausdruck gekommene pessimistische Grundauffassung über die Unausweichlichkeit menschlicher Destruktivität ist dazu geeignet, einen *Fatalismus bezüglich der grundsätzlichen Befriedbarkeit menschlicher Aggressivität* nahezulegen. Bei der Rezeption der These eines primären Destruktionstriebes in breiteren Bevölkerungskreisen ist immer damit zu rechnen, daß das Augenmerk der Rezipienten nicht gezielt auf die einzelnen konkreten Schritte gelenkt wird, die zu einer Senkung menschlicher Gewalttätigkeit führen könnten, sondern geradezu von diesen weg in Richtung auf eine fatalistische Akzeptierung „naturgegebener", im Kern eben doch unveränderlicher Dispositionen zu destruktivem Verhalten, die man lediglich „*abreagieren*" oder „*ablenken*", aber nicht *als solche reduzieren* könne.

Insoweit sich in der heutigen psychoanalytischen Literatur konkrete Handlungsanweisungen für einen *therapeutischen Umgang mit aggressiven Verhaltensweisen* finden lassen, stellen diese häufiger Ermutigungen zum *Ausleben* aggressiver Neigungen dar als Anleitungen zur planvollen Beeinflussung der Bedingungen, unter denen die Rate aggressiver Verhaltensweisen hoch ist:

> „Mein Verhalten bewirkt vor allem die Lösung der kindlichen Aggressionen ... Ob diese Aggressionen für den Analytiker angenehm oder für die Eltern tragbar sind, ist eine andere Frage. – Zu bemerken ist, daß ich natürlich nicht zuerst aggressiv bin und dies dem Kind sozusagen aufdränge. Vielmehr löst mein Verhalten die verdrängten Aggressionen aus" (BERNA 1973, Zitat nach FRIEBEL 1976, S. 97; ähnlich auch RÖHM 1972, S. 123f).

Wenn Psychoanalytiker aus ihren Erfahrungen mit psychoanalytischen Behandlungen von Patienten die Schlußfolgerung ableiten, den aggressiven Impulsen der Menschen müsse mehr Gelegenheit zum bewußten Erleben und Ausleben gegeben werden, so ist zu berücksichtigen, daß Psychoanalytiker ihre Erkenntnisse vorwiegend anhand einer Beschäftigung mit den Problemen einer relativ speziellen Klientel gewonnen haben. Was für Patienten, die speziell in psychoanalytische Behandlung gekommen sind (z. B. Patienten mit psychosomatischen Krankheitssymptomen) tatsächlich notwendig sein kann, nämlich ihren affektiven Impulsen *mehr* Aufmerksamkeit zu schenken, muß noch nicht unbedingt für andere Menschen gleichermaßen wichtig sein.

Zahlreiche empirische Untersuchungen zur Katharsishypothese haben ergeben, daß bei *Normalpopulationen* von *„kathartischen Abreaktionen"* negativer emotionaler Empfindungen letztlich eher *aggressionsstimulierende* Effekte ausgehen können, da sie gleichzeitig häufig ein *Einüben von aggressiven Verhaltensweisen* bedeuten. Negative emotionale Regungen bedürfen nicht unbedingt einer Abreaktion in Form einer *destruktiv-aggressiven* Verhaltensweise (zur Katharsishypothese siehe zusammenfassend BANDURA 1971a, S. 141–144, 159–175; DANN 1971, S. 59–86; ZUMKLEY 1978, S. 17–73, 122–126). *Im Lichte dieser Befunde erscheinen alle Aufforderungen zum „Abreagieren von Aggressionen" solange als nicht akzeptabel, wie nicht begrifflich eindeutig zwischen destruktiven und nicht-destruktiven Formen des „Abreagierens" differenziert wird und nicht alle Möglichkeiten erforscht und ausgeschöpft sind, wie man mit den negativen emotionalen Reaktionen in einer* weniger schädigenden *Weise umgehen könnte.*

Von den meisten übrigen Ansätzen unterscheidet sich der psychoanalytische Ansatz vornehmlich dadurch, daß die Affektivität der Menschen als eine absolut wesentliche, primär als solche zu akzeptierende Komponente des psychischen Funktionierens angesehen wird und zwar auch dann, wenn sie sozial negative Folgen mit sich bringt. Feindseligkeitsgefühle werden also nicht primär als etwas aufgefaßt, das so schnell wie möglich wegzutherapieren ist (vgl. RÖHM 1972, S. 150). Dies aber geschieht, wie wir noch sehen werden, teilweise im Rahmen einiger verhaltenstherapeutischer Ansätze.

Da der Emotionalität als essentiellem Bestandteil des Erlebens von Menschen in der Realität häufig die Artikulationsmöglichkeiten vorenthalten bleiben, muß sie – in der Sicht der Psychoanalyse – zunächst einmal als solche ernstgenommen und als realer Faktor akzeptiert werden. Der psychoanalytische Ansatz betont, daß *emotionale Reaktionen eine Eigendynamik besitzen und sich auch dann auf das menschliche Verhalten auswirken können, wenn sie der Person gar nicht vollständig bewußt sind.* Dieser Gesichtspunkt hat gewiß eine Bedeutung für das Anliegen der Aggressionsbewältigung. Er wird von alternativen Forschungsrichtungen nur selten thematisiert, wird uns aber noch näher beschäftigen, wenn wir die funktionelle Bedeutung von Ärgerreaktionen besprechen und uns mit dem Stellenwert von Ansätzen zur Affektkontrolle auseinandersetzen.

Allerdings muß hierbei berücksichtigt werden, daß aus unserer Sicht zwar berechtigterweise dem emotionalen Empfinden der Menschen mehr Beachtung gezollt werden muß, daß aber sicher nicht davon ausgegangen werden kann, jeder Mensch habe ein Potential an destruktiven Kräften in sich, das nach Ausdruck drängt.

Zusammenfassung des 6. Kapitels

Psychoanalytisch orientierte Erklärungsversuche der menschlichen Aggressivität stellen kein in sich geschlossenes systematisches Theoriengebäude über die Bedingungen und Beeinflussungsmöglichkeiten zwischenmenschlicher Aggressionen dar. FREUD selbst änderte seine Vorstellungen über die Bedingungen menschlicher Aggressivität mehrfach in fundamentaler Weise. Insbesondere in seinen späten Schriften vertrat er die Auffassung, die menschliche Aggresivität sei einem dem Menschen innewohnenden „Trieb zum Hassen und Vernichten" zuzuschreiben; es sei aussichtslos, die aggressiven Neigungen von Menschen reduzieren zu wollen.
Die meisten psychoanalytisch orientierten Erklärungsansätze gehen von einem sehr globalen Aggressionsbegriff des „ersten Typs" aus, unterscheiden also nicht zwischen Aggressivität im weitesten Sinne (das heißt jeder Form gerichteter, offensiver Aktivität) und Destruktivität (schädigenden Handlungen) im engeren Sinne.
Aus diesem Grunde sind psychoanalytisch orientierte Auffassungen über Auftretensbedingungen und Verhinderungsmöglichkeiten destruktiver Verhaltensklassen kaum mit den Auffassungen anderer – an empirischer Forschung orientierter – theoretischer Schulen vergleichbar. FREUD selbst verstand seine Erklärungsversuche menschlicher Destruktivität als eine „Mythologie", die auf einer kreativ-philosophischen Ebene anzusiedeln ist, das heißt nicht an Kriterien empirisch-experimenteller Wissenschaft gemessen werden kann.
Eine somatische Triebquelle, das heißt eine physiologische Fundierung einer periodisch nach Entladung drängenden Aggressivität, konnte bei Menschen bisher nicht nachgewiesen werden.
Vorliegende Entwürfe einer psychoanalytisch orientierten Pädagogik sind weniger als Versuche anzusehen, spezifische Kompetenzen zur effektiven Auseinandersetzung mit solchen Situationen zu entwickeln, in denen häufig Aggressionen auftreten, sondern sie sind vornehmlich dem globaleren Anliegen gewidmet, eine Balance zwischen Triebbefriedigung und Triebunterdrückung zu finden.

Freuds Vorstellung, die Destruktivität des von ihm angenommenen Aggressionstriebes könne durch eine Mischung mit libidinösen Energien reduziert werden, hat zahlreiche gesellschaftskritische Autoren dazu angeregt, gesellschaftspolitische Konzepte zu entwerfen, die es ermöglichen sollten, libidinösen Strebungen von Menschen mehr Geltung zu verschaffen und Gewaltverhältnissen aktiv entgegen zu treten. Von der Psychoanalyse sind also durchaus Impulse ausgegangen, die – wenn auch in relativ globaler Weise – einen Bezug zum Konzept der sozialen Kompetenz haben. Eine systematische Aufarbeitung psychoanalytischer Vorstellungen über konkrete Handlungsmöglichkeiten zur gezielten Förderung spezifischer nicht-destruktiver sozialer Kompetenzen ist allerdings bisher nicht geleistet worden. Erfahrungen von Psychoanalytikern mit Behandlungen spezieller (zum Beispiel psychosomatisch erkrankter) Patienten im medizinischen Bereich sind nicht unbedingt auf alle Populationen übertragbar. Aufforderungen zum „Abreagieren von Aggressionen" erscheinen uns solange nicht als akzeptabel, wie nicht gleichzeitig versucht wird, eine konzeptuelle Unterscheidung zu treffen zwischen schädigenden und nicht-schädigenden Handlungsarten. Die pessimistische Grundauffassung vieler psychoanalytischer Autoren über die Unausweichlichkeit menschlicher Destruktivität legt einen Fatalismus bezüglich der grundsätzlichen Befriedbarkeit menschlicher Aggressivität nahe. In dieser Hinsicht kann sich die faktische Bekanntheit solcher Ansätze in relativ großen Bevölkerungskreisen auch negativ auswirken, da das Augenmerk nicht gezielt auf die einzelnen konkreten Schritte gelenkt wird, die zu einer Entwicklung nicht-aggressiver sozialer Kompetenzen führen könnten, sondern möglicherweise auf eine Akzeptierung „naturgegebener", im Kern letztlich unveränderlicher Dispositionen zu destruktivem Verhalten, die man lediglich „abreagieren" oder „ablenken", aber nicht als solche reduzieren könne.

7

Das Triebmodell der vergleichenden Verhaltensforschung (Ethologie)

Grundannahmen und Handlungsvorschläge zur Aggressionsbewältigung

Die aus Tierbeobachtungen abgeleiteten Auffassungen des Nobelpreisträgers Konrad LORENZ über die menschliche Aggressivität haben zwar in der empirischen humanpsychologischen Forschung insgesamt wenig Anklang gefunden (vgl. z. B. MONTAGU 1974; PILZ & MOESCH 1975; PLACK 1973; ROTH 1974); sie sind dennoch im Rahmen unserer Untersuchung zu besprechen, da sie – ebenso wie die Triebhypothese FREUDs – angesichts ihrer außerordentlich hohen Popularität in der Bevölkerung die Wahrnehmungsurteile vieler Menschen beeinflußt haben.

LORENZ verzichtet – ebenso wie viele Psychoanalytiker – auf eine Differenzierung zwischen Aggression als *Verhalten* und der diesem Verhalten zugrundeliegenden *Motivation*. Für ihn ist Aggression ein *endogen determinierter*, auf Artgenossen gerichteter *Kampftrieb*, der weitgehend auch in seinen konkreten Manifestationsformen festgelegt ist. Aggressivität ist nach LORENZ eine positiv einzuschätzende, arterhaltende Verhaltensdisposition, die in der phylogenetischen Entwicklung der Tierwelt durch natürliche Selektion entstanden ist, da sie vor allem zwei Evolutionsvorteile bietet:

- ▷ Nur die stärksten Männchen gelangen zur Paarung, daher werden nur optimale Anlagen vererbt (Zuchtwahl allein durch den „Wettbewerb der Artgenossen" – LORENZ 1963, S. 57).
- ▷ Der Aggressionstrieb garantiert eine optimale Ausnutzung der „ökologischen Nischen" (LORENZ S. 31–66). „Die Aggression bewirkt Abstandhalten, und damit eine Verteilung der Tiere einer Art über einen größeren Raum" (EIBL-EIBESFELDT 1970, S. 78).

Da Aggression von LORENZ als eine instinktiv im Organismus fest verankerte Verhaltensdisposition aufgefaßt wird, sollen für sie die gleichen Gesetzmäßigkeiten des Auftretens und Ausgelöstwerdens gelten wie für andere Instinkthandlungen, etwa Brutpflegeverhalten, Sexualverhalten oder Nahrungssuchverhalten. Instinktbedingtes Verhalten werde durch (von LORENZ 1937 und TINBERGEN 1963 beschriebene) *angeborene Auslösemechanismen* hervorgerufen, sei also von bestimmten artspezifischen Auslösereizen abhängig. Dies versucht LORENZ unter anderem am Beispiel kämpfender Korallenfische zu belegen. Zweitens beinhaltet Instinktverhalten und somit auch Aggressivität *Spontaneität*: bei längerem Stillegen einer instinktiven Verhaltensweise sinke der Schwellenwert für die Auslösereize, bis er „in Sonderfällen gewissermaßen den Grenzwert Null erreicht", also schließlich überhaupt keine auslösenden Reize mehr braucht (LORENZ 1963, S. 73).

Das Tier, dem die Möglichkeit zum Abreagieren fehle, komme schließlich in Unruhe und suche aktiv nach den auslösenden Reizobjekten (Appetenzverhalten; LORENZ 1963, S. 69–77; EIBL-EIBESFELDT 1970, S. 84–86).

LORENZ fand an Buntbarschen, daß eine „Stauung der Aggression, die unter natürlichen Lebensbedingungen am feindlichen Reviernachbarn abreagiert werden würde, ungemein leicht zum Gattenmord führen" kann (1963, S. 74).

Tierisches wie menschliches Aggressionsverhalten wird also von LORENZ keinesfalls als reaktiv und somit auch zunächst nicht als durch Lernen veränderlich aufgefaßt (1963, S. 71). Beeinflussungsversuche erscheinen ihm nur dann als sinnvoll, wenn sie eine Um- und Neuorientierung des Angriffs, also eine *Kanalisierung* in unschädliche Bahnen zum Ziel haben (1963, S. 81, S. 351 ff).

Schon in der Tierwelt finden LORENZ und sein Schüler EIBL-EIBESFELDT die Einrichtung von *Komment- oder Turnierkämpfen zur unschädlichen Aggressionsabfuhr*. Sie sind gekennzeichnet durch

▷ Betonung und Ausdehnung der *Drohphase* auf Kosten der eigentlichen Aggressionsphase,
▷ *Ritualisierungen* des Kampfes sowie
▷ besondere Mechanismen, die beschädigende Angriffsbewegungen z.B. gegenüber Weibchen und jungen Tieren oder gegenüber Männchen durch *Befriedungsgesten* hemmen (LORENZ 1963, S. 153–188; EIBL-EIBESFELDT 1970, S. 79–84).

Das bloße *Bekanntsein* mit einem Artgenossen wirke schon bei Tieren aufgrund selektiver Gewöhnung an alle von diesem ausgehenden Reize (einschließlich der aggressionsauslösenden Schlüsselreize) aggressionshemmend (LORENZ 1963, S. 215). Beim *Menschen* kämen in diesem Zusammenhang unter anderem Lachen und Grußrituale als Relikt ursprünglicher Befriedungszeremonien hinzu (LORENZ 1963, S. 247; EIBL-EIBESFELDT 1970, S. 113 ff). EIBL-EIBESFELDT gibt freilich zu, daß seit der Erfindung der Waffen die Wirksamkeit von Demutsgebärden beim Menschen an Bedeutung verloren hat (1970, S. 116).

LORENZ zieht folgende *Schlußfolgerungen* aus seiner Arbeit (1963, S. 352–368): Die Bewältigung des Aggressionsproblems beim Menschen solle erfolgen durch Schaffung bzw. willentliche Auswahl geeigneter *Ersatzob-*

jekte zur Abreaktion der Aggressionen in ihrer ursprünglichen Form. LORENZ führt hierfür folgendes Beispiel an:

„Wenn ich ... damals im Gefangenenlager trotz schwerster Polarkrankheit nicht meinen Freund geschlagen, sondern einen leeren Karbid-Kanister zerstampft habe, so war dies ganz sicher meinem Wissen um die Symptome der Instinkt-Stauung zu danken" (1963, S. 354).

„Leichter als die meisten anderen Instinkte nimmt sie (die Aggression; die Verfasser) mit Ersatzobjekten vorlieb und findet an ihnen volle Befriedigung" (1963, S. 355).

Ferner solle *Sublimierung* als spezifisch menschliche Form der *Katharsis* (Spannungsentladung) zur Entspannung gestauter Aggressionstriebe beitragen.

„Es besteht ein erheblicher Unterschied zwischen dem Manne, der mit der Faust auf den Tisch, statt dem Gesprächspartner ins Gesicht haut, und jenem anderen, der aus unausgelebtem Zorne gegen seinen Vorgesetzten begeisterte Streitschriften mit edelster Zielsetzung verfaßt" (1963, S. 355).

Moralisch motivierte Verbote aggressiven Verhaltens oder das Fernhalten auslösender Reizsituationen seien genauso unsinnig, wie wenn man dem Ansteigen des *Dampfdruckes* in einem dauernd geheizten Kessel dadurch begegnen wolle, daß man am Sicherheitsventil die Verschlußfeder zuschraubt (S. 353). *Sport* erhalte einerseits die arterhaltenden Leistungen der Aggressivität aufrecht und verhindere gleichzeitig ihre sozietätsschädigende Wirkung, zumal er die Menschen zur bewußten und verantwortlichen Beherrschung ihrer instinktmäßigen Kampfreaktionen erziehe. *Nationale Wettkämpfe* bis hin zu Raumflügen besäßen Ventilfunktion für kollektive, höher differenzierte gestaute Aggressivität und wirkten zusätzlich durch die Schaffung *persönlicher Bekanntschaft* aggressionshemmend. Da Anonymität die Auslösung aggressiven Verhaltens oft erleichtere, seien inter-individuelle, inter-nationale Freundschaften zu fördern und Feindattrappen abzubauen. Auf jede Personifizierung des Bösen und scharf begrenzte nationale Identifizierungen sei zu verzichten. Durch Kunst und Wissenschaft seien die Nationen zu vereinen; schließlich seien „alle unsere Menschenbrüder, ohne Ansehen der Person, zu lieben" (S. 368).
Anknüpfend an den Ritualisierungsgedanken fügt EIBL-EIBESFELDT (1970, S. 149–273) aus der Sicht seiner *humanethologischen* Forschungen bei Angehörigen menschlicher Primitivkulturen hinzu, daß auch bei Menschen zahlreiche *aggressionshemmende und bindungsstiftende Rituale* zur Verfügung ständen, die gepflegt werden sollten. Er nennt beispielsweise Begrüßungsze-

remonien (Umarmung, Kuß, Überreichen von Geschenken, Gespräche), Kindchenappelle, Sexualität und Liebe, Gruppeneinigungen aufgrund eines „angeborenen Dranges zur Geselligkeit" sowie Kampfspiele, Brutpflegemechanismen, Augenkontakt und Lächeln, Fixierreaktionen und Initiativgesten der Säuglinge zur ersten Herstellung sozialer Bindungen, deren höchste Ausprägung der Zustand des Urvertrauens sei.

Beurteilung nach dem Gültigkeitskriterium: das Problem des Analogieschlusses

Zur Frage der empirischen Überprüftheit des ethologischen Aggressionsverständnisses liegen inzwischen umfassende Forschungsberichte vor (zusammenfassend: BANDURA 1979a, S. 29–47; EIBL-EIBESFELDT 1978; FROMM 1974, S. 92–114; MONTAGU 1974; PILZ & MOESCH 1975).
Die Forschungsfelder der Ethologie repräsentieren nicht diejenigen Bereiche menschlichen Verhaltens, auf die sie nach der Ansicht ihrer Autoren angewandt werden sollen. Die durch induktives Verfahren gewagten Generalisierungen werden von LORENZ nahezu bedenkenlos in feuilletonistisch anmutenden *Analogieschlüssen* auf alle Tierarten und schließlich auch auf den Menschen im Industriezeitalter ausgedehnt. Diese Verallgemeinerung ist hinsichtlich der aus ihr gezogenen Schlußfolgerungen nicht zulässig, solange eine Fülle von Befunden gegen die Berechtigung dieses Analogieschlusses spricht. Wie wenig beispielsweise „Befriedungsgesten" in Form von Demutsgebärden, aber auch in verschiedenen anderen Formen, beim Menschen hemmend auf aggressives Verhalten wirken, zeigten PISANO und TAYLOR 1971; zur Tötungshemmung bei Menschen vgl. auch PLACK 1973, S. 33; RATTNER 1972, S. 243.
Aufgrund der – im Vergleich zu Tieren – besseren und schnelleren Lernfähigkeit der Menschen wird die Motivation zum aggressiven oder zu kooperativem Verhalten beim Menschen mehr durch soziale Erfahrungen beeinflußt als bei allen anderen Arten. Schon beim einfachen Konditionierungslernen nach dem Reiz-Reaktions-Paradigma wurden erhebliche quantitative Unterschiede in der Lernfähigkeit von Tieren und Menschen gefunden. Die Konditionierung einer Augenlid-Reaktion auf einen Ton beim *Kaninchen* benötigte bis zur Erreichung des Erfolgskriteriums 656 Durchgänge (unkonditionierter Stimulus: Stickstoffstoß); dagegen waren beim *Menschen* für die Konditionierung einer vasomotorischen Reaktion auf einen Ton nur 6 Durchgänge notwendig (unkonditionierter Stimulus: schwacher Elektroschock). Bei *Fischen*, auf deren Beobachtung Konrad LORENZ zahlreiche

seiner zentralen Aussagen stützt, erwies sich ein Umlernen nach einmal vollzogenen Diskriminations-Lernprozessen als völlig unmöglich (BROOKSHIRE 1970; nach BERGIUS 1971, S. 30–36).

Auch zu der Schlußfolgerung von LORENZ, zur unschädlichen Abreaktion „angestauter“ Aggressivität seien unter anderem sportliche und nationale *Wettkämpfe* zu empfehlen, liegen zahlreiche Gegenbefunde vor, nach denen hierbei weit wahrscheinlicher eine Aktivierung oder *Aggressionsinduzierung* stattfindet, und zwar sowohl auf Seiten der aktiv Sporttreibenden als auch auf Seiten der Zuschauer. Über eine signifikante Zunahme der Aggressionsbereitschaft von Zuschauern nach verschiedenen Kampfspielen berichten GOLDSTEIN und ARMS (1971), TURNER (1970) und KINGSMORE (1970); über eine Zunahme aggressiver Handlungen nach Ausübung kämpferischer Sportarten berichten NEUMANN (1957), NABER (1972), RYAN (1970; Angaben nach PILZ & MOESCH 1975, S. 190ff). *Wettbewerbsorientierte Kinder zeigten mehr imitatives Aggressionsverhalten als diejenigen, die nicht konkurrierend gespielt hatten* (CHRISTY, GELFAND & HARTMANN 1971 nach BANDURA 1979a, S. 73).

Die von LORENZ vorgeschlagene Unschädlichmachung von Aggressionen durch Sublimation in Form von Wettkämpfen kann also solange nicht befürwortet werden, wie nicht durch kontrollierte Studien nachgeprüft worden ist, wie sich wettkampfmäßige Interaktionsweisen tatsächlich auf das weitere Verhalten auswirken.

Schon die phänomenologische Betrachtung von Wettkampfsituationen auf dem Niveau von Fallgeschichten zeigt, daß dabei zwar manchmal menschliche Bindungen zwischen den Mitgliedern ein und derselben Partei zustandekommen können, daß aber gleichzeitig besonders starke, oft geradezu chauvinistische Abgrenzungs-und Verfeindungsprozesse gegenüber den als „Gegner“ etikettierten Angehörigen der jeweils anderen Partei ablaufen. Fußballspiele haben manchmal ausgedehnte Verwüstungen, ja sogar einen Krieg (zwischen Honduras und El Salvador, 1969 mit 3000 Toten) zur Folge gehabt – eine ausführliche Schilderung findet sich bei HACKER 1971, S. 388ff. Nach einem Fußballspiel in der türkischen Stadt Sivas am 17. September 1967 wurden 44 Tote und 600 Verletzte gezählt (nach dpa vom 18.9.1967; PLACK 1973, S. 244). Im Dezember 1971 weigerte sich die Bundesbahndirektion Köln, in ihrem Bereich überhaupt noch Sonderzüge für Fußballfans einzusetzen (nach Mannheimer Morgen vom 14.12.71, S. 4; zitiert nach PLACK a.a.O. S. 366). *Die von* LORENZ *empfohlenen vermeintlich harmlosen Formen der Aggression können zum Teil geradezu zwischenmenschliche Spannungen erzeugen und Feindseligkeiten aktualisieren.* Dies sind die gegenteiligen Effekte derjenigen, die LORENZ in seiner Theorie vorhersagt. Es soll durchaus nicht in Abrede gestellt werden, daß einige seiner

Vorschläge zur Aggressionsverminderung - wie Erweiterung der persönlichen Bekannschaft zwischen Menschen – durchaus eingehender Überprüfungen wert wären. Solche Überprüfungen stehen noch aus.

Relevanzkriterium: die Rechtfertigungsfunktion des Triebmodells

Forschungsarbeiten ethologisch orientierter Autoren über Möglichkeiten einer systematischen erzieherischen Weiterentwicklung solcher menschlicher Verhaltenskompetenzen, die zu einer Verringerung destruktiver Aggressionen beitragen könnten, sind uns bisher nicht bekannt geworden.
Obwohl LORENZ und EIBL-EIBESFELDT den Eindruck erwecken wollen, ihre Theorie sei für die Bewältigung des Aggressionsproblems beim Menschen praktisch anwendbar, sind dennoch aus ihrer Theorie kaum gezielte Handlungsanweisungen für die Gestaltung konkreter erzieherischer Maßnahmen ableitbar. *Die Theorie ermöglicht keine ausreichend präzisen Vorhersagen darüber, was eintreten wird, wenn die von ihr vorgebrachten Handlungsempfehlungen befolgt werden.* Das liegt unter anderem daran, daß die Handlungsempfehlungen nicht schlüssig aus der Theorie selbst gewonnen sind.
Im Gegensatz zu LORENZ, der nur kursorisch einige Vorschläge zur Sublimierung des „Aggressionstriebes" unterbreitet, deutet EIBL-EIBESFELDT an einigen Stellen seiner Veröffentlichungen durchaus an, daß Faktoren der Sozialisierung die Auftretenshäufigkeit von Aggressionen beeinflussen können:

„Daß ... stammesgeschichtliche Anpassungen den Gang des Geschehens mitbestimmen, dürfte wohl als erwiesen gelten. Wir sagen *mit*bestimmt; denn daß aggressive Neigungen durch Erziehung gefördert oder gedämpft werden können, wird kaum ein Verhaltensforscher bezweifeln" (1973, S. 97); vgl. auch EIBL-EIBESFELDT 1970, S. 92ff.; 1975, S. 139 ff).

Die Äußerungen EIBL-EIBESFELDTs zur Bedeutung erzieherischer Einflüsse oder bindungsstiftender Rituale sollten nicht darüber hinwegtäuschen, daß es sich dabei lediglich um recht pauschale Hinweise auf die grundsätzliche Wichtigkeit dieser Bereiche handelt. *Das Hauptaugenmerk der ethologischen Forschung liegt auf dem „Ererbten", das als „bestimmender Faktor im menschlichen Verhalten" angesehen wird,* wie im Untertitel eines der Werke von EIBL-EIBESFELDT (1973) unzweideutig formuliert ist. Damit ist die gesellschaftliche Funktion des ethologischen Ansatzes mit großer Wahrscheinlichkeit eine konservative: *es wird eine Akzeptierung der als unabänderlich verstandenen menschlichen Aggressivität nahegelegt.*

In unserer Analyse der Bedeutung kognitiver Faktoren bei der Regulation aggressiven Verhaltens werden wir noch konkreter zu diskutieren haben, wie sich die von den Ethologen aktiv betriebene Popularisierung dieser potentiell entschuldigenden Sichtweise in der Realität auf die menschliche Verhaltenssteuerung auswirkt. In einer Umfrage von NOLTING unter Lehrern fand die durch die Triebtheorie nahegelegte Vorstellung, daß Aggression ihr Ventil brauche, eine fast einhellige Zustimmung:

„Wenn man Aggressionen verspürt und zurückhält, äußern sie sich später an anderer Stelle" (Zustimmung 90–94%).
„Kinder sollte man ihre Aggressionen austoben lassen" (67–81%).
„Aggressionen kann man durch Sport, Holzhacken usw. abreagieren" (71–90%; NOLTING 1978, S. 19–26).

Einige der von EIBL-EIBESFELDT hervorgehobenen „bindungsstiftenden Rituale" verdienen es gewiß, in kontrollierten Studien auf ihre Brauchbarkeit für einen effektiveren Umgang mit potentiell aggressionsauslösenden Situationen näher überprüft zu werden. Tatsächlich zeigte sich in den klassischen Schock-Experimenten MILGRAMS, daß eine räumliche und körperliche Nähe zwischen den Versuchspersonen und ihren „Aggressionsopfern" zu einer sehr deutlichen Reduktion der ausgeteilten Elektroschocks führte (MILGRAM 1974, S. 51).

Akzeptierbarkeitskriterium: das Problem der Biologisierung

Da die zentralen Aussagen der ethologischen Autoren auf eine Rechtfertigung aggressiver Verhaltensdispositionen als naturgegeben und verhaltensbestimmend hinauslaufen (Anmerkung: EIBL-EIBESFELDT bestreitet dies allerdings, wenn auch ohne nähere Ausführung – 1970, S. 89), und da wir diesen Effekt im Rahmen unserer Zielsetzung als inakzeptabel ansehen, ergibt sich die Folgerung, daß *eine kritische Auseinandersetzung mit den ethologischen Auffassungen bereits per se zu den essentiellen Bestandteilen aufklärerischer Beiträge zur Aggressionsbewältigung gehört.* Bezüglich der Brauchbarkeit und Akzeptierbarkeit möglicher Schlußfolgerungen aus der Annahme der Triebbestimmtheit aggressiven Verhaltens darf auf unsere entsprechenden Ausführungen zum psychoanalytischen Triebkonzept verwiesen werden.
Es soll hier nicht bestritten werden, daß die Ethologie wie auch die Humanethologie Anstöße zu einem besseren Verständnis einiger Aspekte des menschlichen Verhaltens, insbesondere der naturgeschichtlichen Gewordenheit des Menschen, beitragen kann (vgl. von CRANACH 1972; EIBL-EIBES-

FELDT 1978). *Die Ethologie klammert aber die Spezifität der gesellschaftlich-historischen Entwicklung gegenüber der bloß naturgeschichtlichen Entwicklung aus der Betrachtung aus und neigt dazu, die Gesellschaftlichkeit menschlicher Handlungsweisen nach dem Modus tierischen Soziallebens zu biologisieren* (BANDURA 1979a; GOLDAU u. Mitarbeiter 1974; HOLLITSCHER 1970; HOLZKAMP-OSTERKAMP 1975, S. 337–354; MONTAGU 1974; ROTH 1974).

Zusammenfassung des 7. Kapitels

Die Ansicht des Verhaltensforschers Konrad LORENZ, Aggressivität sei als eine im Organismus fest verankerte, also endogen determinierte Verhaltensdisposition aufzufassen, ist aufgrund ihrer hohen Popularität von erheblicher praktischer Relevanz für Versuche einer erzieherischen Beeinflussung von Aggressionen.
Die zentrale Aussage von Konrad LORENZ lautet, Aggressionen seien der Wirkung eines endogenen Aggressionstriebes zuzuschreiben, der in sozialer Hinsicht nicht negativ zu beurteilen sei, da er phylogenetisch durch natürliche Selektion entstanden sei und Evolutionsvorteile biete.
Bei mangelnder Gelegenheit zur Abfuhr dieses Triebes komme es zu einer „Stauung" aggressiver Energien.
Zur Bewältigung des Aggressionsproblems bei Menschen sei es zu empfehlen, vor allem in Form von Wettkämpfen Ersatzobjekte zur Abreaktion der Aggressionen bereit zu stellen und Möglichkeiten der Sublimierung zur Entspannung gestauter Aggressionstriebe zu eröffnen. Verbote aggressiven Verhaltens oder das Fernhalten auslösender Reizsituationen seien unsinnig.
Aus human-ethologischer Sicht fügt EIBL-EIBESFELDT die Empfehlung hinzu, aggressionshemmende und bindungsstiftende Rituale zu pflegen.
Wir haben einige empirische Befunde angeführt, die gegen die Gültigkeit der ethologischen Triebtheorien sprechen und die aus ihnen abgeleiteten Handlungsempfehlungen in Frage stellen. Wettkämpfe führen häufig zu einer Steigerung zwischenmenschlicher Aggressionen sowie zu einer Aktualisierung von Feindseligkeiten. Die ethologische Aggressions-Theorie ermöglicht keine ausreichend präzisen Vorhersagen darüber, was eintreten wird, wenn die von ihr vorgebrachten Handlungsempfehlungen befolgt werden.
Das Augenmerk der ethologischen Aggressionsforschung liegt bisher hauptsächlich auf dem „Ererbten", das als „bestimmender Faktor im menschlichen Verhalten" angesehen wird. Damit wird eine Akzeptierung der als

letztlich unabänderlich verstandenen menschlichen Aggressivität nahegelegt. Bei der Konzipierung von Erziehungsprojekten zur Prävention aggressiver Verhaltensweisen ist davon auszugehen, daß die ethologische Vorstellung, Aggressionen seien durch das Wirken eines endogenen Triebes determiniert, das Wahrnehmungsurteil vieler Menschen über die Bedingungen aggressiven Verhaltens nachhaltig beeinflußt hat. Im Rahmen solcher Erziehungsprojekte ist es also sinnvoll, Gegenbefunde zu dieser Vorstellung bekannt zu machen und dadurch zu einer kritischen Auseinandersetzung mit dem Triebkonzept der menschlichen Aggressivität aufzufordern.

8

Neuere Forschungsergebnisse zur Frustrations-Aggressions-Hypothese

Die Arbeiten der Yale-Schule (Dollard, Doob, Miller, Mowrer, Sears)

Die erstmals im Jahre 1939 erschienene Monographie „Frustration and Aggression" von Dollard, Doob, Miller, Mowrer und Sears stellte einen ersten Versuch dar, Aussagen über die Einflüsse antezendenter Bedingungen auf aggressives Verhalten experimentell zu überprüfen und in den Rahmen einer in sich konsistenten Theorie zu stellen. Die Ausgangshypothesen der Theorie waren stark vom Gedankengut Sigmund Freuds beeinflußt. Die zentralen Annahmen lauteten (Zitate nach der deutschen Ausgabe von 1970):

1. Aggression ist immer die Folge einer Frustration: Das Auftreten aggressiven Verhaltens setzt immer die Existenz einer vorangegangenen Frustration voraus (Seite 9).
2. Umgekehrt führt eine gegebene Frustration immer zu irgendeiner Form von Aggression (Seite 9).

Von dieser zweiten Grundannahme mit hohem Allgemeinheitsgrad distanzierte sich einer der Autoren, Neal E. Miller, schon kurz nach ihrer Veröffentlichung. Er schlug eine differenziertere Formulierung vor: „Frustration schafft Anreize zu einer Anzahl verschiedener Formen von Verhaltensweisen, eine davon ist ein Anreiz zu irgendeiner Form von Aggression" (Miller 1941, S. 338; Übersetzung von uns). Auch Sears stellte im Jahre 1941 einschränkend fest, Aggression sei zwar eine besonders häufige Reaktion auf Frustration; die Neigung zu aggressiven Reaktionen könne jedoch durch Lernprozesse gemindert oder gehemmt werden.

3. Wenn auch nicht immer offene aggressive Reaktionen resultieren, so manifestieren sich Aggressionstendenzen nach einer Frustration doch zumindest immer in einer verschobenen, komprimierten, entstellten oder verzögerten Form (Seite 10).
4. Als *Frustration* wird bezeichnet eine *Interferenz* mit einer zielgerichteten Aktivität zum Zeitpunkt ihres Auftretens in der Verhaltenssequenz (Seite 15). An anderer Stelle (Seite 19) definieren die Autoren Frustration als einen *Zustand*, der eintritt, wenn eine Zielreaktion eine Interferenz erleidet. Im ersten Fall ist also mit „Frustration" ein störendes Ereignis selbst gemeint, im zweiten Fall ist die Art und Weise angesprochen, in der dieses störende Ereignis *erlebt* wird. Eine klare Unterscheidung nehmen Dollard und Mitarbeiter nicht vor.

Aggression wird intentional definiert als eine Handlung, deren Zielreaktion die Verletzung eines Organismus oder Organismus-Ersatzes ist (Seite 19).
5. Die Stärke der Tendenz zur Aggression ist eine direkte Funktion des Grades der Frustration (Seite 37).
6. Der Grad der Frustration hängt ab von:

▷ der Stärke der „Instigation" zur Ausführung der behinderten zielgerichteten Verhaltenssequenz

Die Autoren vermeiden den Begriff der *Motivation*. Sie sprechen stattdessen von „*Instigation*", womit jeder Anreiz gemeint ist, der die Auftretenswahrscheinlichkeit einer bestimmten Reaktion erhöht. Die Stärke einer Instigation wird bestimmt als der Grad, in dem die instigierte Reaktion erfolgreich mit ebenfalls angestrebten unvereinbaren Reaktionen konkurriert (Seite 13).

▷ dem Ausmaß der Störung, die mit der ursprünglichen zielgerichteten Verhaltenssequenz interferiert,

▷ der Anzahl der gestörten Verhaltenssequenzen sowie dem Ausmaß residueller Instigation aus früheren oder gleichzeitigen Frustrationen,

▷ der Möglichkeit zu befriedigenden Ersatzreaktionen (Seite 36 ff).

7. Auch bei gegebener Frustration mit entsprechender Aggressionstendenz können dem Auftreten einer offenen Aggression *Hemmungen* entgegenstehen. Die Hemmung einer offenen Aggression hängt direkt ab vom Ausmaß einer antizipierten Bestrafung sowie von der Antizipation eines möglichen Mißerfolges (Seite 42).
8. Eine Hemmung einmal instigierter direkter Aggressionshandlungen stellt eine zusätzliche Frustration dar, die die bestehende Aggressionstendenz weiter steigert. Sie instigiert zur Aggression gegen das Agens, das als verantwortlich für diese Hemmung wahrgenommen wird, und erhöht die Instigation für andere Aggressionsformen (Seite 63). Diejenige Aggression, die sich gegen das als Ursache der Frustration wahrgenommene Agens richtet, hat die stärkste Instigation (Seite 49). Die Wahrscheinlichkeit einer manifesten Aggression nach einer Frustration steigt mit der Differenz zwischen Aggressionsbereitschaft und Aggressionshemmung. Falls einer direkten Aggression Hemmungen entgegenstehen, können „Verschiebungen" von Aggression resultieren. Im Falle der *Objekt-Verschiebung* wird ein anderes Objekt als der Frustrierende angegriffen; es können aber auch andere, weniger direkte Aggressionsformen gewählt werden.
9. Das Auftreten einer Aggressionshandlung reduziert die Instigation zur Aggression. Eine solche Freisetzung wird als *Katharsis* bezeichnet. Die kathartische Reduktion der Instigation zur Aggression wird jedoch als zeitlich mehr oder weniger befristet aufgefaßt. Die Instigation zur Aggression

wird sich erneuern, wenn die ursprüngliche Frustration fortbesteht. Auch dürfte die Wiederholung einer zur Reduktion führenden Reaktionsweise zur Folge haben, daß diese gelernt wird (Seite 60).

Empirische Überprüfungen der Frustrations-Aggressions-Hypothese

Von den Autoren des Frustrations-Aggressions-Konzepts wird an keiner Stelle innerhalb der grundlegenden Monographie eine Erklärung dafür geliefert, *warum* auf Frustrationen ausgerechnet regelhaft Aggressionen und nicht ganz andersartige Verhaltensweisen folgen sollen.
Es wird also zunächst genauer zu untersuchen sein, unter welchen Bedingungen frustrierende Ereignisse solche affektiven oder kognitiven Reaktionen zur Folge haben, die zu Aggressionen führen. Im zweiten Schritt wird dann zu differenzieren sein, unter welchen Voraussetzungen *nicht-aggressive* Reaktionen auf frustrierende Bedingungen zu erwarten sind. Erst dann können wir uns – im dritten Schritt der nun folgenden Überlegungen – der Frage zuwenden, welche Schlußfolgerungen zur Aggressionsbewältigung sich aus dem gegenwärtigen Stand der Forschung zur Frustrations-Aggressions-Hypothese ableiten lassen.
Viel Verwirrung haben die Autoren der Frustrations-Aggressions-Hypothese dadurch ausgelöst, daß sie keine konzeptuelle Unterscheidung trafen zwischen Frustration im Sinn eines störenden *äußeren Ereignisses* und Frustration im Sinne einer *intrapsychischen Spannungs- oder Betroffenheitsreaktion.* Ein und dasselbe störende Ereignis kann im Erleben verschiedener Menschen zu völlig unterschiedlichen intrapsychischen Reaktionsweisen führen. Da die Frustrations-Aggressions-Hypothese mit einem hohen Anspruch auf Generalisierbarkeit formuliert wurde, hätte zunächst eine umfassende Klassifikation realer Frustrationssituationen entwickelt werden müssen, für die die experimentellen Operationalisierungen repräsentiv sein sollten. Noch wünschenswerter wäre es gewesen, eine Klassifikation der Arten innerer Zustände zu versuchen, die durch solche Situationen häufig ausgelöst werden. Erst wenn wir wissen, was bestimmte störende Ereignisse für uns *bedeuten*, können wir gezielter nach Möglichkeiten eines angemessenen Umgangs mit solchen Situationen suchen.
In späteren empirischen Untersuchungen der Frustrations-Aggressions-Hypothese stellte sich heraus, daß ihr Allgemeinheitsgrad in der ursprünglichen Fassung offensichtlich zu hoch war. Folgende „Frustrationen" führten beispielsweise *nicht* zu Aggressionen:
▷ Nichtbewältigung gestellter Aufgaben (EPSTEIN 1945),

▷ Versagen beim Versuch, bessere Studienleistungen zu erbringen (BUSS 1966),

▷ Isoliertwerden von der Möglichkeit, erwünschte Bekräftigungen zu erhalten („Time out from positive reinforcement", JEGARD & WALTERS 1960; Quellenangaben nach TEDESCHI, SMITH & BROWN 1974, S. 543).

Auch die Annahme, daß die Wahrscheinlichkeit von Aggressionen mit der „Intensität" vorangegangener Frustrationen wachse, konnte empirisch nicht bestätigt werden (BUSS 1963, vgl. WERBIK 1971, S. 99). Sie steht auch nicht im Einklang mit Alltagserfahrungen. Häufige und starke Entbehrungen führen bei entsprechenden Populationen oft eher zu Regressionen, fatalistischer Ergebenheit, Apathie oder Hoffnungslosigkeit als zu häufigen Aggressionen (BANDURA 1977, S. 19; BARKER, DEMBO & LEWIN 1941). Würde jede ungelöste Diskrepanz zwischen einem momentanen Ist-Zustand und einem angestrebten Soll-Zustand als eine „Frustration" bezeichnet, so könnte eine spezifische Beziehung zwischen Frustrationen und Aggressionen überhaupt nicht mehr eindeutig verifiziert oder falsifiziert werden. Solche Diskrepanzen, die während der meisten unserer täglichen Verrichtungen geradezu die Regel sind, werden in der Frustrations-Aggressions-Hypothese als *„Summe residueller Instigationen aus früheren Frustrationen"* konzeptualisiert. Damit kann letztlich jede Aggression auf eine Vorgeschichte von Frustrationen zurückgeführt werden, womit der Erklärungswert der Frustrations-Aggressions-Hypothese erheblich reduziert wird.

Wenn wir etwas Bestimmtes tun wollen, müssen wir grundsätzlich immer die jeweils möglichen Begrenzungen unserer Handlungspielräume berücksichtigen. *Die meisten unserer Handlungen formen wir durch kontinuierliche flexible Berücksichtigung realer oder antizipierter Hindernisse und Probleme aus, ohne beim Auftreten solcher Hindernisse gleich aggressiv werden zu müssen.* Die Reorganisation der Handlungsentwürfe geht dann etwa nach dem Muster vor sich: *„So wie ich es versucht habe, geht es nicht – ich muß es also anders versuchen".* Im handlungstheoretischen Modell von MILLER, GALANTER und PRIBRAM (1973; Orig.: 1963) ist dieses Prinzip der Handlungssteuerung als ein in Phasen arbeitendes Regelkreissystem veranschaulicht.

Eine Felduntersuchung von FAWL (1963) liefert Belege dafür, daß das von MILLER, GALANTER und PRIBRAM vorgebrachte offene Modell der Handlungssteuerung den tatsächlichen alltäglichen Reaktionsweisen gerechter wird als die deterministische Frustrations-Aggressions-Hypothese:

Im Haus, in der Nursery-School und auf dem Spielplatz wurden das Auftreten, die Intensität und die Dauer von Unterbrechungen sowie die daraufhin gezeigten Verhaltensreaktionen von Kindern beobachtet. Die Kinder erlebten in diesem *natürlichen Milieu* durchschnittlich etwa 90 „verhinderte

Zielreaktionen" pro Tag, wie zum Beispiel den Verlust eines Spielzeugs oder die Verhinderung von erfreulichen Aktivitäten. Es zeigte sich jedoch, daß die meisten Frustrationen bei den Kindern keinen sogenannten „Aufruhr" wie Aggression zur Folge hatten. Zielblockierungen, die das Kind dagegen ärgerlich machten, führten meist zur Beseitigung der wahrgenommenen Ursache der Unterbrechung (nach VOLKMANN-RAUE 1977, S. 35). Wenn also überhaupt Aggressionen nach Frustrationen auftraten, hatten diese letztlich eher einen *instrumentellen Charakter*.

In Vereitelungssituationen erhöhen sich oft die Eindringlichkeit und die Intensität von Verhaltensweisen. Damit steigt zugleich die Wahrscheinlichkeit dafür an, daß diese Reaktionen von Beobachtern *fälschlich* als „aggressiv" klasifiziert werden und zur Stützung der Frustrations-Aggressions-Hypothese herangezogen werden, selbst wenn sie keineswegs mit Destruktionen einhergehen (vgl. unsere Ausführungen auf Seite 34; siehe auch BANDURA 1979a, S, 190).

Besonders solche instrumentellen Aggressionen, die eher durch *erwartete Konsequenzen* als durch *vorausgegangene Störereignisse* motiviert sind, werden in der allgemein gehaltenen Terminologie der Frustrations-Aggressions-Hypothese nur äußerst unscharf erklärbar. Wollen wir die Determinanten einer aggressiven Handlung wirklich verstehen, müssen wir auch herauszufinden versuchen, welche *Ergebnisse* der Handelnde hat erreichen wollen. Eine Erfassung der jeweiligen *antezedenten Bedingungen* nach der Art der Frustrations-Aggressions-Theoretiker dürfte in der Realität selten ausreichend sein. Da die Frustrations-Aggressions-Hypothese aggressives Verhalten primär als *reaktives* Geschehen begreift, ist ihr Erklärungswert zumindest für zweckgerichtete (instrumentelle) Aggressionen als äußerst gering einzuschätzen.

MILGRAMS berühmte Experimente (1974) sowie ähnliche Versuche von MANTELL (1971, S. 174ff) haben überdies gezeigt, daß Versuchspersonen sogar allein aufgrund banaler, nicht repressiver *Instruktionen* durch den Versuchsleiter bereit waren, kritik- und hemmungslos aggressives und destruktives Verhalten in einem Ausmaß hervorzubringen, das bis zur Ermordungsbereitschaft durch (vermeintliche) Elektroschläge von tödlicher Stärke ging. Bei MANTELLS Versuchen hatten hierbei weder Frustrationen noch irgendeine „Legitimität" (Autorität) der Versuchsleiter eine ausschlaggebende Bedeutung.

Mit den bisher vorgebrachten Einwänden gegen die Frustrations-Aggressions-Hypothese soll keineswegs darüber hinweggetäuscht werden, daß frustrierende Bedingungen ganz offensichtlich häufig Aggressionen zur Folge haben. *Ob und wie die häufige Destruktivität von Verhaltensakten nach Frustrationen gezielt vermindert werden kann, ist jedenfalls erst dann entscheidbar, wenn differenziertere Kenntnisse über die Determinanten der typischen affektiven und kognitiven Komponenten betreffender Handlungsabläufe vorliegen.* Erstaunlicherweise sind in der Fülle experimental-psychologischer Arbeiten zur Frustrations-Aggressions-Hypothese nahezu keine Versuche zur Beantwortung dieser praxisrelevanten Frage zu finden. Wir werden hierauf ausführlich zurückkommen.

Zur praktischen Relevanz der Frustrations-Aggressions-Hypothese

Bestrebungen zur Förderung sozialer Kompetenzen für einen effektiven nicht-destruktiven Umgang mit Frustrationen werden unter anderem dadurch erschwert, daß viele Menschen die Frustrations-Aggressions-Hypothese zur *Rechtfertigung* ihrer aggressiven Verhaltensweisen heranziehen. Dies ist nicht weiter verwunderlich, da die Frustrations-Aggressions-Hypothese ein einfaches, eingängiges und bequemes Erklärungsschema für das Auftreten von Aggressionen bietet.
Auch in vielen wissenschaftlichen Experimenten zur Untermauerung der Frustrations-Aggressions-Hypothese wurde den Versuchspersonen – oder Versuchstieren – durch eine starre Versuchsanordnung von vornherein die Möglichkeit zu flexiblen Alternativreaktionen vollständig genommen. In solchen Fällen war es somit gar nicht möglich, unterschiedliche Lerngeschichten und die Determinanten *alternativer Verhaltenspräferenzen* differenziert zu berücksichtigen. Damit sind sowohl die Gültigkeit als auch die praktische Relevanz der entsprechenden experimentell gewonnenen Aussagen für menschliche Realsituationen zweifelhaft.
Ein besonders krasses Beispiel einer unangemessenen Reaktionseinengung und somit einer *unzureichenden Repräsentanz vieler Untersuchungen zur Frustrations-Aggressions-Hypothese für menschliche Realsituationen* findet sich in einer Darstellung eines Experiments von AZRIN (1967): Ein zwingenartig eingesperrter Affe, der über eine Schwanzelektrode mit Stromstößen geschockt wird, beißt in ein pneumatisches Rohr, an das ein Aufzeichungsgerät angeschlossen ist (siehe Abb. 2). Diesen Experimentierstuhl als ein *„Aggressions-Meßgerät“* zu bezeichnen, erscheint geradezu grotesk.

Abb. 2: Experimentelle Anordnung, die zur „Bestätigung" der Frustrations-Aggressions-Hypothese herangezogen wurde: nach Schmerzreizung durch Schwanzelektroden beißt der Affe in eine elastische Röhre. Die automatisch aufgezeichnete Bißfrequenz wird als Maß für die „Aggressionsrate" nach Frustrationen angesehen (nach AZRIN 1967 und HUTCHINSON 1973).

Analoge Probleme wirft die von BUSS entworfene sogenannte *„Aggressionsmaschine"* auf, die bei Hunderten von Laborexperimenten zur Frustrations-Aggressions-Hypothese mit Menschen verwendet wurde. Typischerweise werden die Versuchspersonen zunächst durch eine experimentelle Manipulation „frustriert". Sie haben sodann den Auftrag, eine andere „Versuchsperson" (die in Wirklichkeit ein eingeweihter Verbündeter des Versuchsleiters ist) im Rahmen eines fingierten „Lernexperiments" durch gezielten Einsatz selbst zu wählender Abstufungen elektrischer Schocks zu bestimmten Lösungen zu bringen. Die experimentell vorgegebenen Handlungsmöglichkeiten der echten Versuchspersonen bestehen im Standardexperiment lediglich darin, zwischen dem Austeilen niedriger und hoher sowie zwischen gelegentlichen und häufigen Elektroschocks auszuwählen. *Die für uns wichtige Frage, unter welchen Bedigungen nicht-destruktive Alternativreaktionen gefördert werden können (in unserem Beispiel etwa: Beginn eines verständnisvollen Dialogs mit dem vermeintlich lernenden Partner), ist mit derartigen Versuchsanordnungen im allgemeinen nicht zu beantworten.* Der experimentelle Partner („Strohmann") ist nämlich meist in einem Nebenraum plaziert; eine Kommunikation mit ihm ist der echten Versuchsperson lediglich per Elektrokabel und Einweg-Sprechanlage möglich.
Mit einer derartigen experimentellen Anordnung wird keineswegs *destruktiv-aggressives* Verhalten als isolierte Variable erfaßt. Das Austeilen elektrischer Schocks durch die Versuchsperson kann ebensogut als Maß für „*gehorsames* Verhalten gegenüber dem Versuchsleiter" oder als „*Rückmeldesignal* in einem Lernexperiment" interpretiert werden (vgl. HILKE & KEMPF 1976; MICHAELIS 1976b, S. 306ff; MILGRAM 1974; ZUMKLEY 1978, S. 27).

Bereits eine räumliche Vergrößerung des vorgegebenen Verhaltensspielraums führt sogar bei Tieren zu einer drastischen Abnahme experimentell ausgelöster Aggressionen auf Schmerzreize. ULLRICH und AZRIN (1962) setzten zwei Tiere in einen Käfig und verabreichten aversive Reize in Form von Elektroschocks. Die Tiere griffen einander daraufhin in ca. 90% der Fälle dann an, wenn der Käfig klein war. *Führte man das gleiche Experiment in einem etwas größeren Käfig durch, sank die Rate aggressiver Reaktionen auf 2%!* Selbst die im kleinen Käfig nach Schmerzreizung häufig auftretende „Aggressionsreaktion" konnte im Verlauf eines Lernexperiments leicht in eine alternative Reaktion – nämlich eine Fluchtreaktion – ungewandelt werden (WHITMAN & DOLEYS 1973; beide Experimente zitiert nach MICHAELIS 1976a, S. 48–50). Es ist ohnehin zu vermuten, daß die gemessene Reaktion Ausdruck von Schmerz und nicht – wie behauptet – eine Aggression war.

Die Relevanz der Frustrations-Aggressions-Hypothese für präventive Strategien der Förderung nicht-aggressiver Verhaltenskompetenzen ist unseres Erachtens hauptsächlich darin zu sehen, daß sie zu Forschungsarbeiten zur Frage herausfordert, welche nicht-aggressiven Alternativreaktionen (sozialen Kompetenzen) unter welchen Bedingungen nach Frustrationen möglich sind. Auf diese Frage werden wir im 13. Kapitel zurückkommen.

Ferner legt die Frustrations-Aggressions-Hypothese die Schlußfolgerung nahe, daß es wünschenswert sein kann, *frustrierende Bedingungen ganz generell zu reduzieren.* Da es allerdings wohl ein utopisches Ziel wäre, wollte man ernsthaft versuchen, sämtliche frustrierenden Bedingungen im Leben von Menschen zu eliminieren, gewinnt die Frage nach dem Stellenwert von „*Frustrationstoleranz*" eine besondere Bedeutung.

Hiermit sind die beiden fundamentalen Ansätze der primären Prävention angesprochen: Auf der gesamtgesellschaftlichen Ebene sollte eine Verminderung unnötiger Frustrierungen, auf der individuellen Ebene sollten Kompetenzen zum angemessenen Umgang mit frustrierenden Bedingungen angestrebt werden. (vgl. ERNST 1977).

Eine Reihe von Autoren sieht eine *Förderung von Frustrationstoleranz* als einen wünschenswerten Beitrag zur Reduktion menschlicher Aggressivität an (vgl. hierzu DAVISON 1969; DAVITZ 1972; GITTLEMAN 1965; LISCHKE 1972, S. 219–224; NOLTING 1978). Hiermit ist gemeint die *Fähigkeit zum Aufschub von Befriedigungen*; sie wird auch aufgefaßt als „*realistische Zukunftsorientierung*" (z.B. bei STÄCKER 1977, S. 53). Der Begriff wurde schon von ROSENZWEIG (1938) in positiv wertender Weise gefaßt als die Fähigkeit eines Menschen, einer frustrierenden Situation zu widerstehen, ohne die Tatsachen der Lebenssituation zu verzerren. Eine erhöhte Neigung zur Frustriertheit schwäche das Realitätsprinzip und schränke die Ich-Autonomie ein (nach STÄCKER 1977, S. 54f).

Frustrationstoleranz ist nicht als ein generelles Persönlichkeitsmerkmal anzusehen, sondern als eine Variable, die je nach situations- und handlungsspezifischen Umständen eine unterschiedliche Bedeutung haben kann.

Gewiß wird noch genauer zu überlegen sein, ob der Aufbau von „Frustrationstoleranz" in einem globalen Sinne wirklich gegenüber allen Arten frustrierender Bedingungen als ein soziales Ziel akzeptierbar ist.

Akzeptierbarkeitskriterium: Einige Anmerkungen zum Konzept der Frustrationstoleranz

Der Stellenwert der Forderung nach einer Erhöhung von Frustrationstoleranz erscheint sofort in einem ziemlich problematischen Licht, wenn man sich vergegenwärtigt, daß zahlreiche frustrierende Bedingungen in sozialen Systemen nicht als unumgängliche Konstanten anzusehen sind, sondern daß sie beispielsweise auch auf gewachsenen strukturellen Gewaltverhältnissen beruhen können, die einer bestimmten privilegierten Gruppe ständig zum Vorteil gereichen. Trainiert man nun als Erzieher oder Therapeut in solchen Fällen die Frustrationstoleranz derjenigen, die das Opfer dieser frustrierenden Verhältnisse sind, so läßt man sich letztlich zum Agenten eben solcher Gewaltverhältnisse mißbrauchen.

Eine geradezu klassische Veranschaulichung dieser Gefahr liefert ein verhaltenstherapeutischer Bericht von DAVISON (1969). Ein elfjähriger Junge, der ansonsten weder in der Schule noch in einem Ferienlager besondere Verhaltensauffälligkeiten zeigte, war zuhause häufig „ungehorsam und aufsässig", vor allem gegenüber seinem alkoholkranken und jähzornigen Vater. Der Therapeut trainierte den Jungen, jedesmal beim Auftreten der Versuchung, zu widersprechen oder nicht zu gehorchen, sich vorzustellen, sein Vater werde gleich wieder einen Wutausbruch bekommen und ihn züchtigen.

Bei genauer Betrachtung dieses Interaktionssystems ist die Frage zu stellen, ob das als „Ungehorsam und Aufsässigkeit" klassifizierte Verhalten dieses Jungen nicht gerade die angemessene Reaktion auf die unberechenbaren Ausbrüche des alkoholisierten Vaters war. Das psychologische Interventionsprogramm hätte zumindest diesen *Systemaspekt* der Familie differenzierter berücksichtigen müssen.

Zwar könnte man das Vorgehen von DAVISON bei vordergründiger Betrachtung so interpretieren, daß hier eine „Kompetenz" trainiert wurde. Es ist aber zu hinterfragen, ob ein Mensch, der nach einem solchen Training einengende Situationen und Repressionen „besser aushalten" kann, wirklich eine positive Erweiterung seines Handlungsspielraums im Sinne des unserer Arbeit zugrundeliegenden Kompetenzkonzepts (vgl. S. 20) erreicht hat.

Bemühungen um eine Förderung von „Frustrationstoleranz" dürfen also nicht einfach global ein nicht-aggressives „Ertragen" von Frustrationen zum Ziel haben.

Schließt man sich dem handlungstheoretischen Ansatz von MILLER, GALANTER und PRIBRAM (1973) an, so lassen sich „frustrierende Bedingungen" in vielen Fällen als *„Probleme"* konzeptualisieren. Viele Verhaltensentgleisungen im Gefolge von Frustrationen können auf eine mangelhaft ausgebildete Fertigkeit zum Problemlösen zurückgeführt werden. Vier empirisch gesicherte Feststellungen sind hierbei von Bedeutung (vgl. SPIVACK & SHURE 1974; SPIVACK, PLATT & SHURE 1976; SOMMER 1977b):

▷ Viele Menschen nehmen auftauchende Probleme nicht differenziert genug wahr; ihre Bewältigungsversuche scheitern entsprechend häufig.

Dies hat zur Folge, daß viele Frustrationen, die durchaus dauerhaft beseitigt werden könnten, überflüssigerweise immer wieder neu auftreten.

▷ Viele Menschen verfügen nicht in ausreichendem Maße über Fertigkeiten des *„Brainstorming"*. Gemeint ist das kreative und flexible Suchen nach möglichst vielen Lösungsalternativen, wobei erst im zweiten Schritt zu überlegen ist, welche dieser Lösungsmöglichkeiten sich mit Hilfe welcher Einzelschritte wirklich in die Tat umsetzen lassen. Eine mangelhaft ausgebildete Fähigkeit zum „Brainstorming" führt oft dazu, daß Probleme zu global und zu schnell – und damit zu rigide und ineffizient – angegangen werden.

▷ Problemlöseversuche scheitern ferner deshalb häufig, weil viele Menschen nicht ausreichend in der Lage sind, die Konsequenzen ihrer Bewältigungsversuche differenziert genug vorherzusehen und abzuschätzen. Dies kann zu weiteren Frustrationen führen.

▷ Die notwendigen Fertigkeiten zum flexiblen Problemlösen können gezielt gefördert werden. SPIVACK und SHURE haben verschiedene Trainingsprogramme zur Förderung von Fertigkeiten zum Problemlösen entwickelt. Eines davon kann in spielerischer Form und ohne großen Aufwand auch präventiv in Kindergärten durchgeführt werden. Die Autoren haben eindrucksvoll belegen können, daß ein Training der Fähigkeit, Probleme angemessen lösen zu können, primär präventiv wirken und auch zur Reduzierung impulsiver Aggressionen beitragen kann.

Zusammenfassung des 8. Kapitels

Die Autoren der Frustrations-Aggressions-Hypothese faßten Aggressionen ursprünglich als ausschließlich reaktive Verhaltensweisen auf, die nach der Einwirkung aversiver Reize unausweichlich auftreten.
Werde ein Individuum (z. B. durch Strafandrohung) daran gehindert, eine nach Frustration bestehende Aggressionstendenz in die Tat umzusetzen, so stelle diese Hemmung eine zusätzliche Frustration dar, die die bestehende Aggressionstendenz weiter steigere.
Erst durch die tatsächliche Ausführung einer offenen oder verschobenen Aggressionshandlung lasse sich eine Katharsis, das heißt eine Reduktion der Neigung zur Aggression, herbeiführen.
Die Autoren der Frustrations-Aggressions-Hypothese liefern jedoch keine Erklärung dafür, warum auf Frustrationen regelhaft Aggressionen und nicht auch ganz andersartige Verhaltensweisen folgen sollen.

Ein weiterer Mangel der Frustrations-Aggressions-Hypothese ist darin zu sehen, daß nicht konzeptuell unterschieden wird zwischen Frustrationen im Sinne eines störenden äußeren Ereignisses und Frustrationen im Sinne einer intrapsychischen Spannungs- oder Betroffenheitsreaktion.
Viele „Frustrationen" führen keineswegs zu einer Aggression. Auch die Annahme, daß die Auftretenswahrscheinlichkeit von Aggressionen mit der „Intensität" vorausgegangener Frustrationen steige, konnte empirisch nicht bestätigt werden. Viele menschliche Handlungen werden durch kontinuierliche – mehr oder weniger flexible – Berücksichtigung antizipierter und realer Hindernisse ausgeformt, ohne daß Aggressionen auftreten müssen.
Zahlreiche experimentelle Untersuchungen können nicht als repräsentativ für menschliche Realsituationen angesehen werden, da den Versuchspersonen durch eine entsprechende Versuchsanordnung die Möglichkeit genommen wurde, alternative Reaktionen (sozial kompetentes Verhalten) zu zeigen. Somit liefern diese Untersuchungen auch keine Hinweise zur Beantwortung der Frage, unter welchen Bedingungen nicht-aggressive Alternativreaktionen erwartet oder gefördert werden können.
Die Frustrations-Aggressions-Hypothese legt die Schlußfolgerung nahe, daß es wünschenswert sein kann, frustrierende Bedingungen zu reduzieren. Auch wird die Frage aufgeworfen, ob und in welcher Hinsicht eine Förderung von „Frustrationstoleranz" zu den wünschenswerten erzieherischen Ansätzen einer Verminderung von Aggressionen gehören soll.
Die Förderung von Frustrationstoleranz wird von uns nur dann als ein vertretbares Ziel erzieherischer Bemühungen angesehen, wenn zugleich eine Erweiterung des Handlungsspielraums zur effektiven Problemlösung im Sinne des Konzepts der sozialen Kompetenz angestrebt wird.

9

Lerntheoretische Erklärungen aggressiven Verhaltens: vom radikalen Behaviorismus zur sozial-kognitiven Lerntheorie (ein Überblick)

Die verschiedenen lerntheoretisch orientierten Ansätze in der psychologischen Aggressionsforschung kreisen um die Aufdeckung der einzelnen Prozesse, die eine Rolle spielen, wenn im Laufe der menschlichen Entwicklung die Häufigkeit und die Art aggressiver Handlungen durch Erfahrungen beeinflußt werden.

Gerade von lerntheoretischer Seite aus ist relativ gründlich die Frage untersucht worden, ob es Möglichkeiten gibt, die wissenschaftlichen Erkenntnisse über die Abläufe von Lernprozessen im Sinne einer gezielten „Optimierung" (zum Beispiel in Erziehung, Beratung, Therapie oder Politik) nutzbar zu machen.

Die früheren Vertreter der lernpsychologischen Forschung gingen den oben genannten Fragestellungen zunächst in einer recht einseitigen Weise nach. In der Epoche des *radikalen Behaviorismus* wurden die lerntheoretisch orientierten Ansätze mit einem ganz bestimmten „Image" assoziiert, das ihnen in der Vorstellung vieler Menschen auch heute noch anhaftet: die Einwirkungen von Umweltgegebenheiten auf das Verhalten wurden als geradezu automatisch ablaufende *Konditionierungsprozesse* aufgefaßt (z.B. bei HOLLAND & SKINNER 1971).

Wenn diese Lerntheoretiker die Einflüsse von Umweltgegebenheiten auf das Verhalten von Individuen studierten, begriffen sie die Umweltgegebenheiten a priori als „unabhängige", dem jeweiligen Individuum unausweichlich vorgegebene Einflußfaktoren, die in ganz einseitiger Weise das Verhalten zu determinieren vermochten. Repräsentativ für die Forschungsmethodik war viele Jahre lang die *Skinner-Box*. Hier demonstrierten die Experimentatoren, daß sie das Verhalten ihrer Versuchsobjekte (meist Ratten oder Tauben) durch gezielte Manipulationen von äußeren *Stimuli* (Hinweisreizen) und *Reaktionskonsequenzen* unter nahezu totale Kontrolle von außen bringen konnten. Ließ man einem bestimmten Verhalten im Experiment oft genug belohnende Konsequenzen folgen, so stieg die Auftretenshäufigkeit dieses Verhaltens – in Abhängigkeit vom zugrundeliegenden Bekräftigungsplan – an; unter dem Einfluß aversiver Konsequenzen nahmen die Häufigkeitsraten dagegen entsprechend ab. Es entstand die Vision vom Organismus als einer „Lernmarionette". (Ausführliche Darstellungen der herkömmlichen lerntheoretischen Ansätze und ihrer Anwendungen im Sinne der klassischen und operanten Konditionierung finden sich unter anderem bei EULER 1971; HOLLAND & SKINNER 1971; LISCHKE 1972, S. 62ff und 157ff; MEES 1974, S. 147ff; kritisch hierzu: BANDURA 1976).

Da innerpsychische Vorgänge wie z.B. Wahrnehmungen, Motivationen, Erwartungen ebenso wie Prozesse der wechselseitigen Einflußnahme zwischen Individuen und Umweltgegebenheiten in der früheren Entwicklungsphase der behavioristischen Lerntheorie nahezu vollständig aus der Forschung ausgeklammert blieben, kamen die Lerntheoretiker zunehmend in den Ruf, einen „totalen Umweltdeterminismus" zu vertreten. Zu diesem Image trugen die Hauptvertreter des Behaviorismus auch selbst durch zahlreiche Buchveröffentlichungen und Manifeste aktiv bei (z.B. SKINNER 1948; WATSON 1930).

Während der letzten zehn Jahre veränderten sich das Menschenbild und die Forschungsmethoden der lernpsychologischen Aggressionsforschung allmählich in fundamentaler Weise. Die zunächst vorwiegend tierexperimentell gewonnenen Hypothesen über die Abläufe und Wirkungen von Lernprozessen bei aggressivem Verhalten wurden in der praktischen Anwendung auf ihre Nützlichkeit zur Lösung konkreter Probleme in zwischenmenschlichen Bereichen überprüft. Mit dem Aufkommen der Verhaltenstherapie kamen Forschungsfelder und Anwendungsfelder zunehmend zur Dekkung. Dabei wurde immer deutlicher, daß sich Menschen im Unterschied zu den zuvor vorwiegend untersuchten Ratten und Tauben nicht einfach durch eine reine Manipulation externer Stimuli und Reaktionskonsequenzen in jede beliebige Richtung dirigieren lassen.

Die durch Autoren wie KANFER (1970); MEICHENBAUM (1974); BANDURA (1971, 1976, 1979a) und LAZARUS (1978) eingeleitete *„kognitive Wende"* in der behavioristisch orientierten Verhaltensmodifikation läßt sich in folgenden Punkten als eine Abkehr von den Grundsätzen der früheren behavioristischen Positionen beschreiben (VERRES 1979):

- ▷ Lernen wird jetzt als ein aktiver, kognitiver Verarbeitungsprozeß gemachter Erfahrungen verstanden. Die beim Erlernen von Verhaltensmustern ablaufenden kognitiven Prozesse stellen in allen ihren Einzelheiten den Hauptgegenstand der wissenschaftlichen Forschungsarbeit dar. Ein besonderes Schwergewicht liegt auf der Fähigkeit der Menschen zum „stellvertretenden" Lernen aus dem Miterleben der Erfahrungen anderer (BANDURA 1976, 1979a, 1979b).
- ▷ Das aktuelle Verhalten von Menschen wird nicht mehr als ein automatisches konditioniertes Reagieren auf externe determinierende Kontingenzen verstanden. Das Verhalten der Menschen wird vielmehr als ein aktiver Prozeß begriffen, der von innerpsychischen Prozessen wie Motivationen, emotionalen Empfindungen und komplexen Denkprozessen gesteuert ist.
- ▷ Da Menschen nicht mehr als rein passive Marionetten kontrollierender Umwelteinflüsse beschrieben werden, ergibt sich ein optimistischeres

Menschenbild. In den neueren Arbeiten zur sozial-kognitiven Lerntheorie und Verhaltenstherapie wird das Verhalten der Menschen nicht mehr (wie bei SKINNER) primär aus der Perspektive des manipulierenden Experimentators, sondern aus der Perspektive des eigengesteuerten Menschen betrachtet. Dem Menschen wird also nicht mehr die Rolle eines reinen Forschungsobjekts zugewiesen, das man nach Belieben durch Einsatz gezielter Techniken von außen manipulieren kann, ohne sich vorher mit ihm selbst beraten zu haben (vgl. z.B. BANDURA 1976, LAZARUS 1978). In praktischen Anwendungsbereichen ergeben sich folglich ganz andere – unseres Erachtens humanere – Konsequenzen als aus dem früheren Forschungsansatz des radikalen Behaviorismus.

Im Rahmen der psychologischen Aggressionsforschung ist diese neue Entwicklung vorwiegend von Albert BANDURA vorangetrieben worden (BANDURA & WALTERS 1959, BANDURA 1979a, RIBES-INESTA & BANDURA 1976).

In der deutschsprachigen Fachliteratur über menschliches Aggressionsverhalten und Möglichkeiten der Aggressionskontrolle wurde die grundlegende Wandlung der lerntheoretischen Erklärungsansätze bisher relativ wenig beachtet. Auch in Abhandlungen der jüngsten Zeit werden die lerntheoretischen Erklärungsansätze immer wieder pauschal mit dem herkömmlichen strengen SKINNERschen Behaviorismus identifiziert (so bei FRIEBEL 1976; HACKER 1971; weitgehend auch bei LISCHKE 1972). Der Psychoanalytiker Erich FROMM beispielsweise setzt in seinem Beststeller „*Anatomie der menschlichen Destruktivität*" die lerntheoretischen Ansätze der Aggressionsforschung ganz unterschiedslos mit „dem Behaviorismus" und „der Milieutheorie" gleich und behauptet, nach Ansicht „der Milieutheoretiker" werde das menschliche Verhalten „einzig und allein durch den Einfluß der Umwelt geformt". Anschließend ist es ihm entsprechend ein Leichtes nachzuweisen, daß ein solcher Theorieansatz abzulehnen ist, da dem totalen Umweltdeterminismus ein verkürztes Menschenbild zugrundeliegt (1974, S. 31ff).

In den folgenden beiden Kapiteln sollen die Unterschiede zwischen den herkömmlichen behavioristischen Erklärungsansätzen einerseits und der neueren sozial-kognitiven Lerntheorie andererseits insbesondere im Hinblick auf deren unterschiedliche praktische Relevanz für das Konzept der sozialen Kompetenz genauer herausgearbeitet werden.

10

Kritik der „alten" (radikal-behavioristischen) Lerntheorie

Das herkömmliche behavioristische Menschenbild hat nicht nur in theoretischen Abhandlungen, sondern auch bezüglich der Art und Weise Nachwirkungen, wie das Problem der zwischenmenschlichen Aggressivität von vielen Fachleuten und Laien praktisch angegangen wird. Ist beispielsweise ein Kind durch häufige aggressive Verhaltensakte auffällig geworden, so wird auch heute noch vielerorts versucht, das Verhalten des Kindes in ganz einseitig gerichteter Weise durch strikte und ausschließliche Anwendung der SKINNERschen operanten Konditionierungsmethoden in Form externer Sanktionen zu dirigieren (vgl. LISCHKE 1972, S. 156–204).

Ein Anwendungsbeispiel: Verhaltensmodifikation kindlicher Wut- und Trotzreaktionen

Im folgenden sollen beispielhaft einige solcher am herkömmlichen Konditionierungsparadigma orientierten Grundsätze zum Umgang mit kindlichen Wut- und Trotzanfällen besprochen werden, wie sie noch im Jahre 1971 von FLORIN und TUNNER in einem „verhaltenstherapeutischen Übungsbuch für psychologisch und pädagogisch interessierte Eltern" dargestellt wurden (1971, S. 50–59). Da sich die Empfehlungen dieser Autoren auf der Ebene konkreter Verhaltenskontingenzen im erzieherischen Alltag bewegen, sind sie für unsere Diskussion besonders gut geeignet. Wir folgen – mit inhaltlich unwesentlichen Kürzungen – der Darstellung von FLORIN und TUNNER.

Das Problem: Es gibt Kinder, die in bestimmten Situationen besonders heftige Trotz- und Wutreaktionen zeigen. Die Kinder reagieren beispielsweise mit Wut und Trotz, wenn man ihr Spiel unterbricht, weil es Essens- oder Schlafenszeit ist, oder wenn man ihnen einen Gegenstand wegnimmt, der für ihre Hände ungeeignet oder gefährlich ist, oder wenn man sonst irgendetwas tut, was gegen ihren Willen ist. Da sich nicht vermeiden läßt, daß ein Kind von Zeit zu Zeit in Situationen kommt, in denen es seine Wünsche nicht durchsetzen kann, darf man es nach FLORIN und TUNNER für wichtig halten, daß das Kind lernt, auf solche Situationen mit angemesseneren Verhaltensweisen als mit Wut und Trotz zu reagieren.

Die Empfehlungen zur Verhaltensmodifikation: FLORIN und TUNNER geben zum Umgang mit diesem Problem folgende Verhaltensanweisungen (die Überschriften wurden von uns eingefügt):

Erster Grundsatz: Beseitigung bekräftigender Konsequenzen
Man muß darauf achten, daß die Trotzreaktionen auf keine Weise mehr verstärkt werden. Um alle Verstärkungen des unerwünschten Verhaltens ausschalten zu können, muß ermittelt werden, durch welche unmittelbar auf die Trotzreaktion folgenden Konsequenzen das Verhalten normalerweise verstärkt bzw. aufrechterhalten wird. Diese Verstärkungen des unerwünschten Verhaltens sind gezielt auszuschalten. Zuvor soll eine Beobachtungskurve über die Häufigkeit des unerwünschten Verhaltens aufgezeichnet werden. Mit äußerster Konsequenz ist dafür zu sorgen, daß dem Kind keine Aufmerksamkeit mehr geschenkt wird, wenn es trotzt. Der Erfolg der Maßnahmen, das heißt die Beseitigung der Trotz- und Wutanfälle, soll durch tägliche Eintragungen in die Beobachtungskurve überprüft werden. Falls sich das Verhalten des Kindes nicht ändert, soll überprüft werden, ob wirklich alle bisherigen Verstärker erfaßt sind und ob die Ausschaltung der verstärkenden Konsequenzen konsequent genug erfolgt ist. Auch und gerade wenn das Verhalten des Kindes besonders „unerträglich" wird (z. B. wenn es noch länger und lauter als sonst schreit), darf man nicht nachgeben, damit dieses laute und lange Schreien nicht (differentiell) verstärkt wird. Bei konsequenter Durchführung der Behandlungsmaßnahmen wird das unverwünschte Verhalten am ersten oder an den ersten zwei Tagen stark ansteigen; danach wird die Kurve rasch bis gegen Null sinken.
Dem beschriebenen Vorgehen liegt die Annahme zugrunde, daß die Wut- und Trotzreaktionen des Kindes durch irgendeine Form der Aufmerksamkeitszuwendung verstärkt werden, und daß man sie entsprechend durch völliges Ignorieren beseitigen kann. Davon unabhängig können Trotz- und Wutreaktionen auch durch die Freude am Zerstören und Angreifen verstärkt werden. Um auch diesen Verstärkungszusammenhang unmöglich zu machen, muß man in diesen Fällen Maßnahmen finden, die das zerstörerische und aggressive Verhalten des Kindes gar nicht erst aufkommen lassen.

Zweiter Grundsatz: Verhaltensunterbrechung durch sofortige Aussperrung (Time out) und differentielle Bekräftigung nichtaggressiven Verhaltens.
Zu diesem Zweck kann man das Kind jedesmal bei ersten Anzeichen eines beginnenden Wutanfalls sofort in einen Raum bringen, in dem es allein ist und in dem es keine Gelegenheit findet, etwas zu zerstören und Verstärker für sein Verhalten zu finden. Sobald das Kind einige Minuten lang ruhig war, soll es für sein nichttrotziges Verhalten möglichst schnell verstärkt werden, indem es wieder aus dem Raum hinausgeführt wird. Nimmt der Wutanfall im abgeschlossenen Raum besonders schwere Formen an, beginnt das Kind beispielsweise heftig gegen die Tür zu treten, so soll in diesem Stadium die Tür nicht geöffnet werden, da anderenfalls das Gegen-die-Tür-treten verstärkt wird. Damit das Kind während seiner Aussperrung keine Möglichkeit hat, Verstärker für sein Trotzverhalten zu bekommen, ist es erforderlich, den Raum von außen zu verschließen.
Manche Kinder entwickeln jedoch starke Angst, wenn sie in einen Raum eingeschlossen sind; aus dieser Angst können sich unter Umständen sekundäre Störungen entwickeln. Daher sollte man ein ängstliches Kind nicht in solcher Weise in einem Raum isolieren. In jedem Fall soll der Raum hell sein. Zur Vorbeugung von Angst soll man das Kind vorher informieren, daß die Tür wieder geöffnet wird,

sobald es sich zwei oder drei Minuten lang ruhig verhalten hat. Die Maßnahme hat insgesamt den alleinigen Zweck, einen Ausschluß von möglichen Verstärkern zu erreichen, sobald sich beim Kind erste Anzeichen für das Auftreten des unerwünschten Verhaltens ergeben. Es soll dagegen unbedingt vermieden werden, daß das Kind in eine ängstigende Situation kommt.

Dritter Grundsatz: Unmittelbare Bestrafung des Trotzverhaltens bei gleichzeitiger differentieller Bekräftigung nichttrotziger Reaktionen.
Wut- und Trotzanfälle können ferner durch direkte Bestrafung beseitigt werden. Man bestraft das Verhalten des Kindes dabei bereits, wenn sich erste Anzeichen für das Aufkommen eines Wutanfalles ergeben, also noch bevor das Kind dazu kommt, aggressiv zu werden. Die Bestrafung muß so schnell einsetzen, daß das Kind mit dem aggressiven Verhalten gar nicht erst beginnen kann. Andernfalls besteht die Möglichkeit, daß das unerwünschte Verhalten bereits durch seine unmittelbaren Konsequenzen (zum Beispiel Freude am Zerstören) verstärkt wird, noch ehe es durch den Eingriff von außen bestraft werden kann. Es ist bekannt, daß diejenigen Konsequenzen, die einem Verhalten am schnellsten folgen, die wirksamsten sind. Aus dem gleichen Grunde müssen Bestrafungsmaßnahmen *sofort* und *ausschließlich* auf das unerwünschte Verhalten folgen. Im Falle verzögerter Bestrafung besteht nämlich das Risiko, daß versehentlich eine andere als die unerwünschte Verhaltensweise bestraft wird.
Um eine rasche Verhaltensänderung zu erreichen, soll man sich dem Kind wieder zuwenden, sobald es ein erwünschtes Verhalten zeigt. So wird das Kind rasch lernen, zwischen dem erwünschten nichttrotzigen und dem unerwünschten trotzigen Verhalten zu unterscheiden. Da Bestrafungen nur zu einer kurzzeitigen Unterdrükkung des unerwünschten Verhaltens führen, haben sie bei der Verhaltensänderung nur den Zweck, diese Verhaltensweisen momentan zu beenden und dadurch das Auftreten eines „positiven" Verhaltens zu beschleunigen. Ohne eine planmäßige Verstärkung dieser positiven Verhaltensweisen, die an die Stelle der Trotz- und Wutreaktionen treten sollen, wird die Verhaltensänderung wahrscheinlich nicht dauerhaft erfolgreich sein (FLORIN & TUNNER 1971, S. 50–59).

Betrachtet man diese – am herkömmlichen behavioristischen Konditionierungsparadigma orientierten – Grundsätze FLORIN und TUNNERs zum erzieherischen Umgang mit kindlichen Wut- und Trotzreaktionen unter Heranziehung unserer Beurteilungskriterien, so zeigt sich eine Reihe gravierender Probleme.

Empirische Überprüftheit der radikal-behavioristischen Lerntheorie

Hinweise zur Wirksamkeit der Techniken der Verhaltensmodifikation auf lernpsychologischer Grundlage lassen sich in einer geradezu unüberschaubar umfangreichen Literatur finden (vgl. z.B. BANDURA 1969; BLACKHAM & SILVERMAN 1975; EULER 1971; HOLLAND & SKINNER 1971; KRUMBOLTZ & THORESEN 1969, 1976; LISCHKE 1972; MEES 1974; PATTER-

SON und Mitarbeiter 1975). Die jeweils vorhergesagten Ergebisse der verhaltenstherapeutischen Interventionen pflegen im betreffenden Anwendungsbereich (Elternhaus, Kinderhort, Schulklasse) tatsächlich zumindest bei Kindern kurzfristig einzutreten, sofern eine ausreichend gründliche Analyse der jeweiligen Bekräftigungskontingenzen vorausgegangen ist und die Techniken absolut konsequent durchgeführt werden. Die Frage dagegen, welche *langfristigen* Auswirkungen die durch Einsatz der Konditionierungstechniken erzielten Veränderungen des aggressiven Verhaltens haben, und in welchem Maße eine *Generalisierung* zu erwarten ist, läßt sich unseres Erachtens bisher kaum befriedigend beantworten.

Da sich die Konditionierungsmethode nur gezielt auf umschriebene Verhaltensklassen und Situationen anwenden läßt, und da ihre Wirksamkeit überdies stark von der Konsequenz der sanktionierenden Bezugspersonen abhängt, ist oft eher mit *Diskriminationslernen* als mit generalisierten Verhaltensänderungen zu rechnen. Der kontrollierenden Bezugsperson gegenüber wird das mit Sanktionen belegte Verhalten *selektiv* gehemmt; in anderen, permissiveren situativen Kontexten dagegen bleiben die verhaltensbestimmenden Einflußfaktoren weiterhin unkontrolliert (BANDURA & WALTERS 1959). Sofern ein nach der oben beschriebenen Methode behandeltes Kind in anderen Umgebungen die Erfahrung macht, daß trotzige Reaktionen und aggressives Verhalten *doch* einen funktionellen Wert haben, wird die Aggressionshemmung selektiv bleiben und möglicherweise lediglich zu einer *Verfeinerung* aggressiver Ausdrucksweisen führen (BANDURA 1979a, S. 249ff). Daß die Bestrafung aggressiven Verhaltens bei Kindern *langfristig* keineswegs grundsätzlich zu denjenigen Effekten führt, die von den Anhängern der herkömmlichen Konditionierungsmethode erwartet wurden, zeigt eine von ERON, WALDER und LEFKOWITZ (1971, S. 91) berichtete Untersuchung: *je intensiver Kinder von ihren Eltern zu Hause bestraft wurden, desto aggressiver wurden sie von ihren Klassenkameraden in der Schule eingeschätzt!* Ob durch die von FLORIN und TUNNER (1971) beschriebenen Reaktionen der Erzieher also wirklich ein Beitrag zur langfristigen Senkung der allgemeinen Aggressionsrate der so Erzogenen geleistet wird, muß als fraglich angesehen werden.

Relevanzprobleme: Grenzen der Konditionierungsmethode

Die paradigmatisch besprochenen Ausführungen von FLORIN und TUNNER können durchaus dazu geeignet sein, den Blick der angesprochenen Eltern und Erzieher dafür zu schärfen, *daß es nicht sinnvoll ist, aggressive Äußerun-*

gen durch besondere Zuwendung selektiv zu bekräftigen und ihre Auftretenswahrscheinlichkeit dadurch – ungewollt – zu erhöhen. Die Aufmerksamkeit der angesprochenen Leser wird also auf die Tatsache gelenkt, daß sie selbst häufig – ohne es überhaupt zu bemerken – je nach der Art ihrer Reaktionen auf kindliche aggressive Äußerungen einen steigernden oder hemmenden Einfluß auf diese aggressiven Äußerungen ausüben. *In dieser Hinsicht besitzt der Vorschlag, die eigenen Reaktionsweisen auf aggressive Äußerungen von Mitmenschen systematischer zu überprüfen, gewiß eine erhebliche allgemeine praktische Relevanz.*

Die Autoren der oben wiedergegebenen Handlungsempfehlungen erwarten, durch selektive Unterdrückung der unerwünschten Wut- und Trotzreaktionen werde das Auftreten „positiver" Verhaltensweisen beschleunigt. Diese positiven Verhaltensweisen, die an die Stelle der Trotz- und Wutreaktionen treten sollen, seien sodann planmäßig zu verstärken.

Ob und welche „positiven" Verhaltensweisen auftreten, bleibt dabei offensichtlich dem Zufall überlassen. An keiner Stelle im oben zitierten Kapitel erwähnen FLORIN und TUNNER die Möglichkeit, mit dem in Wut geratenen Kind in einen Dialog über die momentan unterschiedlichen Interessen zu treten, oder die Bedürfnisse des Kindes auch nur zu erfragen. Vielmehr wird in ganz einseitiger Weise vorausgesetzt, daß die Wutreaktionen des Kindes „unerwünscht" sind, und daß sie daher dem Kind durch konsequente Sanktionen von außen abzugewöhnen sind.

Das Ausgangsproblem bestand laut FLORIN und TUNNER darin, daß die Kinder „beispielsweise mit Wut und Trotz reagieren, wenn man ihr Spiel unterbricht, weil es Essens- oder Schlafenszeit ist; sie beginnen auch zu trotzen, wenn man ihnen einen Gegenstand wegnimmt, der für ihre Hände ungeeignet oder gefährlich ist, oder wenn man sonst irgend etwas tut, was gegen ihren Willen ist" (1971, S. 50). Bei den problematischen Situationen geht es also in vielen Fällen um innerfamiliäre Spannungszustände aufgrund *konkurrierender Interessen zwischen Eltern und Kind.*

Greift man in solchen Situationen konkurrierender Interessen regelmäßig zu Sanktionen nach dem oben dargestellten Konditionierungsparadigma, so lehrt man das Kind *implizit*, daß in Konfliktsituationen das Recht des Stärkeren gilt und daß Gewaltanwendung (zum Beispiel Einsperren; Nichtbeachten der kindlichen Protestäußerungen, nachdem die Eltern das kindliche Spiel unterbrochen haben, weil es Essenszeit ist) eine effektive Methode zur einseitigen und rigiden Durchsetzung von Unterordnung und Gehorsam ist.

Aus diesem Grunde muß die Relevanz des Konzepts für eine Entwicklung sozialer Kompetenzen zur nicht-aggressiven Konfliktregelung insgesamt als recht fragwürdig erscheinen. Es ist sogar zu befürchten, daß der Entwicklung sozialer Kompetenzen zur nicht-aggressiven Konfliktregelung stellenweise eher entgegengewirkt wird. Die Erzieher sollen es ja dem Kind bereits bei ersten Anzeichen einer aufkommenden Protestreaktion unmöglich machen, seine Wut über das elterliche Eingreifen in seine Handlungsvollzüge auch nur auszudrücken: Sie sollen das Kind „zum Beispiel jedesmal, wenn es erste Anzeichen für einen beginnenden Wutanfall sichtbar werden läßt, sofort in einen Raum bringen, in dem es allein ist“ (FLORIN & TUNNER 1971, S. 55). Wir werden im 13. Kapitel zu zeigen versuchen, daß es zu den Voraussetzungen eines sozialkompetenten Umgangs mit Ärger- und Wutreaktionen gehört, diese emotionalen Reaktionen nicht etwa aus dem kommunikativen Kontext auszuklammern, sondern ausdrükken und berücksichtigen zu lernen.

Akzeptierbarkeitskriterium: ethische Probleme der radikal-behavioristischen Konditionierungsmethode

In Ansätzen, die an der von FLORIN und TUNNER beschriebenen herkömmlichen Methode des operanten Konditionierens orientiert sind, wird nur selten reflektiert, daß dann, wenn Eltern die Aktivitäten ihrer Kinder aufgrund von Ordnungs-und Gehorsamsvorstellungen einseitig durchkreuzen, Wut- und Protestreaktionen der so behandelten Kinder durchaus adäquat und berechtigt sein können. *Die Aufmerksamkeit der Erzieher wird recht einseitig auf Techniken des Gefügigmachens gelenkt.* Bei der Anwendung der herkömmlichen behavioristischen Konditionierungsprinzipien wirkt sich das lineare Determinationsmodell des Behaviorismus in problematischer Weise auf die Beziehungsdynamik der beteiligten Interaktionspartner aus. Die Reziprozität des Interaktionsgeschehens, die „Zirkulationskausalität“ der Ereignisabfolgen (STIERLIN 1975) bleibt konzeptuell unberücksichtigt.
Es müßte unseres Erachtens verstärkt darauf aufmerksam gemacht werden, daß Erzieher *auch selbst* sehr häufig zur Schaffung eines negativen und feindseligen Interaktionsklimas beitragen, wenn sie im Falle von Konflikten die „innere Welt“ der ihnen anvertrauten Kinder nicht berücksichtigen. Viele Eltern spielen in Konfliktsituationen ohnehin geradezu gewohnheitsmäßig ihre Macht aus, um ein „erwachsenenzentriertes“ Familienklima zu schaffen.
Solange der Eintritt der von uns besprochenen potentiell schädlichen Nebenwirkungen der Programme nicht konzeptuell ausgeschlossen wird, bleibt die Anwendung der Konditionierungsmethode als Mittel zur Reduzierung von Aggressionen ethisch problematisch. Typisch für die am herkömmlichen Paradigma der operanten Konditionierung orientierten Beein-

flussungskonzepte ist häufig, daß *nicht ausreichend untersucht wird, wie die Ziele derjenigen Menschen, deren Verhalten verändert werden soll, systematisch und überprüfbar mitberücksichtigt werden können.* Daher wird es den Urhebern dieser Kontrolltechniken schwer fallen, den Vorwurf zurückzuweisen, sie wendeten die Methode des operanten Konditionierens zum Zwecke der besseren Kontrolle des Verhaltens von Menschen ohne Berücksichtigung der Interessen dieser Menschen an (WERBIK 1974, S. 140).

Will man die soziale Akzeptierbarkeit der traditionellen Konditionierungsmethoden und ihrer Ergebnisse einschätzen, so ist noch genauer zu überlegen, von wem und innerhalb welchen sozialen Klimas die empfohlenen Praktiken wahrscheinlich vornehmlich durchgeführt werden.

Die Erziehungspraktiken deutscher Eltern zeichnen sich ohnehin bereits durch eine Tendenz zur manchmal geradezu totalitären Kontrolle der Lebensäußerungen ihrer Kinder aus (vgl. ARBEITSGRUPPE KINDERSCHUTZ 1975;NEIDHARDT 1970; PETRI & LAUTERBACH 1975). Die am traditionellen Konditionierungsparadigma orientierten Verhaltensanleitungen kommen wahrscheinlich gerade autoritären Strukturen und Verhaltensgewohnheiten sehr entgegen. BRÜCKNER (1972, S. 177) spricht in diesem Zusammenhang sogar von einem „Zug zur Rattenpädagogik". Eine Umfrage der Zeitschrift „Eltern" unter Erziehern ergab, daß sich nur 16% der Befragten in der Bundesrepublik zur gewaltlosen Erziehung bekannten (nach BRÜCKNER 1972, S. 177). Bei einer Umfrage unter Hausfrauen in der Bundesrepublik Deutschland im Jahre 1979 sprachen sich 48 Prozent für die Prügelstrafe aus und nur 40 Prozent dagegen. Zwölf Prozent waren unentschieden (FRANKFURTER RUNDSCHAU, 15.6.1979).

Ein gezielter und strikter Einsatz von Sanktionen zum Zwecke der Konditionierung kindlichen Verhaltens nach dem von FLORIN und TUNNER beschriebenen traditionellen Muster bedeutet, wie wohl kaum jemand bestreiten wird, eine gezielte Anwendung von *Gewalt.* Der Einsatz von Gewalt zur Reduzierung kindlicher Protestreaktionen ist – nach unseren Ausführungen zu Beginn dieser Arbeit – sicherlich gerade dann sehr problematisch, wenn diese kindlichen Protestreaktionen (Wut, Trotz) bereits ihrerseits durch elterliche Eingriffe in den kindlichen Lebensraum ausgelöst worden waren.

In solchen Fällen wäre unseres Erachtens eine *Systemperspektive* anzulegen, damit herausgefunden werden kann, an welchen Konfliktherden sich die negativen Reaktionen aufeinander vornehmlich entzünden und welche Bedeutung diese wechselseitigen negativen Reaktionen für das Interaktionssystem als Ganzes haben. (Vgl. hierzu PATTERSON und Mitarbeiter 1975; STIERLIN 1978). Im Ausgangsbeispiel von FLORIN und TUNNER fehlte der Hinweis, daß vor Beginn der Interventionsmaßnahmen zu prüfen ist, ob nicht vielleicht gerade die *Eltern* in viel stärkerem Maße als das trotzig reagierende *Kind* eine ständige Quelle von Gewalt- und Aggressionsakten darstellten. Die traditionellen Konzepte zur Verhaltensmodifikation boten zur Erfassung dieser Rahmenbedingungen aggressiven Verhaltens kein ausreichendes Instrumentarium. (Zur differenzierten Diagnostik in der Erziehungs-und Familienberatung vgl. JANKOWSKI 1978; STIERLIN und Mitarbeiter 1977).

WATSON hatte behauptet, er könne mit Hilfe der Konditionierungsmethode die Entwicklung von Individuen, unabhängig von genetischen Voraussetzungen, nach Wunsch steuern. Mit dem Anspruch der „Machbarkeit“ verbindet sich unmittelbar die Frage der *Manipulation.* Deren Stellenwert hängt von der Reflektiertheit, der Art und der Vermittlungsweise der angestrebten Ziele ab und ist somit kaum in allgemeingültiger Weise zu beurteilen (BRAUN & TITTELBACH 1978, S. 2002). Erst mit dem Aufkommen der sozial-kognitiven Ansätze wurde die *Reziprozität* zwischenmenschlicher Interaktionen *explizit* und systematischer in die Planung lerntheoretischer Forschungs- und Interventionsdesigns einbezogen (vgl. BANDURA 1976).

Bevor wir uns nun diesen Arbeiten zuwenden werden, sei noch angemerkt, daß unsere kritischen Bemerkungen sich nicht speziell gegen die beispielhaft zitierten Autoren FLORIN und TUNNER richteten, die andersorts auch sehr differenzierte Arbeiten veröffentlicht haben. Das von diesen Autoren beschriebene Vorgehen stand vielmehr stellvertretend für eine größere Anzahl ähnlicher Arbeiten, die die öffentliche Meinung über „die lerntheoretischen Ansätze“ sehr weitgehend bestimmt haben und immer noch beeinflussen, also nach wie vor eine ernstzunehmende praktische Relevanz besitzen. Erst im Rahmen einer differenzierten Diskussion der unterschiedlichen Ansätze in der lerntheoretischen Aggressionsforschung kann der vielerorts noch pauschal vorgebrachten Kritik, „die Lerntheorie“ propagiere ein verkürztes Menschenbild, angemessen begegnet werden.

11

Die „neue“ (sozial-kognitive) Lerntheorie

Wir haben im 9. Kapitel die Behauptung aufgestellt, daß es seit der „*kognitiven Wende*“ in der vom Behaviorismus ausgegangenen Theorienbildung nicht länger zulässig ist, die lerntheoretisch orientierten Erklärungsansätze aggressiven Verhaltens global mit dem soeben diskutierten herkömmlichen behavioristischen *Konditionierungsparadigma* zu identifizieren. Es wird nun näher zu präzisieren sein, aufgrund welcher zentralen Aussagen sich die neuere sozial-kognitive Lerntheorie aggressiven Verhaltens vom herkömmlichen behavioristischen Verständnis abgrenzen läßt und welche praktische Bedeutung die gefundenen Unterschiede für das Anliegen einer Förderung nicht-aggressiver Kompetenzen haben.

Die Fortentwicklung des lerntheoretisch orientierten Erklärungsansatzes in der humanpsychologischen Aggressionsforschung ist eng mit dem Namen Albert BANDURA verknüpft (BANDURA & WALTERS 1959, BANDURA 1962, BANDURA, ROSS & ROSS 1963, BANDURA 1977, 1979a, 1979b). Im Unterschied zu den älteren Behavioristen führte BANDURA nie ein einziges Tierexperiment durch. Sein erster Beitrag zur Aggressionsforschung bestand vor zwanzig Jahren in einer (gemeinsam mit Richard H. WALTERS durchgeführten) Feldstudie, die der zentralen Frage galt, welche Faktoren in der familiären Sozialisation von Jugendlichen einen Einfluß auf das aggressive Verhalten dieser Jugendlichen haben. BANDURA und WALTERS wollten herausfinden, aufgrund welcher Bedingungen Menschen dazu kommen, sich im Laufe ihrer Entwicklung mit bestimmten Verhaltensstandards zu identifizieren und mit anderen nicht. BANDURA und WALTERS führten zu diesem Zweck umfangreiche Interviews mit Jugendlichen und deren Familien in einer privilegierten, delinquentem Verhalten nicht förderlichen Wohngegend durch. Die Familien von wiederholt antisozial-aggressiven Jugendlichen wurden mit denen von Jugendlichen verglichen, die weder ausgesprochen aggressiv noch passiv waren.

Das Hauptergebnis dieser ersten Feldstudie von BANDURA und WALTERS läßt sich etwa so zusammenfassen: Die antisozial-aggressiven Jugendlichen hatten im Unterschied zur Gruppe der weniger aggressiven Jugendlichen vorwiegend solche Eltern, die aggressives Verhalten *zuhause* sehr stark mißbilligten und oft sogar rigide und hart bestraften (besonders wenn es gegen sie selbst gerichtet war), andererseits aber immer wieder kämpferische Einstellungen und Verhaltensweisen, vornehmlich gegenüber *außerfamiliären*

Personen, förderten und bekräftigten. *Insbesondere bei der Analyse der Wirkungen von Disziplinierungsmaßnahmen kamen* BANDURA *und* WALTERS *zu der Schlußfolgerung, daß hier ein Modellierungsprozeß gewalttätigen Verhaltens stattfindet.* Wenn Eltern ihre Kinder durch rigide Sanktionen zu disziplinieren versuchen, führen sie ihren Kindern gleichzeitig (meist ohne dies zu bemerken oder bewußt zu intendieren) modellhaft vor, daß das Ausüben von Zwang und Gewalt eine effektive Methode dafür ist, das Verhalten von Mitmenschen unter Kontrolle zu bringen.

Die durch Disziplinierungsmaßnahmen de facto erfolgte *Demonstration der Effektivität gewaltsamen Verhaltens* stimmt nach den Beobachtungen von BANDURA und WALTERS oft keineswegs konsistent mit den Effekten überein, die die Eltern beabsichtigen. Wenn ein Elternteil sein Kind durch Schläge dafür bestraft, daß es einen Spielkameraden geschlagen hat, so liegt das *intendierte* Ziel dieser Bestrafung darin, dem Kind klarzumachen, daß es andere Kinder nicht schlagen soll. Gleichzeitig jedoch stellt der Elternteil *unbeabsichtigt* genau das Verhalten beispielhaft dar, das er beim Kind zu reduzieren versucht (BANDURA 1979a, S. 112ff).

BANDURA entwarf immer differenziertere Untersuchungsmethoden, um die einzelnen Subprozesse, die beim *Identifikationslernen* eine Rolle spielen, experimentell zu prüfen (zusammenfassend dargestellt bei BANDURA 1976, 1979a, 1979b). Darüber hinaus versuchte er, die vielfältigen Ergebnisse der lerntheoretisch orientierten Aggressionsforschung in einen komplexen Bezugsrahmen („Social Learning Theory") zu integrieren, der im deutschen Sprachraum neuerdings meist als „sozial-kognitive Lerntheorie" bezeichnet wird.

BANDURA betont immer wieder, daß menschliches Aggressionsverhalten weder endogenen Triebkräften noch ausschließlich externalen Konditionierungen zugeschrieben werden dürfe. Jeder einzelne aggressive Akt ist vielmehr als Resultat einer Reihe von kognitiven Entscheidungsprozessen aufzufassen, die verstehbar werden, wenn man die jeweiligen lerngeschichtlich entstandenen *Erwartungshaltungen* der Handelnden kennt. Ob Menschen dazu gebracht werden können, sich nicht-aggressiv zu verhalten, hängt ganz entscheidend davon ab, welchen *funktionalen Wert* sie den verschiedenen Verhaltensmöglichkeiten zur Erreichung ihrer Ziele in ihrem gegebenen Sozialfeld beimessen.

BANDURA untersuchte die an Aggressionen beteiligten verhaltenssteuerenden Prozesse unter drei Aspekten:

▷ Kognitive Prozesse beim *Erlernen* aggressiver Verhaltensmuster (acquisition mechanisms),
▷ Kognitive Prozesse bei der aktuellen *Auslösung* aggressiver Verhaltensweisen (instigation mechanisms),

▷ Kognitive Prozesse, von denen die *Beibehaltung* gelernter aggressiver Verhaltenstendenzen abhängt (maintaining mechanisms).

Kognitive Prozesse beim Erlernen aggressiver Verhaltensmuster

Lernen am Modell

Das Erlernen aggressiver Verhaltensmuster wird von BANDURA als ein aktiver kognitiver Verarbeitungsprozeß von Erfahrungen verstanden. Aggressive Verhaltensmuster werden häufig eher auf der Grundlage *stellvertretender*, als auf der Grundlage unmittelbarer eigener Erfahrungen erworben. Zentral dabei ist die Fähigkeit der Menschen, bei der Beobachtung der Erfahrungen anderer Personen *Ergebnis-Erwartungen* herauszubilden. Bei der Beobachtung des Verhaltens anderer Personen entwickelt man Konzepte darüber, wie diese Verhaltensweisen ausgeführt werden können. Bei späteren Gelegenheiten können diese – zunächst in symbolischer Form kodierten – Informationen dann als Leitlinien zur konkreten Handlungssteuerung herangezogen werden. Das Beobachtungslernen wird durch vier Subprozesse gesteuert, die untereinander in Wechselwirkung stehen:
▷ Aufmerksamkeitsprozesse
▷ Behaltensprozesse
▷ Motorische Nachahmungsprozesse
▷ Motivationale Prozesse.

Aufmerksamkeitsprozesse. Nicht alle Ereignisse, die von Menschen wahrgenommen werden, ziehen in gleicher Weise die Aufmerksamkeit auf sich. Bei der Beobachtung des Verhaltens anderer Menschen entscheiden Aufmerksamkeitsprozesse darüber, welche Aspekte des Geschehens selektiv registriert werden. Die Beobachtung von Ereignissen vollzieht sich also diskriminativ. Worauf sich die Wahrnehmung jeweils hauptsächlich richtet, hängt ab von den spezifischen Wechselwirkungen zwischen dem Beobachter und dem beobachteten Verhaltensmodell, zum Beispiel von
- Freundschaftspräferenzen, das heißt der subjektiven Attraktivität des betreffenden Verhaltensmodells,
- dem affektiven Aufforderungscharakter und der Auffälligkeit des modellierten Verhaltens,
- dem funktionalen Wert der modellierten Verhaltensweise in der Sicht des Beobachters.

Aufgrund ihrer häufig zu beobachtenden Dramatik sind *aggressive* Verhaltensweisen stärker als viele andere Verhaltensklassen dazu geeignet, die Aufmerksamkeit von Beobachtern auf sich zu ziehen.
Wenn Menschen das Verhalten anderer Personen beobachten, richtet sich die Aufmerksamkeit meist nicht nur auf das jeweilige spezifische Verhalten des gerade beobachteten Modells. Durch Beobachtung des Verhaltens anderer Personen können Menschen sich auch allgemeine Regeln, Verhaltensstrategien, Einstellungen und Wertsysteme aneignen. Einzelne Verhaltenselemente, die in ganz unterschiedlichen situativen Kontexten aufgenommen wurden, können später zu neuartigen Verhaltensmustern synthetisiert werden, so daß durch Verschmelzung dieser Muster neue Arten von Aggressionen ausgeformt werden.

Behaltensprozesse. Das Behalten von beobachteten Ereignissen setzt eine symbolische Kodierung in der visuellen Vorstellung oder im Repräsentationssystem der Sprache voraus. Das Behalten wird durch kognitive Organisation gesteigert, zum Beispiel, wenn die modellierten Verhaltensweisen in Worte übersetzt werden, oder wenn der Beobachter sich nach der eigentlichen Beobachtung erneut gedanklich (etwa in Form von Selbstgesprächen) mit ihnen beschäftigt (GERST, in: BANDURA 1976, S. 93–114).

Motorische Nachbildungsprozesse. Inwieweit kennengelernte aggressive Verhaltensmöglichkeiten tatäschlich in das eigene Verhaltensrepertoire aufgenommen werden, hängt zum Teil von der Verfügbarkeit der dazu erforderlichen Teilfertigkeiten ab. Bei Nachahmungsversuchen beobachteter Verhaltensweisen verläuft die Ausformung dieses Verhaltens nicht im Sinne einer identischen Reproduktion. Die aktive Umsetzung gelernter Verhaltensmuster wird vielmehr durch fortlaufende Berücksichtigung seiner aktuellen Effekte dem jeweiligen situativen Kontext und den eigenen Bedürfnissen angepaßt. Daher ist es angemessener, von „*Nachbildung*“ statt von „*Nachahmung*“ zu sprechen.

Motivationale Prozesse. In der sozial-kognitiven Lerntheorie wird zwischen *Erwerb* und *Ausführung* gelernter Verhaltensweisen unterschieden, da Menschen nicht alles in die Tat umsetzen, was sie lernen. Menschen nehmen durch Beobachtung kennengelernte Verhaltensmuster dann eher in ihr eigenes Repertoire auf, wenn diese Verhaltensmuster einen *funktionalen Wert* für sie versprechen.
Wesentlich für die Nachahmungsbereitschaft ist also häufig bereits, ob das betreffende Verhalten für das jeweils beobachtete Modell positive oder negative Konsequenzen mit sich bringt: die am Modell beobachteten Ver-

haltenskonsequenzen fungieren für den Beobachter als *informative Bezugsnormen* darüber, ob ein eigenes Ausprobieren (Nachbilden) der beobachteten Verhaltensmuster erfolgversprechend erscheint oder nicht. Die wahrgenommene *„Nützlichkeit"* beobachteter Aggressionen zur Durchsetzung eigener Ziele kann die Bereitschaft zu ihrer Nachahmung entscheidender determinieren als die moralische Einschätzung dieser Aggressionen durch den Beobachter (BANDURA 1979a, S. 104; BANDURA, ROSS & ROSS 1963). Dem Nachahmen erlernter Verhaltensmuster geht gewöhnlich ein symbolisches Probeverhalten voraus, bei dem die zu erwartenden kurz- oder langfristigen Konsequenzen zunächst gedanklich durchgespielt werden. Erst wenn ein Mensch in der Bilanz positive Konsequenzen für sich erwartet, wird er ein tatsächliches eigenes Ausführen der gelernten Verhaltensmuster in Betracht ziehen.

Lernen durch kognitive Verarbeitung eigener Erfahrungen

In dem Ausmaß, in dem die Ausführung gewaltsamer Verhaltensweisen erwünschte Konsequenzen mit sich bringt, können diese Konsequenzen als Bekräftigungen wirken und zu einer Ausformung aggressiver Verhaltensstile beitragen. Dieses Lernen aufgrund von Versuch und Irrtum läuft aber nicht im Sinne der bereits diskutierten Auffassungen des herkömmlichen Behaviorismus als automatische, außengesteuerte Konditionierung ab, sondern es ist ebenso wie das Beobachtungslernen als ein aktiver kognitiver Prozeß zu verstehen. Das heißt: inwieweit ein Individuum nach der Registrierung eingetretener Handlungskonsequenzen sein Verhalten ändert, hängt von einer *Entscheidung des Individuums selbst* ab. Bekräftigungen oder Bestrafungen beeinflussen das Verhalten von Menschen nur insofern, als sie eine *informierende* und *motivierende* Bedeutung für die Ausgestaltung künftiger Verhaltensweisen haben (BANDURA 1979a, S. 108–110).

Das Erlernen aggressiver Verhaltensmuster unter natürlichen Bedingungen

Im Prozeß der Sozialisation werden aggressive Verhaltensstile vor allem durch Familienmitglieder, Peergruppen und die Massenmedien modelliert.

Familie. In der Familie tritt die vielleicht bedeutsamste Modellierung gewalttätigen Verhaltens in Form von *Disziplinierungsmaßnahmen* auf.

Indem Eltern das Verhalten ihrer Kinder durch Sanktionen unter Kontrolle zu bringen versuchen, modellieren sie zugleich die Wirksamkeit punitiver Verhaltensklassen. Darüber hinaus beeinflussen Eltern ihre Kinder nicht selten auch auf sehr subtile Weise, indem sie bei ihren Kindern unterschwellig solche Verhaltensweisen fördern, aus denen sie selbst stellvertretende Befriedigungen ableiten können. Auf kindliche Berichte über Vergehen reagieren solche Eltern mit vorgetäuschter Sorge, genießen sie aber insgeheim, so daß das Kind letztlich *verdeckte Billigung* erfährt. Wenn die Eltern in einem solchen Kontext aggressiv-antisoziale Verhaltensweisen immer wieder „verzeihen", das heißt letztlich als unwichtig übergehen, tragen sie langfristig zur Aufrechterhaltung eben dieser Verhaltensweisen bei (BANDURA 1979a, S. 115f).

Subkulturelles Milieu. Das jeweilige subkulturelle Milieu von Menschen bestimmt in vielerlei Hinsicht, welche Art von Verhaltensmodellen im gegebenen Sozialfeld häufig beobachtbar ist und welche Verhaltenskonsequenzen diese Modelle beispielhaft erfahren. Zu den gesellschaftlichen Subsystemen, von denen besonders starke Trainingsfunktionen für aggressive Verhaltensmuster ausgehen, gehört auch der *militärische Apparat.* Die Bereitschaft und die ‚Fähigkeit', andere Menschen im Kampf zu töten und zu verletzen, wird durch unmittelbares Modellieren und durch Einüben der hierzu erforderlichen Teilfertigkeiten erreicht. Der militärische Drill dient dazu, Kampffertigkeiten auf dem Niveau *automatischen Reagierens* auszubilden. *Hier wird besonders deutlich, daß auch „automatisch" ablaufende Reaktionsketten oft durchaus allmählich erlernt worden sind.* Vor allem wird die *moralische Bewertung* dieser Vorgänge durch *graduelle Desensibilisierung* gegenüber Kampfhemmungen sowie durch das Aneignen zahlreicher *Rechtfertigungsmuster* in nachhaltiger Weise beeinflußt. (Ähnliche Prozesse finden auch in gewalttätigen Jugendbanden statt). Soldaten werden wieder in das Zivilleben entlassen, ohne daß ein Resozialisierungsprozeß stattfindet. Daß die große Mehrheit der Soldaten anschließend wieder zu einem „zivilen" Selbstbekräftigungssystem zurückfindet, in dem selbstverurteilende Reaktionen sie von der Ausführung der gelernten grausamen Handlungsmuster abhalten, kann als ein Hinweis für die diskriminative soziale Kontrolle aggressiven Verhaltens gewertet werden (BANDURA 1979a, S. 117–119).

Massenmedien. Zu den wichtigsten Quellen aggressiver Modellierung zählt BANDURA das Fernsehen. Während die Menschen früherer Generationen relativ selten selbst Augenzeugen brutaler Handlungen wurden, wird den Menschen in den westlichen Industrienationen heute das gesamte Spektrum möglicher Gewalthandlungen Tag für Tag in ihren eigenen vier Wänden demonstriert. Die durchschnittliche Gewaltquote im amerikanischen Fernsehprogramm beträgt mindestens sieben Angriffe pro Stunde; etwa 80% aller Spielfilm-Programme enthalten irgendeine Form gewaltsamer Aktionen (GERBNER 1972; BANDURA 1979a, S. 293). Die „National Association for Better Radio and Television" errechnete im Jahre 1968, daß das durchschnittliche nordamerikanische Kind zwischen seinem 5. und 15. Lebensjahr die Vernichtung von über 13 000 Menschen am Bildschirm beobachtet (ROSCHE 1976). Bei der Modellierung von Gewalt im Fernsehen ist mit folgenden Effekten seitens der Zuschauer zu rechnen (BANDURA 1977, S. 8–10; 1979a, S. 119–123, 241–246, 293–316):

▷ Aggressive Verhaltensmuster werden in großer Zahl als Modelle zur Nachahmung und Aggressionsverfeinerung präsentiert. Aufgrund der hohen Exportrate amerikanischer „Action-Filme" erstreckt sich dieser Modellierungsprozeß über die Kulturen hinweg.

▷ Die Beziehungen zwischen aggressiven Verhaltensakten und ihren schädlichen Folgen (zum Beispiel Leiden und Schmerzen der Opfer) werden meist entstellt und verschleiert. Wenn – wie es im amerikanischen kommerziellen Fernsehen üblich ist – Werbespots eingeblendet werden, bevor „das Gute siegt", so gelingt es vielen Zuschauern (vor allem den Kindern) nicht mehr, die Beziehung zwischen Verhaltensweisen und Verhaltensergebnissen zu erkennen (BANDURA 1979a, S. 300).

▷ Hemmungen gegenüber Aggressionen werden abgebaut. In Fernsehfilmen, vor allem in den besonders beliebten „Action-Filmen", wird die Anwendung physischer Gewalt fast durchgängig als die bevorzugte und effektivste Lösungsmethode interpersoneller Konflikte vorgeführt. Die meisten Prügelszenen und Tötungsakte gehen von den „Super-Helden" aus, mit denen sich die Zuschauer am meisten emotional identifizieren.
Die Achtung vor der Unversehrtheit der menschlichen Existenz wird abgebaut; mit Menschen wird in vielen Action-Filmen geradezu wie mit „Wegwerfartikeln" umgegangen (BANDURA 1979a, S. 298).

▷ Das häufige Miterleben aggressiver Gewaltakte in der entspannten Umgebung des eigenen Heims führt zur *Desensibilisierung gegenüber Betroffenheitsreaktionen*, das heißt zur *Habituation.* Aggressionen werden in ein Bezugssystem der Selbstverständlichkeit eingebettet. Der Begriff *Gewalt* wird durch euphemistische Begriffe wie „Action" oder „Abenteuer" relativiert und verflacht. Personen, die besonders häufig fernsehen, zeigen beim Anblick gewalttätiger Szenen weniger emotionale Reaktionen als Personen, die seltener fernsehen. Das selbstverständliche und regelmäßige Miterleben von Gewaltszenen im Fernsehen kann zur *Indifferenz* gegenüber Aggressionen führen. Kinder, die andere (jüngere) Kinder zu beaufsichtigen hatten, griffen dann seltener schlichtend in aggressive Eskalationen bei diesen jüngeren Kindern ein, wenn sie zuvor in einer anderen Situation bereits selbst Szenen interpersoneller Gewalt gesehen hatten (THOMAS und Mitarbeiter 1977; BANDURA 1977). Einen weiteren Beleg für die Gültigkeit der Habituations-Hypothese liefert die Tatsache, daß auch bei *therapeutischen* Anwendungen symbolischer Modellierung (zum Beispiel durch Vorführung von Filmen) Ängste und Verhaltenshemmungen wirksam abgebaut werden können (BANDURA 1979a, S. 300; BANDURA & MENLOVE 1968).

▷ Die im Fernsehen in großer Zahl gezeigten Gewaltszenen vermitteln ein verzeichnetes Weltbild, das Mißtrauen gegenüber Mitmenschen erzeugt und zwischenmenschliche Begegnungen in stärkerem Maße, als es der Realität angemessen ist, als etwas Unberechenbares und Gefährliches erscheinen läßt. Personen, die besonders häufig fernsehen, zeigen im Vergleich zu Kontrollgruppen mehr Mißtrauen gegenüber ihren Mitmenschen und überschätzen das Risiko, einmal selbst das Opfer von Gewalttaten zu werden (GERBNER & GROSS 1976). Darüber hinaus trägt das Fernsehen aufgrund der oft einseitigen Darstellung von Konflikten zugunsten herrschender Gruppen zur Verfestigung von Mißverständnissen und Stereotypen gegenüber gesellschaftlichen Minderheiten bei. Solche Stereotype haben einen Einfluß auf das konkrete Handeln vieler Menschen (BANDURA, UNDERWOOD & FROMSON 1975).

Nicht nur in Unterhaltungsfilmen, sondern selbst in Nachrichten-Sendungen werden Gewaltakte und Meldungen über Aggressionen gegenüber anderen Nachrichten überrepräsentiert. In einer vergleichenden Untersuchung amerikanischer und kanadischer Nachrichten-Sendungen ermittelte SINGER (1970), daß bei den amerikanischen Nachrichten-Sendungen 40 Prozent der Sendezeit Meldungen über Aggressionen und Gewaltakte gewidmet waren, wogegen eine benachbarte kanadische Nachrichten-Station nur 19 Prozent der Sendezeit solchen Meldungen widmete; Kriegsberichte waren dabei nicht einmal berücksichtigt (BANDURA 1979a, S. 311).

▷ Inwieweit Menschen, die häufig Gewaltdarstellungen gesehen haben, diese beobachteten aggressiven Verhaltensmuster auch selbst ausprobieren, hängt davon ab,

- ob sie einer Provokation oder emotionalen Erregungen ausgesetzt sind,
- ob sie vorher aggressive Verhaltensweisen eingeübt haben,
- ob sie eine Rechtfertigung für aggressives Verhalten geliefert bekommen haben,
- ob sie mit einer Vergeltung rechnen müssen,
- ob die schädlichen Konsequenzen der Aggressionen verschleiert werden können und
- ob aggressives Verhalten einen funktionalen Wert dabei hat, materielle Belohnungen, soziale Anerkennung, eine Erhöhung der Selbstachtung

oder erfolgreiche Vergeltung gegenüber unliebsamen Gegnern herbeizuführen (BANDURA 1979a, S. 298f).

Die Modellierung von Aggressionen und Gewaltszenen im Fernsehen hat also keinen direkten Einfluß auf die Aggressionsauslöser oder Aggressionsziele im täglichen Leben der Zuschauer selbst. Das Fernsehen beeinflußt ihre aggressiven Verhaltenstendenzen primär dadurch, daß es den Zuschauern beibringt, wie man sich grundsätzlich in den verschiedensten Situationen aggressiv verhalten kann und in welcher Weise gewalttätiges Verhalten einen funktionalen Wert haben kann (BANDURA 1979a, S. 299).

Kognitive Prozesse bei der aktuellen Steuerung von Aggressionen

Handlungssteuerung durch Nutzung diskriminativer Signale

Die bisherigen Ausführungen zur sozial-kognitiven Lerntheorie bezogen sich auf die von BANDURA angenommenen kognitiven Prozesse, die beim *Erlernen* aggressiver Verhaltensmuster eine Rolle spielen. Der zweite Hauptaspekt der Theorie BANDURAs bezieht sich auf diejenigen verhaltenssteuernden Prozesse, die zur *aktuellen Auslösung* zuvor kennengelernter Verhaltensmuster führen. Will man verhindern, daß Menschen die aggressiven Verhaltensmuster, die sie in ihrem Leben insgesamt kennengelernt haben, häufig in die Tat umsetzen, und will man erreichen, daß nicht-aggressive Verhaltenskompetenzen so oft wie möglich an ihre Stelle treten, so muß man genaue Kenntnis darüber haben, von welchen konkreten situativen und kognitiven Bedingungen die Auftretenshäufigkeit aggressiver Verhaltensklassen abhängt, das heißt, *welche Faktoren dazu führen, daß einige situative Hinweisreize zu Aggressionsauslösern werden und andere nicht.*

Die Aktivierung und Kanalisation aggressiver Verhaltensweisen beruht nach BANDURA auf biologisch begründeten Motivatoren (zum Beispiel physiologischen Vorgängen im Gefolge aversiv empfundener Reizung) einerseits und auf kognitiven Prozessen andererseits (BANDURA 1977, S. 13ff).

Die meisten Ereignisse, die eine aktuelle Aggression anbahnen, wie beispielsweise Beleidigungen, Provokationen, Statusbedrohungen, ungerechte Behandlung, gewinnen die Qualität eines aggressionsanbahnenden Faktors erst im Verlauf vorausgegangener Lernerfahrungen. Situative Reizmuster fungieren als gelernte Hinweissignale für zu erwartende Ereignisfolgen. Da Aggressionen je nach den gegebenen zeitlichen, örtlichen und personenabhängigen Bedingungen zu ganz unterschiedlichen (belohnenden oder aversi-

ven) Ergebnissen führen, spielen die durch situative Reizbedingungen angeregten Erwartungen über die möglichen Folgen der in Frage kommenden Handlungsweisen eine entscheidende Rolle bei der Handlungssteuerung.
Die Erwartungen über mögliche Handlungsfolgen können sich auf die Erlangung materieller Vorteile beziehen, aber auch auf Ergebnisse im sozialen Bereich (in Form positiver oder negativer Reaktionen der sozialen Bezugspartner) oder im kognitiven Bereich (beispielsweise in Form von Selbstbeurteilungen als „Stolz" einerseits oder „Selbstkritik" andererseits).

Aversive Ereignisse als Auslösebedingungen von Aggressionen

Frustrationen. Alle Ereignisse, die herkömmlicherweise als „Frustrationen" bezeichnet werden, haben in der Sicht von BANDURA eines gemeinsam: Sie werden als *aversiv* empfunden. Aversive Stimulation führt zunächst zu einer unspezifischen Erregung. Welcher Art die anschließende Reaktion auf der Verhaltensebene ist, hängt davon ab,

- ▷ wie die wahrgenommene Ursache der aversiven Stimulation subjektiv eingeschätzt wird,
- ▷ welche Verhaltenskompetenzen die Person für die Beantwortung streßerzeugender Ereignisse gelernt hat,
- ▷ welche relative Effizienz die Person den verschiedenen Verhaltensmöglichkeiten beimißt (BANDURA 1977, S. 15ff).

Ärger. Falls in aversiven Situationen Ärger aufkommt, so muß dieser nicht durch einen *aggressiven* Verhaltensakt – im Sinne der Katharsis-Hypothese – „abreagiert" werden. Vielmehr kann Ärger prinzipiell durch jede beliebige Form von Verhalten reduziert werden, die ein Mensch als effektiv zur Bewältigung der zugrundeliegenden aversiven Situation kennengelernt hat. Die meisten Menschen bilden allerdings aufgrund der oben beschriebenen vielfältigen Modellierungen aggressiver Reaktionsweisen die Erwartung aus, daß Ärger am einfachsten durch eine Aggression beantwortet werden kann. Wenn Ärger über längere Zeit bestehen bleibt, ist dies dadurch zu erklären, daß das Individuum immer wieder durch kognitive Aktivität den Ärger selbst von neuem auslöst, indem es sich die ärgerauslösenden aversiven Ereignisse wiederholt in Selbstgesprächen vorstellt, also über dem Ärger „brütet" (*thought-produced arousal*). Je nach der Art der jeweils aktualisierten Gedanken kann ärgerliche Erregung immer wieder erneut aufkommen, weiter ansteigen oder aber absinken (BANDURA 1977, S. 15ff; HOKANSON, WILLERS & KOROPSAK 1968; MALLICK & MCCANDLESS 1966).

Körperliche Angriffe und Belästigungen. Wenn Menschen körperlich angegriffen werden, führen solche Angriffe häufig zur Auslösung von *Gegenaggressionen.* Aufgrund von Erfahrungen messen viele Menschen solchen Gegenaggressionen einen besonders hohen funktionalen Wert bei, da diese das Ziel haben, den Angreifer in seine Schranken zurückzuverweisen und dadurch weitere durch ihn erzeugte Schmerzen und Angriffe zu verhindern.

Verbale Beleidigungen und Bedrohungen. Diese aversiven Ereignisse erlangen ein aggressionsauslösendes Potential dadurch, daß Menschen durch Erfahrung lernen, daß es weitreichende zusätzliche aversive Konsequenzen mit sich bringen kann, wenn Beleidigungen und Bedrohungen nicht unmittelbar und mit Nachdruck zurückgewiesen werden. Als besonders wirksame Formen schneller und unmißverständlicher Zurückweisungen stellen sich in solchen Fällen häufig aggressive Verhaltensklassen heraus.

Aversive Lebensbedingungen. Die Autoren der Frustrations-Aggressions-Hypothese hatten angenommen, daß andauernde Entbehrungen ein besonderes aggressionsauslösendes Potential darstellen. Demgegenüber weist BANDURA darauf hin, daß Unzufriedenheit aufgrund aversiver Lebensbedingungen und ständiger Benachteiligungen häufiger zu Hoffnungslosigkeit und Apathie führt als zur Aggressivität, da die meisten Angehörigen gesellschaftlich benachteiligter Gruppen nur selten Möglichkeiten sehen, durch offensive Aktionen eine Änderung ihrer Lebensbedingungen herbeizuführen. Mit Aggressionen ist primär bei denjenigen Angehörigen benachteiligter gesellschaftlicher Gruppen zu rechnen, die bereits einige Erfolge bei Durchsetzungsversuchen erfahren haben und daher höhere Erwartungen über ihre eigene Durchsetzungseffizienz entwickeln konnten. (BANDURA 1977a, 1977b, 1979a, S. 135ff, 189–197). In solchen Fällen allerdings kann die Wahrscheinlichkeit von Aggressionen besonders hoch werden, da aggressive Handlungsweisen meist schneller und wirksamer zu (zumindest kurzfristigen) Änderungen führen als gewaltlose Handlungsweisen, insbesondere dann, wenn im sozialen System die Möglichkeiten der gewaltfreien Interessenvertretung aufgrund bestehender Machtverhältnisse weitgehend verbaut sind.

Insgesamt stellen die verschiedenen Arten aversiver Ereignisse generell weder notwendige noch hinreichende Bedingungen für die Auslösung von Aggressionen dar. Sie können allerdings in differentieller Weise zur Auslösung spezifischer gelernter Erwartungen (also Kognitionen) führen, die dann ihrerseits den weiteren Handlungsablauf steuern.

Die differentielle Bahnung aggressiven bzw. nichtaggressiven Verhaltens durch unterschiedliche Klassen situativer Modellierungsreize

Zu den wichtigsten Signalen, die zur Auslösung einer bestimmten Verhaltensweise in einem gegebenen sozialen Kontext führen, gehört die Art des Verhaltens der jeweiligen Interaktionspartner oder der übrigen Anwesenden in der Situation. Sowohl Kinder als auch Erwachsene verhalten sich mit größerer Wahrscheinlichkeit und mit größerer Intensität dann aggressiv, wenn sie zuvor gesehen haben, daß auch andere Personen aggressives Verhalten zeigen (BANDURA 1979a, 139–197).
Umgekehrt kann selbst dann, wenn die Wahrscheinlichkeit von Aggressionen aufgrund der sonstigen situativen Bedingungen (zum Beispiel Verärgerung; Vorhandensein aggressiver Hinweisreize) relativ hoch ist, die reine Anwesenheit *nicht-aggressiver* Personen aggressionshemmend wirken. In den experimentellen Untersuchungen von MILGRAM (1974) hatten die Versuchspersonen den ausdrücklichen Befehl, sich durch Austeilen von Elektroschocks aggressiv zu verhalten. Wenn die Versuchspersonen jedoch zuvor gesehen hatten, daß andere Personen sich weigerten, in dieser Weise aggressiv zu sein, brachen auch sie selbst deutlich häufiger als die Versuchspersonen der Kontrollgruppen das Experiment ab oder erteilten zumindest geringere Schockstärken (MILGRAM 1974, S. 179–191; BANDURA 1979, S. 199ff); *siehe hierzu Abbildung 3.*
In verschiedenen experimentellen Versionen wurde untersucht, wie sich die gleichzeitige Anwesenheit aggressiver und nicht-aggressiver Verhaltensmodelle auf die Aggressionsrate von Versuchspersonen auswirkte. Die Anwesenheit nicht-aggressiver Verhaltensmodelle wirkte den aggressionsfördernden Effekten eines gleichzeitig anwesenden aggressiven Modells entgegen, und zwar auch dann, wenn die Versuchspersonen verärgert waren. Wenn aggressive und nicht-aggressive Verhaltensmodelle in wechselnder Reihenfolge nacheinander anwesend waren, ging vom jeweils ersten Modell die stärkere verhaltensbeeinflussende Wirkung aus (BANDURA 1979a, S. 145f; BARON 1971; BARON & KEPNER 1970).

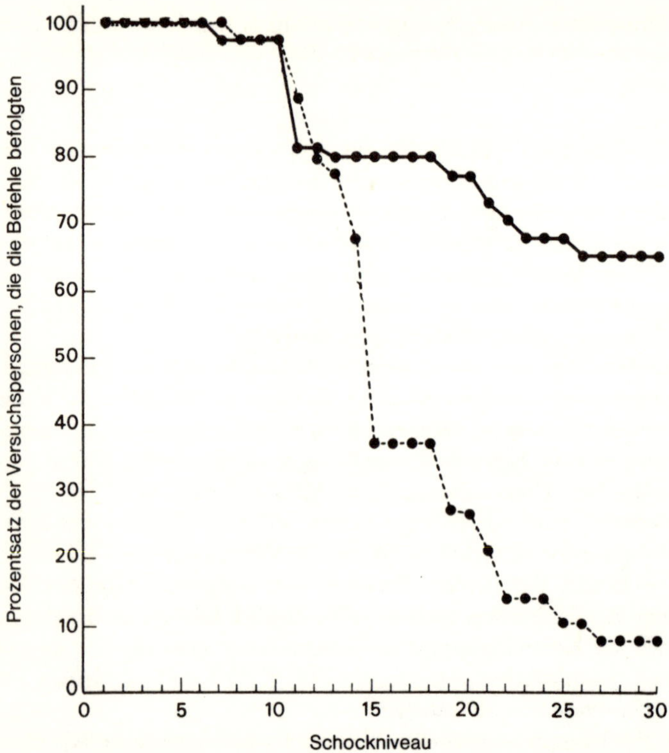

Abb. 3 Prozentsatz der Versuchspersonen, die in den MILGRAM-Experimenten bereit waren, auf Anordnung des Versuchsleiters Elektroschocks in ansteigender Stärke an andere Personen auszuteilen:
●——● bei Forderungen durch Autoritätspersonen
●------● bei zusätzlicher Anwesenheit von Personen, die der Forderung des Versuchsleiters, das Schockniveau weiter zu erhöhen, Widerstand leisteten (nach einer Abbildung von BANDURA 1979a, S. 201).

Erklärung der Einflüsse von Modellierungsreizen auf die Verhaltenssteuerung

Die Wahrnehmung aggressiver Verhaltensmodelle erhöht besonders dann die Wahrscheinlichkeit nachfolgender Aggressionen, wenn

▷ die Beobachter selbst ärgerlich sind,
▷ die modellierte Aggression als sozial gerechtfertigt erscheint,
▷ die modellierte Aggression sich als erfolgreich zur Erlangung von Belohnungen erwiesen hat,

▷ ein potentielles Aggressionsopfer in der Nähe ist, das aufgrund früherer Assoziationen mit Aggression einen zusätzlichen aggressiven Hinweisreiz in der Situation darstellt (BANDURA 1977, S. 23).

BANDURA erklärt die verhaltensbeeinflussende Wirkung von Modellierungsreizen folgendermaßen (BANDURA 1977, S. 23–25; 1979a, S. 147–159):

„Richtungsweisender" Effekt. Durch Erfahrung lernen Menschen, daß es oft nützlich ist, sich nach dem Verhalten anderer zu richten. Wesentliche Abweichungen vom Verhalten der sozialen Bezugspersonen erweisen sich oft als weniger effektiv. Das wahrgenommene Verhalten anderer Personen wird daher häufig gewohnheitsmäßig, in ganz generalisierter und unreflektierter Weise, als Hinweisreiz für eine zu erwartende Effizienz bei der Verhaltenssteuerung herangezogen.

Hemmungsabbauender Effekt. Im Falle aggressiven Verhaltens ist oft mit aversiven Konsequenzen in Form von Bestrafungen zu rechnen. Sieht man nun in einer bestimmten Situation, daß andere Menschen selber aggressiv sind oder Aggressionen zumindest durch Indifferenz tolerieren, so kann der Eindruck entstehen, daß ein solches Verhalten zumindest in der betreffenden Situation akzeptabel ist oder jedenfalls bestimmten normativen Standards entspricht.

Emotionsauslösender Effekt. Die Wahrnehmung aggressiv agierender Mitmenschen führt bei den meisten Menschen zur Auslösung eigener emotionaler Erregung (BANDURA 1979a, S. 149ff; ZILLMANN 1971). Neigt ein Beobachter ohnehin im Zustand emotionaler Erregung zu aggressiven Verhaltensmustern, so kann die von der Situation (Beispiel: Streit) ausgehende emotionale Erregung die Wahrscheinlichkeit eigener aggressiver Reaktionen erhöhen.

Akzentuierungseffekt. Modellierte Aktivitäten lenken die Aufmerksamkeit der Wahrnehmenden auf ganz spezielle Verhaltenselemente. Sie legen die Nutzung spezifischer Verhaltenstechniken oder auch Werkzeuge nahe, die ihrerseits assoziativ mit aggressiven Verhaltensmustern verknüpft sein können. Kinder, die gesehen hatten, wie ein Erwachsener mit einem Hammer auf eine Puppe einschlug, benutzten anschließend auch selbst häufiger als die Kinder der Vergleichsgruppen einen Hammer, um damit auf irgendwelche Dinge einzuschlagen. Es handelt sich hierbei nicht unbedingt um einen Imitationsvorgang im engeren Sinne, sondern eher um einen Prozeß der Aufmerksamkeitszentrierung, der seinerseits die Richtung des nachfolgenden Verhaltens mitbeeinflussen kann (BANDURA 1962; 1977, S. 24).

Die bisherigen Erörterungen zur sozial-kognitiven Lerntheorie Albert BANDURAS galten den beiden ersten Aspekten der Theorie: ihren Aussagen über die Funktionen kognitiver Prozesse beim *Kennenlernen* sowie bei der *aktuellen Auslösung* aggressiver Verhaltensmuster. Der dritte Hauptaspekt der Theorie gilt der Frage, wie sich *überdauernde aggressive oder nicht-aggressive Verhaltenstendenzen* herausbilden. Fast allen Menschen bieten sich in ihrem Leben umfassende Gelegenheiten, die vielfältigen Möglichkeiten kennenzulernen, wie man sich aggressiv oder aber nicht-aggressiv verhalten kann. Dennoch setzen sie das, was sie gelernt haben, in sehr unterschiedlichem Maße in die Tat um. Von welchen Bedingungen hängt es also ab, ob einmal gelernte, das heiß potentiell grundsätzlich verfügbare Verhaltensmuster dauerhaft im Sinne stabiler *„Verhaltensdispositionen"* oder *„präpotenter Reaktionsweisen"* in das Verhaltensrepertoire übernommen oder aber wieder aus diesem eliminiert werden?

Es ist hierzu erneut an die zentrale Aussage anzuknüpfen, daß die Handlungspräferenzen der Menschen verstehbar werden, wenn man die jeweils zugrundeliegenden *Erwartungshaltungen* kennt (BANDURA 1979a, S. 70ff). Ob Menschen dazu bereit sind, in ihrem Lebensbereich nicht-aggressiven Verhaltensmöglichkeiten generell gegenüber aggressiven Verhaltensmöglichkeiten den Vorzug zu geben, hängt wesentlich davon ab, welchen *funktionalen Wert* sie den verschiedenen Verhaltensweisen im Hinblick auf ihre Ziele in ihrer gegebenen Umwelt beimessen. Diese Erwartungshaltungen bilden sich aufgrund von *Erfahrungen*, das heißt durch das Wahrnehmen und „Einspeichern" faktisch eingetretener Verhaltenskonsequenzen heraus.

In der sozial-kognitiven Lerntheorie wird die verhaltensbeeinflussende Wirkung von Verhaltenskonsequenzen jedoch anders konzeptualisiert als im traditionellen Behaviorismus. Von den Vertretern des traditionellen Behaviorismus war angenommen worden, durch externe Verhaltenskonsequenzen (zum Beispiel in Form von Sanktionen als Belohnung oder Bestrafung) könne das Verhalten von Menschen direkt manipuliert werden. Demgegenüber relativiert BANDURA den Einfluß externer Bekräftigungen und Bestrafungen dadurch, daß er zwei weitere Mechanismen der Handlungssteuerung durch Antizipation von Konsequenzen annimmt: Menschen steuern ihr Verhalten nicht nur auf der Basis von Antizipationen *externaler* Verhaltenskonsequenzen (Bekräftigungen/Bestrafungen), sondern auch auf der Basis *beobachtend* wahrgenommener (das heißt „stellvertretend" von Mitmenschen erfahrenen) Konsequenzen sowie auf der Basis *interner*, das heißt *selbsterzeugter* Konsequenzen (BANDURA 1979a, S. 206ff).

Verhaltenskonsequenzen beeinflussen das Verhalten durch ihre *informative Funktion.* Die Neigung zur Bevorzugung bestimmter Verhaltensweisen steigt, wenn der Handelnde an sie die Erwartung eines Nutzens knüpft; sie sinkt, wenn er mit aversiven Konsequenzen rechnet. Aggressives Verhalten führt *kurzfristig* recht häufig eher zu aversiven Konsequenzen. Ein körperlich-aggressiver Streit beispielsweise ist meist mit Schmerzen und Verletzungsrisiken verbunden. Daß bestimmte Menschen sich dennoch immer wieder erneut aggressiv verhalten und dabei diese kurzfristigen aversiven Verhaltenskonsequenzen regelmäßig in Kauf nehmen, kann nur erklärt werden, wenn man untersucht, welche *langfristigen* Verhaltensergebnisse sie dabei erwarten.

Materielle Belohnungen. Systematische Beobachtungen kindlicher Aggressionen in interaktionellen Situationen ergaben, daß etwa 80 Prozent der gewaltsamen Verhaltensweisen von Aggressoren zur Besitzergreifung materieller Dinge führten (PATTERSON, LITTMANN & BRICKER 1967).
Durch derartige „Erfolge" kann sich bei Kindern die generelle Erwartung herausbilden, daß Aggressionen eine besonders effektive Methode sind, sich erwünschte greifbare Belohnungen zu sichern. Bei Erwachsenen kann diese Erwartungshaltung besonders bei denjenigen Personengruppen fortbestehen, bei denen sozial akzeptiertere Verhaltensweisen zur Befriedigung materieller Bedürfnisse nicht ausgebildet sind. Dies gilt besonders für „Delinquenten" und kriminelle Banden, aber ebenso für soziale Gruppierungen und Klassen, die mit gewaltsamen Mitteln Herrschaft ausüben und sich dadurch permanent materielle Vorteile sichern können.

Soziale Belohnungen. In hierarchischen Gesellschaften hängt der Zugang zu materiellen Ressourcen, das heißt die Möglichkeit, materielle Bedürfnisse befriedigen zu können, weitgehend vom sozialen Status ab, den man innehat. Das Aufrechterhalten einer hohen Statusposition wird durch ständigen Zugang zu derart vielen materiellen Belohnungen bekräftigt, daß es zu den bevorzugten langfristigen Zielen vieler Aggressoren zählt. Die durch aggressives Verhalten – zumindest in bestimmten Bevölkerungsgruppen – häufig erzielbare soziale Aufwertung stellt nicht nur eine Form einer externalen Sanktion (Bekräftigung) dar, sondern vermittelt auch ein Gefühl ‚persönlichen Wertes' und dient somit als eine Quelle von Selbstachtung, die aggressive Verhaltenstendenzen über lange Zeit aufrecht erhalten kann. Angriffslust wird am häufigsten von Männern „niedriger" sozioökonomischer

Schichten mit ‚Männlichkeit' gleichgesetzt (BANDURA 1979a, S. 210–217; TOCH 1969).

Reduzierung aversiver Behandlung. Wenn Menschen defensive Formen aggressiven Verhaltens zeigen, verbinden sie damit oft die Erwartung, daß das aggressive Verhalten trotz des Risikos momentaner Schädigungen zu einer langfristigen Reduzierung von Schmerzen und Erniedrigungen führt. In der Beobachtungsstudie von PATTERSON, LITTMANN und BRICKER (1967) zeigte sich, daß ursprünglich passive Kinder, die wiederholt von anderen Kindern angegriffen und schikaniert wurden, ihr Repertoire an defensiv-aggressiven Verhaltensweisen zunehmend erweiterten und schließlich auch selbst häufiger damit begannen, andere Kinder anzugreifen.

Die Wirkungen von Bestrafung aggressiven Verhaltens

Vielerorts wird versucht, schädliche Formen aggressiven Verhaltens dadurch unter Kontrolle zu halten, daß ihre Ausführung mit der Androhung von Strafe belegt wird. Strafen vermögen die Auftretenshäufigkeit aggressiver Verhaltensmuster jedoch nicht auf direkte Weise zu senken. Bestrafungen, die unmittelbar selbst erfahren oder aber stellvertretend an anderen Menschen beobachtet werden, vermitteln Informationen darüber, wann bestimmte Formen aggressiven Verhaltens gefahrlos und wann sie gefährlich sind (BANDURA 1979a, S. 247). *Die subjektive Wertigkeit der durch Aggressionen primär angestrebten Verhaltensziele wird durch die Antizipation von Bestrafungsrisiken nicht direkt beeinflußt.*

Entscheidend für den Einfluß von Strafen auf die Auftretenshäufigkeit von Aggressionen ist, welches Gewicht das Individuum einem erwarteten Bestrafungsrisiko im Vergleich zu den andererseits anvisierten Aggressionszielen beimißt. Antizipierte Bestrafungen würden die Auftretenswahrscheinlichkeit von Aggressionen nur dann eindeutig senken, wenn die Aggressionen nicht aufgrund der durch sie grundsätzlich erzielbaren „positiven" Konsequenzen einen beträchtlichen funktionalen Wert für Menschen erlangen könnten. Ihre aggressionshemmende Wirkung wird außerdem um so geringer sein, je weniger alternative Verhaltensmöglichkeiten der Bestrafte als effektiv zur Befriedigung seiner Bedürfnisse ansieht.

Erwartete Bestrafungen führen also häufig eher zu einer *selektiven Hemmung und Verfeinerung* von Aggressionen. *Durch Bestrafung gehemmtes, ansonsten jedoch als funktional empfundenes Aggressionsverhalten wird wieder auftreten, sobald das Individuum das Risiko, einer Bestrafung zugeführt zu werden, gering einschätzt.* Gerade in Gebieten mit hohen Raten von Gewalttaten ist die abschreckende Wirkung von Strafandrohungen besonders gering, da die Bewohner immer wieder beobachten können, daß Straftaten wiederholt begangen werden, ohne aufgedeckt zu werden (BANDURA 1979a, S. 249ff; BANDURA & WALTERS 1959).

Viele Arten von Bestrafungen können, wie bereits weiter oben erwähnt, unbeabsichtigt die aggressiven Verhaltenstendenzen der Bestraften *erhöhen* statt senken. Wenn Mütter das Gehorsamsverhalten ihrer Kinder mit gewaltsamen Mitteln erzwingen, machen ihre Kinder später ebenfalls häufiger als die Kinder von Vergleichsgruppen Gebrauch von aggressiven Taktiken, um das Verhalten ihrer Spielkameraden zu kontrollieren (HOFFMAN 1961). Man kann aus diesen Korrelationsdaten noch keine Kausalbeziehung ableiten; die Ergebnisse kontrollierter Studien deuten aber darauf hin, daß die Modellierung gewalttätigen Verhaltens das Erlernen derartiger Verhaltensweisen fördert (BANDURA 1979a, S. 251 ff).

Eine weitere problematische Wirkung vieler Arten von Bestrafung ist darin zu sehen, daß sie bei Beobachtern in der Folge eigene *Aggressionshemmungen reduzieren* können. Hiermit ist besonders dann zu rechnen, wenn die Strafen einerseits ganz offenkundig *inhuman* sind (zum Beispiel Todesstrafe; Isolationshaft), gleichzeitig aber durch Autoritäten überzeugend *gerechtfertigt* werden. Legalisierte Formen inhumaner Strafen tragen dazu bei, die Achtung vor dem menschlichen Leben zu untergraben (BANDURA 1979a, S. 252).

Darüber hinaus können Bestrafungen auch zur *Eskalation* von Aggressionen führen.

Sich stark fühlende Aggressoren neigen oft erst recht zu einer aggressiven Behandlung ihrer Gegner, wenn diese ihrerseits mit Vergeltung drohen (EDWARDS 1967; PETERSON 1971). „Starke" und „schwache" Aggressoren antizipieren aufgrund unterschiedlicher Lernerfahrungen wahrscheinlich ganz unterschiedliche Konsequenzen bei aggressivem Verhalten. Das Risiko von Aggressionseskalationen durch autoritäre Bestrafungsakte ist besonders stark bei Gruppenaggressionen, zum Beispiel bei Protesterhebungen. Dies gilt besonders dann, wenn die Protestierenden sich im Recht fühlen und über ein beträchtliches Gewaltpotential verfügen (BANDURA 1979a, S. 252ff; GURR 1972).

Trotz der beschriebenen problematischen Effekte von Bestrafungen ist BANDURA nicht der Meinung, daß auf Bestrafungen aggressiven Verhaltens grundsätzlich verzichtet werden solle. Würde man nämlich aggressive Verhaltensweisen durch permissive Indifferenz tolerieren, so würde man letztlich dazu beitragen, daß Aggressionen zu den „selbstverständlichen" und uneingeschränkt „effektiven" Verhaltensweisen gezählt würden.

In besonders krassen Fällen kann es also notwendig sein, Aggressionen durch abschreckende Sanktionen zu unterbinden, damit sich nicht bei den Aggressoren die Erwartung herausbilden kann, aggressives Verhalten führe in jedem Fall zum Erfolg.
Bestrafungen werden aber nur dann den erwünschten Effekt haben, wenn sie mit einer *aktiven Unterstützung und Kultivierung alternativer Kompetenzen* verbunden sind. Bestrafungen sollten möglichst nicht in Form aversiver Vorgehensweisen, sondern in Form von *Belohnungsentzug* durchgeführt werden. Dies hat unter anderem den Vorteil, daß die Wiedererlangung von Belohnungen vom konstruktiven Handeln abhängig gemacht werden kann.
Am wirksamsten jedoch können schädliche Formen aggressiven Verhaltens dadurch reduziert werden, daß man die sozialen Bedingungen, die sie auslösen, und die positiven Bekräftigungen, die sie aufrechterhalten, beseitigt (BANDURA 1979a, S. 247).

Stellvertretend erfahrene Verhaltenskonsequenzen

Ob gelernte aggressive Verhaltenstendenzen dauerhaft beibehalten werden oder wieder aus dem Verhaltensrepertoire eliminiert werden, hängt nicht nur davon ab, welche positiven oder negativen Konsequenzen ein Aggressor im Gefolge seiner eigenen Verhaltensweisen selbst erfahren hat. Selbst wenn ein Aggressor mehrfach für aggressive Akte hart bestraft worden ist, ist es dennoch möglich, daß er weiterhin die Erwartung aufrechterhält, aggressive Verhaltensweisen seien funktional. Diese Erwartungshaltung kann durch wiederholte *„stellvertretende Bekräftigung"* unterstützt werden. Wenn Menschen miterleben, unter welchen Bedingungen *andere Menschen* Erfolg oder Mißerfolg bei bestimmten Verhaltensweisen haben, speichern sie diese *Kontingenzinformationen* in gleicher Weise als potentielle Leitlinien für die Steuerung des eigenen Verhaltens, wie wenn sie selbst bekräftigt oder bestraft worden wären. Durch solche Beobachtungen lernt man ferner, Umgebungen, in denen man relativ sicher ist, wenn man sich aggressiv verhält, von solchen zu differenzieren, in denen solches Verhalten gefährlich ist (BANDURA 1971, BANDURA 1979a, S. 226ff, KANFER 1965). Auch in experimentellen Studien verhielten sich Kinder tatsächlich häufiger aggressiv, wenn sie zuvor gesehen hatten, daß eine Modellperson mit solchem Verhalten Belohnungen erzielt hatte (BANDURA 1965; BANDURA, ROSS & ROSS 1963).
Durch die Beobachtung, daß andere Menschen durch aggressives Verhalten Erfolge erzielen, werden nicht nur eigene Effizienzerwartungen bezüglich

aggressiver Verhaltensmuster stellvertretend bekräftigt; es werden zugleich eigene Verhaltenshemmungen und Befürchtungen durch *„stellvertretende Löschung"* abgebaut (BANDURA 1979a, S. 230f.).
Beobachtete Verhaltenskonsequenzen haben einen Einfluß auf die Ausbildung der eigenen normativen Standards, mit deren Hilfe ein Mensch entscheidet, ob ein bestimmtes Ergebnis eigenen Verhaltens als „Erfolg" oder als „Bestrafung" zu werten ist. Ein Mensch kann ein und dasselbe externale Verhaltensergebnis als Belohnung oder Bestrafung werten, je nachdem, welche anderweitig beobachteten Verhaltensergebnisse er zum Vergleich heranzieht. Mitglieder subkultureller Banden steigen beispielsweise oft gerade dann in der Achtung ihrer Freunde, wenn sie durch staatliche Vollzugsorgane für ein Verhalten bestraft werden, das in der Bezugsgruppe positiv gewertet wird. Hierdurch kann auch bei den übrigen Gruppenmitgliedern die Erwartung bekräftigt werden, daß gewalttätige Verhaltensweisen, selbst wenn sie von offizieller Seite bestraft werden, letztlich zu positiven Ergebnissen führen (BANDURA 1979a, S. 226–231).
Beispiele stellvertretender Bekräftigungen aggressiven Verhaltens werden auch durch das Fernsehen in großer Zahl geliefert. In einer inhaltsanalytischen Studie fanden LARSEN, GRAY und FORTS (1968) heraus, daß in amerikanischen Fernsehfilmen etwa die Hälfte aller gezeigten gewalttätigen oder illegalen Verhaltensakte zu sozial gebilligten Zielen führten. In Programmen für Erwachsene war dies in 47 Prozent der Fall; bei den Kindersendungen sogar in 56 Prozent. Die körperlichen Wirkungen, die man bei den Aggressionsopfern hervorruft, werden zugleich als weniger blutig oder „schmutzig" wiedergegeben, als sie es tatsächlich sind. Aggressive Verhaltensstile werden somit im Fernsehen als sehr zweckmäßig und relativ „sauber" vorgestellt (BANDURA 1979a, S. 228; HALLORAN & CROLL 1972).

Eigensteuerung

Menschen richten sich bei der Steuerung ihres Verhaltens nicht nur nach den externalen Konsequenzen, die sie aufgrund eigener oder stellvertretender Erfahrungen erwarten. Vielmehr erzeugen Menschen auch selbst Anlässe für aggressives Verhalten, und sie schaffen sich selbst bekräftigende oder bestrafende Verhaltenskontingenzen, indem sie mit *Selbstbelohnung* oder mit *Selbstkritik* auf ihr eigenes Verhalten reagieren. Hierzu wird das eigene Verhalten selektiv beobachtet und anhand gelernter Bezugsnormen in einer Weise gesteuert, die selbstbelohnende oder selbstkritische Reaktionen von der Erreichung selbstgesetzter Standards abhängig macht. Welche Bezugsnormen ein Mensch hierzu vorwiegend heranzieht, hängt von den bereits beschriebenen vorausgegangenen Lernprozessen ab (BANDURA 1979a, S. 232–246).

Selbstbekräftigung aggressiven Verhaltens. Wenn Menschen häufig am eigenen Leibe oder durch Beobachtung anderer die Erfahrung gemacht haben, daß aggressive Verhaltensweisen zur Aufwertung der eigenen Person führen, kann schließlich das aggressive Verhalten selbst eine Quelle persönlichen Stolzes werden, das heißt durch „Selbstbelohnung" bekräftigt werden. Solche Selbstbekräftigungssysteme erfahren in den verschiedenen subkulturellen Milieus in sehr unterschiedlichem Maße eine zusätzliche Unterstützung durch entsprechende Reaktionen der Bezugsgruppe (BANDURA & WALTERS 1959, TOCH 1969, YABLONSKY 1962).

Selbstbestrafung aggressiven Verhaltens. Wenn ein Mensch einmal bestimmte ethische und moralische Verhaltensstandards aufgrund von Vorbildwirkungen und Unterweisungen übernommen hat, hält er sich selbst durch antizipatorische selbstkritische Reaktionen von destruktiven Aggressionen ab. „Es gibt keine vernichtendere Bestrafung als die Selbstverachtung" (BANDURA 1979a, S. 234). Bei Menschen, die sich häufig gewalttätig verhalten, sind solche negativen Selbstreaktionen sogar bei massiven Aggressionsakten nur gering oder überhaupt nicht ausgeprägt. Menschen, die von anderen eher als einfühlsam empfunden werden, reagieren dagegen mit Schuldgefühlen, Gewissensbissen und Wiedergutmachungsversuchen, selbst wenn ihre aggressiven Verhaltensweisen vergleichsweise harmlos waren (BANDURA & WALTERS 1959, HICKS 1971, PERRY & BUSSEY 1977; nach BANDURA 1977, S. 41).

Rechtfertigungsmechanismen. Selbstbekräftigungs- oder Selbstbestrafungssysteme wirken nur bei wenigen Menschen überdauernd und invariant. Selbstbeurteilende kognitive Operationen müssen in einer gegebenen Situation zunächst ausgelöst werden, um wirken zu können. Viele situationale Faktoren beeinflussen ihre *selektive Aktivierung* (BANDURA 1979a, S. 234–246). Ansonsten freundliche und angepaßte Menschen können in bestimmten Situationen plötzlich zu Gewalttätern werden; umgekehrt können brutale Massenmörder in ihrem Privatleben Schuldgefühle empfinden, wenn sie auch nur ein Haustier verletzt haben. Auch selbstbekräftigende und selbstbestrafende Reaktionen geraten – wie auch die meisten anderen Verhaltensweisen – unter *diskriminative Kontrolle.* Selbstgesetzte Verhaltensstandards können also durch bestimmte kognitive Operationen selektiv „außer Kraft gesetzt" werden. Eine solche *Neutralisierung selbstkritischer Reaktionen durch kognitive Umstrukturierung* kann zum Beispiel dann resultieren, wenn Menschen durch sozialen Druck dazu gebracht werden, selbstgesetzten Verhaltensmaßstäben in einer Weise zuwiderhandeln, die normalerweise bei ihnen Schuldgefühle auslösen würde (BANDURA 1977, S. 41 ff).

Bagatellisierung durch vorteilhaften Vergleich. Insbesondere auf nationaler und internationaler Ebene werden Aggressionen (zum Beispiel Kriege) immer wieder dadurch gerechtfertigt, daß man sie mit angeblich noch gravierenderen Taten der Gegner vergleicht. Auch auf der Ebene alltäglicher zwischenmenschlicher Interaktionen werden durch diesen Mechanismus zahlreiche aggressive Verhaltensmuster aufrechterhalten (BROCK & PALLACK 1969, S. 185–206).

Heranziehung höherer Werte. Gerade Politiker treten regelmäßig für Gewaltanwendungen im Namen höherer Werte wie Freiheit, Gleichheit, soziale Gerechtigkeit oder öffentliche Ordnung ein und modellieren dadurch genau das Verhalten, das sie andererseits oppositionellen Gruppen, wie zum Beispiel Terroristen, vorwerfen.

Euphemistischer Sprachgebrauch. Durch sprachliche Kunstgriffe kann man Verhaltensweisen, die ansonsten als tadelnswert empfunden werden, als etwas Positives erscheinen lassen. Körperverletzung in Form von Prügel wird als „Erziehungsmaßnahme" etikettiert; die Ermordung von Gegnern als „Ausschaltung" oder „Erfüllung patriotischer Pflichten" dargestellt. Die vor allem in Wildwestfilmen übliche sogenannte Gaunersprache bietet ein großes Spektrum euphemistischer Kunstgriffe zur Verschleierung tatsächlicher Gewaltakte.

Herunterspielen von Verhaltenskonsequenzen. Zu den häufig angewandten dissoziativen Praktiken gehört auch, die tatsächliche Beziehung zwischen aggressiven Akten und ihren destruktiven Folgen zu verschleiern, zu ignorieren oder schnell zu vergessen (BROCK & PALLACK 1969, S. 185–206).

Abschiebung der Verantwortlichkeit. Wenn eine Autorität bereit ist, die Verantwortung zu übernehmen, können viele Menschen dazu veranlaßt werden, anderen Personen Schaden zuzufügen und sich nicht selbst dafür verantwortlich zu fühlen (BANDURA 1977, S. 42; DIENER und Mitarbeiter 1975; MILGRAM 1974, S. 60–108).

Vernebelung der Verantwortlichkeit. An kollektiv vorbereiteten Gewaltakten wirken viele Gruppenmitglieder oft nur indirekt mit. Je diffuser die Verantwortlichkeit durch entsprechende Aufgliederung der Einzelaufgaben erscheint, desto leichter fällt es den Akteuren, sich von selbstkritischen Vorwürfen entlastet zu fühlen (vgl. BANDURA, UNDERWOOD & FROMSON 1975; ZIMBARDO 1969).

Abwertung der Opfer. Feindbilder lassen sich dadurch charakterisieren, daß sie sich fast ausschließlich auf pauschalisierende negative Urteile und Diffamierungen stützen. Den Opfern von Gewaltakten werden häufig ihre menschlichen Qualitäten abgesprochen, indem sie nicht als Personen mit Empfindungen und Hoffnungen angesehen werden, sondern als stereotype Objekte, die mit erniedrigenden Etiketten wie „Schwein" oder „Nigger" hinreichend charakterisiert sind. Wenn Mitmenschen aufgrund sozialer Strukturen und Gewohnheiten in „in-group" – und „out-group" – Mitglieder eingeteilt werden, so wird hierdurch eine menschliche Entfremdung vorangetrieben, die eine Dehumanisierung fördern kann. Die Abwertung potentieller Aggressionsopfer senkt die Hemmschwelle aggressiver Handlungen ihnen gegenüber; eine Vergegenwärtigung ihrer menschlichen Qualitäten dagegen kann diese Hemmschwelle heraufsetzen (BANDURA, UNDERWOOD & FROMSON 1975).

Einseitige Zuschreibung der Schuld. Eine besonders häufige Rechtfertigung eigener Aggressionen geschieht dadurch, daß Aggressoren sich selbst als Personen guten Willens wahrnehmen, die nur durch die Schändlichkeit der Gegner zu Strafaktionen „gezwungen" werden. Im Verlauf wechselseitiger Aggressionsketten geschieht dies dadurch, daß man aus der Ursachenkette einen Fall gegnerischer Aggression hervorhebt und diesen als den ursprünglichen Anlaß der Aggression darstellt. Wenn Aggressionsopfern häufig und überzeugend die Schuld zugeschrieben wird, können sie schließlich sogar dazu kommen, die über sie selbst gehörten erniedrigenden Charakterisierungen auch selbst zu glauben (BANDURA 1979a, S. 238f; HALLIE 1971, S. 247–263).

Graduelle Desensibilisierung. Rechtfertigungsmechanismen und Immunisierungen gegenüber Schuldgefühlen bei aggressiven Handlungsweisen entwikkeln sich allmählich im Laufe von Gewöhnungsprozessen. Diese Gewöhnungsprozesse laufen meist ab, ohne daß die Betroffenen überhaupt wahrnehmen, daß sich ihre eigenen Bewertungsstandards allmählich verändern. Viele Lebensbedingungen in einer modernen Industriegesellschaft fördern dehumanisierende Sichtweisen und Verhaltensstandards. Bürokratisierung, Automatisierung und Verstädterung bringen entfremdete und anonyme Interaktionsweisen mit sich. Besonders offenkundig läßt sich der Prozeß der graduellen Desensibilisierung am Beispiel der militärischen Trainingspraktiken verdeutlichen. Der militärische Drill dient der Ausbildung automatisierter, nicht mehr reflektierter Reaktionsabläufe, der Löschung selbstkritischer Eigenreaktionen und der Reduzierung von Empathie gegenüber den jeweiligen Feinden, die in den militärischen Übungen als abstrakte Zielobjekte präsentiert werden.

Im Unterschied zu den Triebtheorien der menschlichen Aggressivität, deren Aussagen in hohem Maße auf Analogieschlüssen und Spekulationen beruhen, stellt die sozial-kognitive Lerntheorie ein System von sehr weitgehend empirisch kontrollierten Sätzen dar. Im vorgegebenen Rahmen haben wir leider nur andeutend auf die oft komplexen Untersuchungen hinweisen können, die zur Überprüfung der Einzelaussagen der sozial-kognitiven Lerntheorie angestellt worden sind.

Der hohe Komplexitätsgrad der sozial-kognitiven Lerntheorie fordert zur sehr differenzierten Betrachtung zwischenmenschlicher Aggressionsphänomene auf. Indem BANDURA die *Wechselwirkungen* zwischen vielfältigen Umweltgegebenheiten einerseits und den handlungssteuernden subjektiven Erwartungshaltungen andererseits thematisiert, macht er allerdings zugleich seine Theorie als Gesamtheit nahezu unangreifbar. Zumindest bei Analysen des Alltagsverhaltens von Menschen sind Falsifikationen der Theorie kaum möglich, da es in Alltagssituationen wohl niemals ganz gelingen wird, für jedes interagierende Individuum die lerngeschichtlich ausgebildeten Funktionalitätserwartungen zu jeder einzelnen möglichen Verhaltensweise präzise zu rekonstruieren; diese können prinzipiell unendlich viele verschiedene inhaltliche Formen annehmen (vgl. PIONTKOWSKI 1976, S. 82ff; WESTMEYER 1973, S. 84).

Wenn also eine bestimmte, aus der sozial-kognitiven Lerntheorie abgeleitete Beeinflussungsmethode aggressiven Verhaltens in einem gegebenen Einzelfall versagt, kann immer geltend gemacht werden, die Methode sei nicht komplex genug gewesen. Erzieherische Versuche zur Verminderung zwischenmenschlicher Aggressionen werden nur dann Erfolg haben, wenn sie sowohl die speziellen *subjektiven Erwartungshaltungen* als auch die *kognitiven Verarbeitungsweisen von Aggressionsanreizen aus der Umwelt* in differenzierter Weise berücksichtigen. Je komplexer jedoch eine Beeinflussungsmethode ist, desto schwieriger wird es, die Wirksamkeit der beteiligten verhaltensbeeinflussenden Faktoren im einzelnen nachzuweisen.

Auf das Alltagsverhalten können die Annahmen der sozial-kognitiven Lerntheorie daher nur im Sinne von Wahrscheinlichkeitsaussagen bezogen werden. Dies wird deutlich, wenn man beispielsweise die vorliegenden Befunde zur Verhaltensbeinflussung durch unterschiedliche Modellierungsreize betrachtet. Bietet man aggressive oder nicht-aggressive Verhaltensmodelle im psychologischen Experiment konzentriert und isoliert dar, so läßt sich bei den Versuchspersonen – abhängig von den oben dargelegten situativen Zusatzbedingungen – meistens tatsächlich eine anschließende Erhöhung aggressiver bzw. nicht-aggressiver Verhaltensweisen nachweisen. Werden aggressive und nicht-aggressive Verhaltensmodelle dagegen in gemischter Abfolge dargeboten, so vermindert sich die verhaltensbeeinflussende Wirkung des aggressiven Modells selbst im kontrollierten Experiment so stark, daß sie kaum noch festgestellt werden kann (BARON 1971; MICHAELIS 1976b, S. 112). Gerade die gemischte Präsenz aggressiver und nicht-aggressiver Verhaltensmodelle ist typisch für das Alltagsleben.

Entsprechend kontrovers wird das Modellierungsparadigma auch in der Massenmedienforschung diskutiert. Die Annahmen BANDURAs über die verhaltensbeeinflussenden Effekte von Gewaltdarstellungen im Fernsehen blieben keineswegs unwidersprochen (vgl. ERON und Mitarbeiter 1972; FESHBACH 1961, 1969, 1970; KUNCZIK 1975; LIEBERT, NEALE & DAVIDSON 1973; SINGER 1972).

In den USA fanden zwischen 1952 und 1974 nicht weniger als sieben kontroverse Kongress-Hearings zur Frage des Einflusses von Fernsehgewalt auf aggressives und antisoziales Verhalten statt (COMSTOCK, o.J.). Im Jahre 1972 erschien ein fünfbändiger Forschungsbereicht einer nationalen Forschungskommission unter Leitung von G.A. COMSTOCK (*„Surgeon General's Study"*). Seine Hauptaussage lautet, die Gewaltdarstellung in Fernsehunterhaltungssendungen erhöhe die Wahrscheinlichkeit nachfolgenden aggressiven Verhaltens zumindest bei Kindern und Jugendlichen (COMSTOCK o.J.).

Eine vergleichende Auswertung amerikanischer und europäischer Forschungsberichte durch A. SOMMER und H. GROBE (1974) führte zur zusammenfassenden Schlußfolgerung, der Einfluß des Mediums Fernsehen sei generell eher in einer „Verstärkung" bereits vorhandener Einstellungs- und Verhaltensmuster zu sehen als in deren „Veränderung" oder „Neuschöpfung"; Mediengewalt allein mache aus Zuschauern keine Personen mit auffallend aggressivem Verhalten. Bei Zuschauern mit entsprechenden Prädispositionen scheint Mediengewalt „zumindest als Stimulus für aggressive Phantasien" mit einer gewissen Tendenz zur Umsetzung in der Realität zu fungieren (SOMMER & GROBE 1974, S. 91).

Zu einem noch zurückhaltenderen Gesamturteil kam KUNCZIK (1975) nach einer umfassenden Auswertung nahezu aller veröffentlichten einschlägigen Studien. Viele der oft außergewöhnlich aufwendigen Experimente und Felduntersuchungen dienen nach KUNCZIK nur dazu, die „eigene vorgefaßte Ansicht belegen zu können".

Die in den vorliegenden Studien teilweise recht unterschiedlich vorgenommene Einschätzung der Wirkung von Fernsehgewalt auf das aggressive Verhalten im Alltag läßt sich leicht mit der Annahme erklären, daß die Betrachtung der Gewaltszenen im Alltag unter sehr unterschiedlichen

Zusatzbedingungen vor sich geht. Soziale Verhaltensformen und Einstellungen werden zunächst maßgeblich im Elternhaus ausgebildet. Zeigt das Fernsehen sodann Verhaltensformen und Wertungen, die nicht mit den bereits ausgebildeten Wertmaßstäben im Einklang stehen, bleibt der Einfluß des Fernsehens meist weniger gravierend (E. MACCOBY 1973, S. 141–154; SOMMER & GROBE 1974, S. 100). Eine entscheidende Mediatorvariable der Wirkungen von Fernsehgewalt stellt auch die Art und Weise dar, in der Fernsehsendungen in der Familie und auch in der Schule diskutiert werden (SOMMER & GROBE 1974, S. 100–105).
Kontroverse Sichtweisen über die Auswirkungen modellierter Gewaltszenen im Alltag stellen also den von BANDURA vorgebrachten Erklärungsansatz nicht insgesamt in Frage. BANDURA geht ja gerade nicht von einem einfachen linearen Ursache-Wirkungsmodell aus. Er führt aggressives Verhalten nicht auf eine einzige Variable zurück (Trieb; Frustration; Bekräftigung; Modellierung), sondern er faßt Aggressionen als Resultat einer *reziproken Determination* auf, bei der vielfältige Umwelteinflüsse mit bestimmten kognitiven Verarbeitungsmodi interagieren.

Praktische Relevanz der sozial-kognitiven Lerntheorie

BANDURA hat seine Experimente und Feldstudien stets so zu konzipieren versucht, „daß sie die wesentlichen Prozesse, die bei diesen Phänomenen im täglichen Leben wirksam sind, reproduzieren" (BANDURA 1979a, S. 82). Potentielle Determinanten aggressiven Verhaltens wurden im Experiment systematisch variiert, damit ihre Wirkungen gemessen werden konnten. BANDURA gibt zu, daß die jeweiligen experimentellen Bedingungen „nur einen begrenzten Bereich der Bedingungen erfassen, die in der Gesellschaft gefunden werden, und zwar in der Regel die schwächeren Formen" (1979a, S. 81).
Unsere oben getroffene Feststellung, daß die großenteils im psychologischen Labor erhobenen Befunde BANDURAs nur im Sinne von *Wahrscheinlichkeitsaussagen* für die Erklärung und Beeinflussung von Alltagsaggressionen herangezogen werden können, mindert nicht den hauptsächlichen Vorzug, den die sozial-kognitive Lerntheorie unseres Erachtens gegenüber konkurrierenden Theorien der menschlichen Aggressivität im Hinblick auf das Konzept der sozialen Kompetenz hat: Im Unterschied zu den bisher vorliegenden Theorien stellt die sozial-kognitive Lerntheorie eine große Anzahl sehr konkreter, situativer und sozial-struktureller Bedingungen heraus, die zumindest mit einer hohen Wahrscheinlichkeit auch im Alltag einen

Einfluß auf die Art, die Intensität und die Häufigkeit zwischenmenschlicher Aggressionen haben und daher als Ansatzpunkte für Interventionen in Betracht gezogen werden können.
Der theoretische Bezugsrahmen ist so weit gefaßt, daß sowohl *individualisierte* als auch *systembezogene* Interventionsmöglichkeiten zur Reduktion und Prävention zwischenmenschlicher Aggressionen ableitbar sind.
Die Bedeutung der sozial-kognitiven Lerntheorie für Versuche zur Senkung der Auftretenswahrscheinlichkeit aggressiven Verhaltens in einem gegebenen sozialen Bereich ist hauptsächlich darin zu sehen, daß sie dazu herausfordert, vor Beginn einer bestimmten Interventionsmaßnahme zunächst all diejenigen Bedingungen im betreffenden sozialen Bereich ausfindig zu machen, die einen Einfluß darauf haben,

▷ ob Menschen an aggressive Verhaltensweisen stärkere *Nutzenerwartungen* knüpfen als an nicht-aggressive Verhaltensweisen;
▷ ob Menschen in ausreichendem Maße Gelegenheit haben, viele und flexible nicht-aggressive Verhaltensweisen zur Befriedigung ihrer Bedürfnisse zu *lernen*;
▷ ob im betreffenden sozialen Bereich ausreichend viele nicht-aggressive Verhaltensmöglichkeiten der Bedürfnisbefriedigung und wirksamen Interessenvertretung *zugelassen* sind;
▷ ob im betreffenden sozialen Bereich ausreichend viele *Anreize* zur *Bevorzugung* nicht-aggressiver Verhaltensmöglichkeiten vorhanden sind.

In manchen sozialen Bereichen legen bestimmte sozial-strukturelle Faktoren es den Menschen geradezu nahe, ihre gelernten aggressiven Verhaltenspotentiale ohne große Hemmungen häufig zu aktivieren und immer raffinierter auszuformen; andere sozial-strukturelle Variablen fördern dagegen solche Verhaltenspotentiale, die eher einen respektvollen Umgang der Menschen miteinander wahrscheinlich machen.
BANDURA fordert ausdrücklich, daß nicht „Charakterzüge, mutmaßliche Triebkräfte oder individualgenetische historische Ursachen" das primäre Ziel von Veränderungsstrategien sein sollen. Vielmehr sind primär diejenigen *sozialen Bedingungen* zu verändern, die dazu beitragen, daß Menschen aggressiven Verhaltensweisen einen höheren funktionalen Wert zur Erreichung ihrer Ziele beimessen als nicht-aggressiven Verhaltensweisen (1979a, S. 271ff). *Interventionen zur Reduktion der Auftretenswahrscheinlichkeit von Aggressionen sind also in all denjenigen sozialen Teilbereichen sinnvoll, in denen es Faktoren gibt, die einen Einfluß auf die subjektive Einschätzung des „funktionalen Werts" aggressiven Verhaltens haben.*
BANDURA veranschaulicht die Notwendigkeit systemorientierter Veränderungsstrategien unter anderem am Beispiel der *Massenmedien* (1979a, S. 293–316). Grundsätzlich ist es wünschenswert, die hohe Quote modellier-

ter Gewalthandlungen im Fernsehen zu reduzieren. Dies aber ist nur auf politischem Wege möglich. Zur Verringerung der destruktiven Effekte der Gewaltdarstellungen in den Massenmedien ist also die Entwicklung *sozialer Kompetenzen im politischen Bereich* notwendig.
BANDURA setzt sich ausführlich mit der Frage auseinander, auf welche Weise das (US-amerikanische) Fernsehpublikum durch konzertierte Aktionen versuchen könnte, die Praktiken der (dort ausschließlich privatwirtschaftlich-kommerziell arbeitenden) Fernsehsender zu beeinflussen. Er plädiert unter anderem für die Einrichtung einer öffentlichen gewaltüberwachenden Institution, die durch regelmäßige und öffentlichkeitswirksame Publikation von Programmbewertungen und Inhaltsanalysen (GERBNER 1972) die öffentliche Meinung beeinflussen könne. „Eine Gesellschaft wird sich anders verhalten, wenn ihre Handlungsweisen öffentlich beurteilt werden, als wenn niemand prüft, was die Gesellschaft macht" (1979a, S. 307).
Die Fernsehindustrie fürchte ungünstige Publizität mehr als die Drohung mit einer Regierungszensur. Im nächsten Schritt einer politischen Strategie sei also darauf hinzuwirken, daß negative Beurteilungen der Programme von Sendeanstalten auch tatsächlich negative Konsequenzen für diese Anstalten mit sich bringen. Hierzu seien bestimmte politische Strategien der Einflußnahme auf die jeweiligen Geldgeber, das heißt vor allem die Auftraggeber von Werbesendungen, zu entwickeln. Der Unterhaltungswert von Fernsehprogrammen brauche in keiner Weise zu leiden, wenn ihr Gehalt an dargestellten Aggressionshandlungen reduziert wird. Eine weitere politische Strategie könne also darin bestehen, Förderungsmöglichkeiten für gewaltfreie, aber dennoch spannende Filmprogramme auszuarbeiten. Damit Eltern kontrollieren können, was ihre Kinder im Fernsehen anschauen, sei unter anderem zu fordern, daß die Sender und Programmzeitschriften im voraus die Gewaltquoten ihrer verschiedenen Programmangebote mitteilten, damit Distanz zum Medium eingeübt werden kann.
Da es auch in der Bundesrepublik Deutschland bald ein kommerzielles Fernsehen geben wird, sind die entsprechenden Analysen BANDURAS auch für hiesige Verhältnisse von hoher praktischer Relevanz.

Wir wollen nun versuchen, aus der sozial-kognitiven Lerntheorie einige *Handlungsvorschläge für den alltäglichen erzieherischen Umgang mit Aggressionen* abzuleiten. Es geht also um die Frage, wie die lerngeschichtlichen Erfahrungen von Kindern im Erziehungsalltag so gestaltet werden können, daß nicht-gewalttätiges Verhalten mit einer höheren Wahrscheinlichkeit ausgebildet wird als aggressives Verhalten.

Da Bestrafungen nach wie vor zu den besonders bevorzugten Reaktionen von Eltern und Erziehern auf unerwünschtes Verhalten von Kindern gehören, sollen die Effekte dieser Erziehungsmethode kurz besprochen werden. AZRIN und HOLZ (1966) werteten die relevante experimental-psychologische Literatur über die Effekte von Bestrafungen aus. Sie fanden, daß in psychologischen Labors Bestrafungen tatsächlich häufig zu einer Senkung der Auftretenswahrscheinlichkeit des bestraften Verhaltens führten. Sorgfältige Untersuchungen der Effekte von Bestrafungen in natürlichen familiären Umgebungen (PATTERSON 1975) dagegen führten zu dem Ergebnis, daß Bestrafungen meist weder konsistent noch gezielt durchgeführt werden. Bei Bestrafungsaktionen sind die Eltern meist heftig erregt; die Kinder erhalten dabei häufig keine Informationen darüber, was sie in den Augen der aufgebrachten Eltern „falsch" gemacht haben bzw. welche Art von Verhalten eigentlich „erwünscht" ist.
Ganz abgesehen von den bereits weiter oben vorgetragenen ethischen Bedenken gegen den häufigen Einsatz von Bestrafungstechniken können Bestrafungen aggressiven Verhaltens im Lichte der sozial-kognitiven Lerntheorie folgende ungünstige Effekte mit sich bringen:

▷ Der Bestrafende modelliert genau diejenigen Verhaltensweisen, die er beim Kind reduzieren will.

▷ Die so Erzogenen lernen, daß punitives Verhalten ein effektives Mittel ist, sich andere Menschen gefügig zu machen.

▷ Eine langfristige Enthemmung aggressiven Verhaltens kann insbesondere dann eintreten, wenn Aggressoren in einflußreichen Positionen überzeugend ihre Strafaktionen rechtfertigen,

▷ Physische wie auch verbale aversive Behandlung kann negative Emotionen (zum Beispiel Angst, Haß) auslösen. Das Erlernen von komplexerem Problemlöseverhalten ist unter solchen Bedingungen stark erschwert.

▷ Eine Bestrafung aggressiven Verhaltens durch Erzieher kann unter bestimmten Umständen eher eine Bekräftigung des bestraften Verhaltens bedeuten, zum Beispiel wenn das Kind dadurch die Erfahrung macht, daß es durch aggressives Verhalten zusätzliche Aufmerksamkeit auf sich ziehen kann.

▷ Eine Bestrafung beeinflußt nur selten direkt diejenigen Anreizbedingungen, die das Kind dazu gebracht haben, sich aggressiv zu verhalten.

▷ Aversive Behandlung bringt aggressives Verhalten häufig lediglich unter diskriminative Kontrolle. Menschen lernen dann lediglich, aggressives

Verhalten in Gegenwart potentiell bestrafender Personen zu unterlassen, während sie es in Abwesenheit dieser Personen zeigen, sobald es einen funktionalen Wert verspricht.

▷ Heftige Bestrafungen können zu einem so negativen zwischenmenschlichen Klima führen, daß der „Erzogene" es vorzieht, das betreffende soziale System zu verlassen und die dort vermittelten „Werte" innerlich zunehmend abzulehnen. Wenn ein Kind mehrfach fortgelaufen ist, steigt die Wahrscheinlichkeit einer Verwahrlosung und einer Verhaltensbeeinflussung durch die Subkulturen der „Straßenecke".

Trotz der möglichen negativen Effekte von Bestrafungen aggressiven Verhaltens ist es im Lichte der sozial-kognitiven Lerntheorie nicht sinnvoll, auf aggressives Verhalten von Kindern gänzlich mit *Indifferenz* zu reagieren. Ein permissives Akzeptieren von Aggressionen kann als *Billigung* aufgefaßt werden und eine Ausbildung entsprechender negativer Verhaltensstandards fördern. Keinesfalls aber sollte ein Verhalten bestraft werden ohne eine gleichzeitige aktive Förderung alternativer sozialer Kompetenzen. *Bestrafung sollte unseres Erachtens nur zur Verhinderung besonders gefährlicher Formen aggressiven Verhaltens eingesetzt werden.* Die Aufmerksamkeit von Erziehern sollte unseres Erachtens nicht so sehr darauf gerichtet sein, aggressives Verhalten durch *negative Verhaltenskonsequenzen* (Bestrafung) reduzieren zu wollen. Als hilfreicher erscheint es uns, darauf zu achten, inwieweit man selbst als Erzieher aggressives Verhalten durch besondere Beachtung oder durch besonderes Nachgeben unbeabsichtigt „belohnt".

Reduktion des funktionalen Werts aggressiver Verhaltensweisen

Gerade in Erziehungsituationen sollte deutlich gemacht werden, daß Verhaltensweisen dann, wenn sie *aggressiv* sind, nicht zu Erfolg führen dürfen. In bestimmten Fällen können *Verhaltensverträge* ein geeignetes Mittel dazu sein, die spezifischen Verhaltensweisen zu definieren, die von den Interaktionspartnern unter keinen Umständen akzeptiert werden sollen (vgl. PATTERSON 1975).

Dieses Prinzip der *Reduzierung unbeabsichtigter Bekräftigung aggressiven Verhaltens* spielt in Erziehungssituationen noch in einer anderen Hinsicht eine Rolle. Wir haben bereits über die Beobachtungen von PATTERSON, COBB und RAY (1972) berichtet, nach denen in Kindergärten nahezu 80% der aggressiven Akte von Kindern zu einem belohnenden Ergebnis führten. Diese Beobachtungen werfen die Frage auf, ob Erzieher in solchen Fällen in die gegenseitigen aggressiven Interaktionssequenzen eingreifen sollen, damit sich bei den Kindern nicht die Erwartung herausbilden kann, aggressives Verhalten sei erfolgreicher als nicht-aggressives Verhalten.

Vor allem in Klassenzimmern führen negative Reaktionen von Lehrern auf aggressives Schüler-Verhalten häufig eher zu einer *Steigerung* nachfolgender Aggressionen von Schülern, da die Schüler die negativen Reaktionen von Lehrern in bestimmten Fällen letztlich als „Erfolg" für sich verbuchen (O'LEARY & O'LEARY 1972). Daher wird verschiedentlich empfohlen, aggressives Schüler-Verhalten zu *ignorieren*, damit es nicht durch die besondere Zuwendung des Lehrers bekräftigt wird (vgl. auch FLORIN & TUNNER, siehe Kapitel 10).

Ein solches Erzieherverhalten ist im Lichte der sozial-kognitiven Lerntheorie jedoch nicht förderlich für die Entwicklung sozialer Kompetenzen. Das Ignorieren kann erstens als eine verdeckte Billigung aufgefaßt werden und stellt zweitens zumindest so lange keinen Fortschritt in der Höherentwicklung sozialer Interaktionsformen dar, wie nicht spezifische Anregungen zur Bevorzugung „konstruktiver" sozialer Kompetenzen hinzukommen.

In einer Reihe einfallsreicher Versuche zeigte CHITTENDEN schon im Jahre 1942, daß Kinder darin trainiert werden können, ihre Erwartungen bezüglich der funktionalen Bedeutung aggressiven Verhaltens dahingehend zu ändern, daß sie auch die langfristigen negativen Effekte solchen Verhaltens antizipierten und daher aggressives Verhalten zunehmend negativer beurteilten und auch tatsächlich weniger zeigten. Dies war schließlich selbst dann der Fall, wenn sie mit einer unmittelbaren Bekräftigung rechnen konnten, zum Beispiel in Form der Inbesitznahme eines Spielzeuges durch einen aggressiven Akt.

Reduktion von Anreizen zu aggressivem Verhalten

Selbstbeobachtung des Erziehers

Die Art und Weise, in der Eltern und Erzieher untereinander und mit ihren Kindern interagieren, bietet den Kindern einen normativen Bezugsrahmen dafür, welche Arten zwischenmenschlicher Interaktionen als „normal" angesehen werden. Will man also einen Beitrag dazu leisten, das aggressive Verhalten von Kindern zu reduzieren, so ist zuvor eine kritische Selbstbeobachtung im Hinblick darauf notwendig, inwieweit man selbst

- ▷ aggressives Verhalten unbeabsichtigt bekräftigt, und/oder
- ▷ aggressives Verhalten unbeabsichtigt (zum Beispiel durch Durchführung und Rechtfertigung von Bestrafungen) modelliert.

Die „reziproke Determination" von Verhalten in Interaktionssituationen (BANDURA 1976) könnte im Hinblick auf das Konzept der sozialen Kompetenz dahingehend genutzt werden, daß man verstärkt versucht, auch die Kinder sukzessive darin zu trainieren und zu ermutigen, ihren Erziehern Feedback über deren verdeckte oder offene Gewaltausübungen zu geben. Regelmäßige „Familienkonferenzen" (GORDON 1972) könnten dazu dienen, *Verantwortung für die Konsequenzen des eigenen Verhaltens einzuüben und Konfliktherde zu thematisieren.*

So selbstverständlich es viele Erzieher bisher gefunden haben, das Verhalten von *Kindern* zum Gegenstand von *Sanktionen* zu machen, so selbstverständlich sollte es werden, daß auch die Kinder das verbriefte Recht erhalten, problematische Verhaltensweisen ihrer *Erzieher* durch Feedback und Sanktionen mit Konsequenzen zu belegen. PATTERSON (1975) schlägt hierzu die Technik der *„Verhaltensverträge"* vor. Da Kinder auf diese Weise einüben können, Verhalten im Hinblick auf seine kurz- und langfristigen Konsequenzen für sich selbst und für ihre sozialen Bezugspartner zu beurteilen, hat diese Methode eine hohe praktische Relevanz für das Konzept der sozialen Kompetenz.

Den Effekten aggressiver Verhaltensmodelle entgegenwirken

Im Fernsehen werden respektvolle zwischenmenschliche Umgangsweisen immer wieder dadurch abgewertet, daß Formen gewalttätigen Verhaltens exzessiv vorgeführt werden: Menschen werden zu Tode geknüppelt, mit Maschinengewehren niedergemäht, brutal mit Messern, Fleischbeilen, Heugabeln und Stiletten angegriffen, niedergetrampelt, ertränkt, verbrannt, ausgepeitscht, bösartig geschlagen und gnadenlos gefoltert (BANDURA 1979a, S. 305).

Erzieher könnten versuchen, im Sinne einer „Vorzensur" die unerwünschten Sendungen von ihren Kindern fernzuhalten. Dies aber würde angesichts der Beliebtheit des Fernsehens bei Kindern auf die Dauer das Fernsehen zum ständigen „Zankapfel" machen. Daher erscheint es sinnvoller zu überlegen, wie man die *Bewertung* aggressiver Darbietungen durch die Kinder selbst so beeinflussen kann, daß die Kinder *selbst* entscheiden, diese Darbietungen nicht anzusehen. Durch Diskussionen und Demonstrationen der deletären Folgen von Gewaltanwendungen kann tatsächlich eine ursprüngliche Präferenz für gewalttätiges Verhalten verringert werden, wie CHITTENDEN (1942) und PETERMANN und PETERMANN (1978) durch einfallsreiche Trainingsprogramme überzeugend demonstriert haben.

In Schulen werden Schüler in effektiver Weise dazu trainiert, egozentrische und kompetitive Verhaltensweisen zu entwickeln. Selbst im Sportunterricht werden kompetitive Spiele gegenüber kooperativen Spielen erheblich bevorzugt (vgl. TAUSCH & TAUSCH 1977). Im Geschichtsunterricht lernen die Schüler in exzessiver Weise die Daten und Details von Kriegen auswendig; Möglichkeiten der gewaltfreien Interessensvertretung und Konfliktbearbeitung werden nur in sehr geringem Ausmaß thematisiert oder gar eingeübt (vgl. TAUSCH & TAUSCH 1977; HANKE, HUBER & MANDL 1976).
Überdies bietet die Schule zahlreiche Modelle gewaltausübenden Verhaltens in subtiler, verschleierter Form dar. Wenn Lehrer durch häufigen Einsatz einseitig gerichteter Sanktionen Gewalt über das Verhalten der Schüler ausüben, tradieren sie gerade solche kulturellen Inhalte, die nicht als eigentliche Lernziele definiert und kodifiziert sind, daher einer öffentlichen Kontrolle entzogen sind. HEITMEYER (1976, S. 46ff) spricht von einem „*versteckten Curriculum*" und weist damit darauf hin, daß gerade auch die nicht offenkundigen Modellierungen gewaltausübenden Verhaltens das Ziel verstärkter Aufmerksamkeit werden müssen.
In neuerer Zeit wurden zahlreiche Arbeiten zur *wechselseitigen Bezogenheit* von Lehrer- und Schülerverhalten unter der Fragestellung durchgeführt, inwieweit Möglichkeiten der gewaltfreien Konfliktregelung im Schulalltag gezielt gefördert werden können (BECKER, DIETRICH & KAJER 1976; GRELL 1975; KOUNIN 1976; LOUIS und Mitarbeiter 1976).

Gezieltes Einüben nicht-destruktiver Verhaltenskompetenzen

Die bedeutsamste Relevanz der sozial-kognitiven Lerntheorie für eine Förderung nicht-aggressiver sozialer Kompetenzen ist wohl darin zu sehen, daß sie einen differenzierten Bezugsrahmen zur gezielten Förderung *wünschenswerter Lernprozesse* bietet. Es wurde bereits mehrfach betont, daß das Angebot an Verhaltensmodellen in einer Gesellschaft nicht zu den invarianten Gegebenheiten gehört, sondern als prinzipiell veränderbar anzusehen ist.
Die auf den Seiten 108–129 dargestellten Grundprinzipen des sozialkognitiven Lernens können also gezielt erzieherisch gelenkt werden. BARON und KEPNER (1970) verringerten die Häufigkeit von Aggressionen bei Personen, indem sie ihnen Verhaltensmodelle vorführten, die auch bei Provokationen mit Ruhe und Gelassenheit nicht-aggressives Verhalten zeigten.

Selbst der ansonsten aggressionssteigernde Effekt eines gleichzeitig anwesenden aggressiven Verhaltensmodells konnte durch die Darbietung des nicht-aggressiven Modells weitgehend neutralisiert werden.
KAUFMANN und FESHBACH (1963) förderten nicht-aggressives Verhalten bei Schülern dadurch, daß sie sie dabei unterstützten, provokative Situationen kognitiv umzustrukturieren.
Kognitives Lernen am Modell wurde auch von GOODWIN und MAHONEY (1976) gezielt eingesetzt, um bei Schülern nicht-aggressive Bewältigungsweisen verbaler Provokationen zu fördern. Die Ausgangsbeobachtungen hatten ergeben, daß die Schüler keine ausreichenden Kompetenzen zur nicht-aggressiven Beantwortung verbaler Angriffe entwickelt hatten.

Förderung „prosozialer" Verhaltensalternativen

In der Literatur gibt es nur wenige Berichte über systematische Versuche, die günstigsten Bedingungen herauszufinden, unter denen prosoziale Verhaltensalternativen als effektives Gegenmittel gegen Aggressionen gefördert werden können.
STAUB (1971) demonstrierte die Wichtigkeit einer systematischen Forschung zu dieser Frage. Er zitiert einige Untersuchungen, nach denen erzieherische Bemühungen um eine Förderung prosozialer Verhaltensweisen keineswegs immer erfolgreich sind. Moralisierend vorgebrachte Forderungen, anderen Menschen zu helfen, führen beispielsweise häufig eher zur Aktivierung oppositioneller Tendenzen (*Reaktanz-Phänomen*; BREHM 1966).
In einer weiteren Arbeit empfiehlt STAUB daher (1973), prosoziales Verhalten solle möglichst *indirekt* trainiert werden, beispielsweise indem man Lernprozesse so organisiert, daß Kinder ihrerseits als verantwortliche Lehrer von Mitschülern agieren können, statt sich selbst als Zielscheibe von Instruktionen erleben zu müssen.
Wie bedeutend gerade für die Förderung *altruistischen* Verhaltens eine Ausbildung von *Selbstbekräftigungssystemen* ist, betont ROSENHAN (1972). Altruistisches Verhalten wird definitionsgemäß gerade dann gezeigt, wenn keinerlei sichtbare Belohnung von außen hinzukommt (vgl. hierzu auch HOFFMANN 1976; MISCHEL & MISCHEL 1976; SELMAN 1976).
Der Begriff der „*Prosozialität*" wird meist verwendet für solche Verhaltensweisen, bei denen die Absicht erkennbar ist, anderen Personen Erleichterung oder Verbesserung der Lebenssituation zu verschaffen (LÜCK 1975). BAR-TAL (1976) verwendet den gleichen Begriff für solche Formen freiwilligen Verhaltens, die anderen Menschen nutzen sollen und nicht an

die Erwartung externer Belohnungen gekoppelt sind. Gemeint ist meist:

▷ altruistisches, helfendes Verhalten (HOFFMAN 1977)

▷ kooperatives Verhalten (WILKE-BIRKENHAUER 1977)

▷ Verhalten nach dem Prinzip der ausgleichenden Gerechtigkeit (PETERMANN & PETERMANN 1978).

Eine Förderung solcher prosozialer Verhaltensweisen ist jedoch im Lichte der sozial-kognitiven Lerntheorie keineswegs als ein hinreichender Beitrag zur Senkung aggressiver Verhaltensweisen anzusehen. *Wenn ein Mensch grundsätzlich dazu in der Lage ist, anderen Personen in bestimmten Situationen zu helfen, bedeutet dies noch nicht, daß er dieses Verhalten auch in solchen Situationen einsetzen wird, in denen die Wahrscheinlichkeit heftiger Affektaggression hoch ist (Beispiel: erhitzter Streit).* Auch Menschen, die morden, ververfügen oft durchaus über ein Repertoire höflichen und kooperativen Verhaltens; sie setzen dieses nur *selektiv* ein, wie Jilian BECKER (1978) am Beispiel von Biographien einiger Terroristen subtil beschrieben hat.

Bei Versuchen zur Förderung prosozialer Verhaltensalternativen sollte also unseres Erachtens darauf geachtet werden, daß diese nicht isoliert trainiert werden. Entsprechende Versuche sollten möglichst mit einer Auseinandersetzung mit der grundsätzlichen Frage verbunden werden, wovon es eigentlich abhängt, ob Menschen den Wunsch entwickeln, anderen Personen *nicht schaden zu wollen.*

Steigerung des funktionalen Werts nicht-aggressiver Verhaltenskompetenzen

Für die Gestaltung gezielter Trainingsprogramme zur Förderung nicht-aggressiver sozialer Kompetenzen schlägt BANDURA (1979a, S. 279ff) folgendes Vorgehen vor:

▷ Wiederholte *Modellierung* alternativer Reaktionsmöglichkeiten. Der stärkste Generalisierungseffekt ist zu erwarten, wenn verschiedene Personen in unterschiedlichen aggressionsprovozierenden Situationen nicht-aggressive Reaktionsweisen vorführen. Es sollen möglichst sowohl allgemeine Verhaltensstrategien als auch spezifische Reaktionen demonstriert werden.

▷ Den Lernenden soll ausgiebige Gelegenheit dazu gegeben werden, die beobachteten Verhaltensmöglichkeiten unter günstigen Bedingungen solange *einzuüben*, bis sie diese geschickt und spontan ausführen. Hierbei kann es förderlich sein, möglichst differenziertes Verhaltens-Feedback zu geben.

▷ Besonders für die anfänglichen Versuche, sich anders als bisher zu verhalten, sollen *Vorkehrungen für Erfolgserlebnisse* getroffen werden.

▷ Eine *Generalisierung* der Lernergebnisse über die Trainingssituation hinaus ist nur dann zu erwarten, wenn die neuen Verhaltensweisen so gestaltet sind, daß sie auch in der natürlichen Umgebung einen funktionalen Wert haben, das heißt belohnende Effekte mit sich bringen. Nicht-aggressive Reaktionsweisen können unter sukzessiv schwierigeren Bedingungen eingeübt werden.

▷ Nicht-aggressives Problemlöseverhalten kann nur dann zu einer Quelle positiver Selbstbeurteilungen werden, das heißt durch ein entsprechendes *Selbstbekräftigungssystem* aufrechterhalten werden, wenn die eingeübten Verhaltensweisen zur nicht-aggressiven Problemlösung so effektiv sind, daß *Effizienzerwartungen* realistisch sind (vgl. BANDURA 1977b, S. 28).

Es genügt also nicht, alternative Verhaltenskompetenzen zu entwickeln, sondern es ist zusätzlich wichtig, daß die trainierten Personen die neuen Verhaltensweisen so in ihr Verhaltensrepertoire integrieren, daß damit eine Steigerung der *Erwartung persönlicher Effizienz* verbunden ist (vgl. hierzu auch BANDURA 1979b, S. 85–91; SCHWITZGEBEL 1976, S. 35–50).

Auseinandersetzung mit aggressionsfördernden Kognitionen

Selbstbekräftigungssysteme funktionieren nicht invariant, sondern sie können, wie bereits dargestellt wurde, unter bestimmten Umständen selektiv außer Kraft gesetzt werden bzw. unter *diskriminative Kontrolle* geraten (siehe S. 126ff). Das bedeutet: Menschen zeigen von Zeit zu Zeit Verhaltensweisen, die sie selbst *„prinzipiell"* oder *„eigentlich"* verurteilen.

TAUSCH & TAUSCH (1977, S. 375) fanden in einer Studie, daß Lehrer zu 90 Prozent in alltäglichen Konfliktsituationen ein Erziehungsverhalten zeigten, das sie bei distanzierter Betrachtung selbst ablehnten. Die Autoren zitieren ferner eine Untersuchung von BIERHOFF-ALFERMANN und HÖCKE (1974), nach der kaum ein Zusammenhang besteht zwischen der Anerkennung hoher Erziehungsideale und dem praktischen Handeln von Personen im erzieherischen Bereich.

Die sozial-kognitive Lerntheorie nimmt eine Anzahl kognitver Operationen an, mit deren Hilfe Menschen, die aggressives Verhalten ansonsten ablehnen, in bestimmten Situationen ihre gelernten selbstkritischen Reaktionen durch *Rechtfertigung* selektiv außer Kraft setzen („self-absolving practices"; BANDURA 1979a, S. 234–246). Diese *kognitiven Kunstgriffe*, die die Wahrscheinlichkeit von Aggressionen in einer gegebenen Situation erhöhen können, wurden auf S. 126ff dargestellt.

Wie wir in den Kapiteln 6 und 7 bereits gezeigt haben, sind auch die *Trieb-*

theorien der menschlichen Aggresivität dazu geeignet, Aggressionen als ein „normales“ oder gar auch „notwendiges“ Verhalten zu rechtfertigen: Selbst viele Erzieher sind der Meinung, Aggressionen müßten „ausgelebt“ und „abreagiert“ werden (NOLTING 1978, S. 19–26).
Eine besondere Relevanz hat diese Vorstellung auch für diejenigen Aggressionen, bei denen tatsächlich keine direkte Schädigungsintention erkennbar ist, sondern bei denen eine Schädigung *billigend als Nebenwirkung in Kauf genommen wird* (vgl. hierzu LEMPP 1977, S. 174–175).
Eine weitere praktische Bedeutung der sozial-kognitiven Lerntheorie für präventive Projekte ist somit darin zu sehen, daß sie dazu herausfordert, eigene Rechtfertigungen gewaltausübender Handlungen kritisch zu überprüfen und nach Möglichkeiten zu suchen, wie man die *Selbstverantwortlichkeit* von Menschen so fördern kann, daß diese in möglichst geringem Maße für ein momentanes Außerkraftsetzen sozial-kompetenter Verhaltensnormen anfällig sind (zur Konkretisierung vgl. LICKONA 1976; PETERMANN & PETERMANN 1978).

Förderung von Kognitionen, die die Wahrscheinlichkeit von Aggressionen senken können

Da viele der oben angesprochenen Rechtfertigungsprozesse wahrscheinlich häufig zumindest teilweise „unreflektiert“ bleiben, das heißt nicht bezüglich ihrer faktischen destruktiven Wirkung in das Wahrnehmungsurteil von Menschen eingehen, kann möglicherweise bereits eine verstärkte „Bewußtmachung“ und Diskussion dieser Prozesse als ein sinnvoller erzieherischer Beitrag angesehen werden.
In einem Experiment von BANDURA, UNDERWOOD und FROMSON (1975) konnten Rechtfertigungen aggressiven Verhaltens wie auch das aggressive Verhalten von Personen selbst allein dadurch verringert werden, daß die infragekommenden Opfer der Aggressionen als achtenswerte, humane Wesen vorgestellt wurden.
Eine kritische Auseinandersetzung mit *Feindbildern* kann somit möglicherweise die Wahrscheinlichkeit von Rechtfertigungen aggressiven Verhaltens und damit auch von tatsächlichen Aggressionen herabsetzen. Feindbilder lassen sich dadurch kennzeichnen, daß sie sich ausschließlich auf pauschalisierende negative Urteile, Geringschätzung, Verachtung und Diffamierung beziehen, ohne daß eine argumentative Diskussion stattgefunden hat (ESSER 1978, S. 45f.).
Möglichkeiten der Selbstunterweisung als Mittel zur Modifizierung uner-

wünschter kognitiver Verhaltensdeterminanten bzw. zum Aufbau erwünschter Kognitionen wurden von MEICHENBAUM (1974) in Anlehnung an LURIA (1961) entwickelt. Eine erzieherische Förderung von Selbstinstruktionen zu nicht-aggressivem Verhalten könnte nach diesem Ansatz etwa folgendermaßen vor sich gehen:

Modellpersonen demonstrieren nicht-aggressive Verhaltensweisen und äußern zugleich laut ihre Gedanken zu den entsprechenden Handlungsstrategien. Die modellierten Verbalisierungen beinhalten verschiedene Schritte. Die Modellperson analysiert zunächst die Ausgangsproblematik (Beispiel: erfolgte Provokation), entwirft einen möglichen nicht-destruktiven Handlungsplan, gibt sich selbst Anweisungen für die Handlungsausführung, ermutigt sich selbst, um eigenen Zweifeln entgegenzuwirken, und belohnt sich selbst für erfolgreiches Handeln.

Zu den einzuübenden Bedingungen für solche Selbstbekräftigungen könnte es beispielsweise gehören, eher die Kontrolle als den Vollzug von Aggressionen gemeistert zu haben. Es geht also beispielsweise darum, daß es viel klüger ist, einem Gegner mit Hilfe des Verstandes als mit Hilfe der Fäuste standgehalten zu haben (vgl. BANDURA 1979a, S. 283f).

Die Teilnehmer des Trainings entwerfen sodann selbst entsprechende Handlungspläne und instruieren sich bei der Ausführung zuerst laut, dann leise und schließlich gedanklich (s. auch WAGNER 1976, S. 111ff).

Mittels derartiger Vorgehensweisen in Erziehungssituationen könnte ein Beitrag dazu geleistet werden, daß die von der sozial-kognitiven Lerntheorie angenommenen kognitiven Determinanten aggressiven Verhaltens einer verstärkten kritischen Diskussion zugänglich gemacht werden und daß zugleich alternative Möglichkeiten der nicht-aggressiven Verhaltenssteuerung aufgezeigt und eingeübt werden können.

Die Wertfrage bei Anwendungsversuchen der sozial-kognitiven Lerntheorie

Da die aus der sozial-kognitiven Lerntheorie menschlicher Aggressivität ableitbaren Handlungsempfehlungen, wie wir beschrieben haben, sehr vielfältig sind, ist es nahezu unmöglich, ein abschließendes Urteil über die Akzeptierbarkeit der entsprechenden Anwendungsergebnisse abzugeben.

BANDURA selbst setzt sich an zahlreichen Stellen seiner Arbeit mit ethischen Fragen auseinander, die sich ergeben, wenn man aus seiner Aggressionstheorie psychosoziale Veränderungsstrategien ableiten will (z.B. 1976, S. 205–229; 1979a, S. 274–279). Ausdrücklich ist zu betonen, daß es zwar zulässig ist, daß Veränderungsagenten aufgrund ihres Informationsvorsprungs die *Mittel* auswählen, mit deren Hilfe spezielle Ergebnisse am besten erzielt werden können; daß aber die Zielpersonen von Interventionen immer dann eine größere Rolle spielen sollten, wenn die *Richtung* festgelegt wird, in die ihr Verhalten modifiziert werden soll.

„Wenn die Empfänger der Interventionen *selbst* die Ziele auswählen, die sie erreichen möchten, werden ethische Fragen, die häufig bezüglich der Manipulation und der Kontrolle menschlichen Verhaltens wachgerufen werden, zu Pseudofragen" (BANDURA 1979a, S. 275).

Ein Problem stellt hierbei die Tatsache dar, daß Personen, die zu Gewalttätigkeit neigen, häufig keinerlei Motivation zur Änderung ihrer Verhaltensweisen zeigen. Nicht nur die Interessen und Motivationen der aggressiven Personen, deren Verhalten verändert werden soll, sondern auch die Interessen der potentiellen Opfer von Aggressionen und Gewalthandlungen sind also in die Überlegungen einzubeziehen.
Ein ethisches Dilemma läßt sich am effektivsten dadurch vermeiden, daß man versucht, aggressives Verhalten zu verringern, indem man den *funktionalen Wert prosozialer Verhaltensalternativen steigert.* Hierzu bietet die sozial-kognitive Lerntheorie einen umfassenden Bezugsrahmen.

Zusammenfassung der Kapitel 9 bis 11

Wir haben lerntheoretisch orientierte Erklärungsansätze aggressiven Verhaltens im Hinblick auf ihre praktische Relevanz für das Anliegen einer Prävention gewalttätigen und aggressiven Verhaltens untersucht.
Herkömmliche Ansätze einer Kontrolle aggressiven Verhaltens durch Bestrafungs-und Belohnungsprozeduren auf der Grundlage des behavioristischen Konditionierungsparadigmas wurden der sozial-kognitiven Lerntheorie Albert BANDURAs gegenübergestellt.
Obwohl die theoretischen Grundlagen der Modifikation aggressiven Verhaltens während der letzten Jahre – im Zuge der „kognitiven Wende" der verhaltensanalytischen Ansätze – eine fundamentale Veränderung erfahren haben, besitzen herkömmliche behavioristische Vorgehensweisen auch heute noch insofern eine praktische Relevanz, als sie die Vorstellungen vieler Menschen über Kontrollmöglichkeiten von Aggressionen mittels Sanktionen und Disziplinierungsmaßnahmen nachhaltig beeinflußt haben.
In der praktischen Anwendung in erzieherischen und therapeutischen Bereichen wirkt sich das herkömmliche behavioristische Erklärungsmodell

aggressiven Verhaltens in vieler Hinsicht problematisch aus. Versuche einer Kontrolle aggressiver Verhaltensweisen durch gezielte externe Sanktionen (Bekräftigung, Bestrafung) führen oft lediglich zu Diskriminationslernen, das heißt zu einer nur selektiven Hemmung von Aggressionen. Es ist allerdings sinnvoll, den Blick von Erziehern dafür zu schärfen, daß sie möglicherweise zeitweise bestimmte Aggressionen durch besondere Zuwendung ungewollt bekräftigen und ihre Auftretenswahrscheinlichkeit dadurch erhöhen. Die eigenen Reaktionsweisen auf aggressive Äußerungen von Mitmenschen sollten also systematischer überprüft werden.

Greift man in Konfliktsituationen häufig zu Disziplinierungsmaßnahmen, um das Verhalten von Mitmenschen durch Lohn und Strafe unter Kontrolle zu bringen, so vermittelt man zugleich implizit die Verhaltensnorm, daß Gewaltanwendung eine effektive und akzeptable Methode zur einseitigen Durchsetzung von Unterordnung und Gehorsam sei. Die am traditionellen Konditionierungsparadigma orientierten Anleitungen zur Verhaltensmodifikation kommen wahrscheinlich gerade autoritären Strukturen und Verhaltensgewohnheiten entgegen und werfen eine Fülle ethischer Probleme auf.

Im Unterschied zum linearen Ursache-Wirkungs-Verständnis des radikalen Behaviorismus versteht die sozial-kognitive Lerntheorie von Albert BANDURA das aggressive Verhalten von Menschen als Ergebnis einer komplexen reziproken Determination. Zwar hängt das Auftreten von Aggressionen davon ab, welche Konsequenzen die Aggressionen mit sich bringen, aber die Verhaltenskonsequenzen werden teilweise von der Person selbst aktiv herbeigeführt oder geschaffen. Menschen steuern ihr Verhalten nicht nur auf der Grundlage von Antizipationen externaler Verhaltenskonsequenzen, sondern auch auf der Basis beobachtend wahrgenommener (das heißt „stellvertretend" von Mitmenschen erfahrener) Konsequenzen sowie auf der Grundlage internaler, selbsterzeugter Konsequenzen.

Im Lichte der sozial-kognitiven Lerntheorie ist es aus diesem Grunde nicht sinnvoll, zwischenmenschliche Aggressionen primär durch externale Sanktionen (Disziplinierungsmaßnahmen) verhindern zu wollen.

Ob Menschen dazu gebracht werden können, in ihrem Lebensbereich nichtaggressive Verhaltensweisen generell gegenüber aggressiven Verhaltensweisen vorzuziehen, hängt wesentlich davon ab, welchen funktionalen Wert sie den verschiedenen Verhaltensweisen im Hinblick auf ihre Ziele in ihrer gegebenen Umwelt beimessen. Zentral dabei ist die menschliche Fähigkeit, bei der Beobachtung des Verhaltens anderer Personen Ergebniserwartungen auszubilden und zu speichern. Die bei der Beobachtung anderer Menschen wahrgenommenen Verhaltenskonsequenzen fungieren als informative Bezugsnormen dafür, ob ein eigenes Ausprobieren (Nachbilden) der beobachteten Verhaltensmuster einen Nutzen verspricht.

Welche Arten von Verhaltensmodellen Menschen in ihrem sozialen Bereich vorzugsweise erleben, hängt von verschiedenen sozialstrukturellen Bedingungen ab. Zur Senkung der Auftretenshäufigkeit zwischenmenschlicher Aggressionen sind also insbesondere auch bestimmte politische Kompetenzen zu entwickeln, damit diejenigen sozialen Bedingungen geändert werden können, die einen Einfluß darauf haben,

- ▷ ob Menschen an aggressive Verhaltensweisen stärkere Nutzenerwartungen knüpfen als an nicht-aggressive Verhaltensweisen,
- ▷ ob sie ausreichend Gelegenheit haben, flexible nicht-aggressive Verhaltensweisen zur Befriedigung ihrer Bedürfnisse zu lernen,
- ▷ ob im sozialen Bereich ausreichend viele nicht-aggressive Verhaltensmöglichkeiten der wirksamen Interessenvertretung und Bedürfnisbefriedigung tatsächlich zugelassen sind,
- ▷ ob ausreichend viele Anreize zur Bevorzugung nicht-aggressiver Verhaltensalternativen vorhanden sind.

Im Rahmen von Erziehungsprojekten ist es sinnvoll, die Erwartungen von Menschen bezüglich der funktionalen Bedeutung aggressiven Verhaltens dahingehend zu beeinflussen, daß sie auch die langfristigen negativen Konsequenzen von Aggressionen für die eigene Person und für andere Menschen zu antizipieren lernen.

Seitens der Erzieher ist eine kritische Selbstbeobachtung im Hinblick darauf wünschenswert, inwieweit sie selbst die „Effektivität“ aggressiven Verhaltens unbeabsichtigt (zum Beispiel durch Gewaltanwendungen in Form von Disziplinierungsmaßnahmen) modellieren und rechtfertigen. Gerade auch die nicht offenkundigen Modellierungen gewaltausübenden Verhaltens müssen das Ziel verstärkter Aufmerksamkeit werden.

Die bedeutsamste Relevanz der sozial-kognitiven Lerntheorie für eine Prävention zwischenmenschlicher Aggressionen sehen wir darin, daß sie einen differenzierten Bezugsrahmen zur gezielten Förderung wünschenswerter Einübungsprozesse nicht-aggressiver Verhaltenskompetenzen bietet. Hierbei ist unter anderem darauf zu achten, daß nicht einfach sogenannte „prosoziale“ Verhaltensalternativen gelehrt werden, sondern daß zugleich der funktionale Wert solcher Verhaltensweisen durch eine entsprechende Gestaltung des betreffenden sozialen Interaktionssystems unterstützt wird. Zugleich muß eine intensive Auseinandersetzung mit den kognitiven Prozessen der Verhaltenssteuerung stattfinden. Hierzu gehört eine kritische Reflexion von Rechtfertigungen gewalttätigen Verhaltens einerseits und die Förderung von Selbstbekräftigungssystemen für alternative nicht-aggressive Verhaltensweisen andererseits.

IV.

Ist es möglich und wünschenswert, das Auftreten von Aggressionen durch kognitive Kontrolle von Ärger und Wut zu vermindern?

Nachdem wir in den vorhergehenden Kapiteln die wichtigsten Erklärungsansätze aggressiven Verhaltens vorgestellt und im Hinblick auf ihre grundsätzliche Relevanz für Förderungsmöglichkeiten nicht-aggressiver sozialer Kompetenzen diskutiert haben, wollen wir nun auf die bereits eingangs (Seite 35) vorgenommene Unterteilung aggressiver Verhaltensweisen in zwei Hauptgruppen zurückkommen.

Es wurde unterschieden zwischen

- ▷ *instrumentellen Aggressionen*, die sehr weitgehend der willkürlichen Kontrolle unterliegen und zur Erreichung bestimmter Ziele eingesetzt werden, und
- ▷ *affektiv-expressiven Wutaggressionen*, die in deutlich geringerem Maße der willkürlichen Kontrolle unterworfen sind, das heißt spontane und impulsive Reaktionen darstellen, bei denen mögliche negative Konsequenzen und Nebenwirkungen verhältnismäßig wenig oder überhaupt nicht reflektiert werden. Diese Aggressionen werden häufig auch als *„reaktive Aggressionen"* bezeichnet.

Zwischen diesen beiden Extremformen aggressiven Verhaltens gibt es fließende Übergänge: die meisten Aggressionen sind als *affektiv-instrumentelle Mischaggressionen* aufzufassen.

Das von uns verfolgte Anliegen, nach Förderungsmöglichkeiten spezifischer sozialer Kompetenzen zu suchen, die zur Prävention zwischenmenschlicher Aggressionen beitragen könnten, bezieht sich prinzipiell auf alle genannten Aggressionsformen. Wir können allerdings im vorgegebenen Rahmen nicht auf sämtliche Arten zwischenmenschlicher Aggressionen gleichermaßen ausführlich eingehen.

Im Hinblick auf die Bedürfnisse des erzieherischen Alltags halten wir es für vertretbar, zunächst die sogenannten reaktiven Aggressionen zu einem bevorzugten Ansatzpunkt der erzieherischen Förderung sozialer Kompetenzen zu machen.

Es darf nämlich angenommen werden, daß im Laufe der kindlichen Entwicklung die affektiv-expressiven Wutaggressionen zuerst auftreten. Bei Kindern wird das zunächst rein expressive Wutverhalten zunehmend durch willkürliche Prozesse ausdifferenziert. Die Ausdrucksweisen werden immer „raffinierter": Vom primitiv-zornigen Schreien und Grimassieren über das Stampfen bis zum gezielten Zerstören von Sachen wird die Wut schließlich immer häufiger gezielt instrumentell eingesetzt, um bestimmte Dinge oder

Zuwendungen zu erreichen. Insofern erlangen viele affektiv-expressive Wutaggressionen erst im Verlauf individueller Lerngeschichten zunehmend einen sekundären instrumentellen Wert (KEMMLER 1957; MICHAELIS 1976, S. 62; PATTERSON, LITTMANN & BRICKER 1967; SEARS, MACCOBY & LEVINE 1957).

Vermittelt man soziale Kompetenzen zur Prävention primär „reaktiver" Aggressionen, so besteht eine gewisse Wahrscheinlichkeit, daß damit gleichzeitig ein Beitrag zur Senkung eines Teils der überwiegend instrumentellen Aggressionen geleistet wird.

Auch wenn es sich aufgrund fehlender epidemiologischer Untersuchungen nicht ohne weiteres belegen läßt, gehen wir davon aus, daß *gerade die banale Alltagsgewalt (zum Beispiel Verprügeln, Beleidigen, Beschimpfen), die von vielen Menschen relativ unhinterfragt als etwas Selbstverständliches im zwischenmenschlichen Zusammenleben angesehen wird, in ganz besonders hohem Maße ein Ausdruck mangelnder Kompetenzen zum Umgang mit Belastungssituationen und aufkommenden Affekten ist.* Diese affektiv-instrumentellen Mischaggressionen schaffen ein negatives Interaktionsklima, das einer Ausbildung rücksichtsvoller Verhaltensweisen nicht förderlich ist.

In einer Interviewstudie mit 160 Müttern und 171 sechsjährigen Kindern ergab sich, daß 78% aller Mütter „Schläge mit der Hand" bei einem sechsjährigen Kind für ein wirksames und legitimes Erziehungsmittel hielten. Mehr als ein Drittel der Mütter befürwortete Ohrfeigen und Schläge auf die Hände, und ein Sechstel von ihnen Schläge mit einem Hilfsmittel (zum Beispiel Hausschuhen, Kochlöffeln; nach PETRI und LAUTERBACH 1975, S. 29f).

Man darf wohl annehmen, daß bei vielen solcher Alltagsaggressionen mehr oder weniger heftige *Affekte* mitspielen. Ferner kann man annehmen, daß es möglich sein müßte, für den Umgang mit solchen Affekten und den ihnen vorausgehenden aversiven Erlebnissen auch nicht-destruktive Verhaltenskompetenzen zu entwickeln.

Die folgenden Kapitel werden der Frage gewidmet sein, welche Ergebnisse der psychologischen Ärger- und Aggressionsforschung beachtet werden sollten, wenn man im erzieherischen Bereich einen Beitrag zur Beeinflussung solcher impulsiver Alltagsaggressionen leisten will. Wir werden hierzu eine Anzahl neuerer Ergebnisse zur funktionalen Bedeutung aversiver Bedingungen für das Auftreten aggressiven Verhaltens auswerten. Dabei wird erneut deutlich werden, daß „enge" Theorien, wie zum Beispiel die Frustrations-Aggressions-Theorie, weder als ein befriedigendes Erklärungsmodell, noch als ein Bezugsrahmen für die Ableitung zielgerechter Interventionsstrategien ausreichen.

12

Wechselwirkungen zwischen Wahrnehmungen, Gedanken und Affekten

In diesem Kapitel soll zunächst gezeigt werden, in wie vielfältiger Weise selbst das spontane Aufquellen heftiger Affekte (Ärger, Wut) als ein Ergebnis vorausgegangener Lernerfahrungen verstanden werden kann. Hierzu wollen wir zunächst an einige Aussagen der bereits im 8. Kapitel besprochenen Frustrations-Aggressions-Hypothese anknüpfen.
Wie wichtig es ist, die möglichen unterschiedlichen *subjektiven Bedeutungsgehalte* frustrierender Bedingungen auch begrifflich von diesen abzugrenzen, machte unter anderem PASTORE (1952) deutlich. Frustrierende Bedingungen erhöhten nach den Untersuchungen dieses Autors vor allem dann die Auftretenswahrscheinlichkeit nachfolgender Aggressionen, wenn sie als *willkürlich* erlebt wurden. Als *„gerechtfertigt"* empfundene Frustrationsbedingungen führen nach PASTORE deutlich seltener zu Aggressionen. Zu ähnlichen Ergebnissen kamen auch MALLICK und McCANDLESS (1966) sowie WORCHEL (1957).
Nicht die äußeren Störereignisse selbst veranlassen uns also zu affektiven Reaktionen. Entscheidender für die Art unserer nachfolgenden Affekte wird sein, wie wir die äußeren Ereignisse *interpretieren* und in wieweit wir sie *auf uns selbst beziehen.* Aus diesem Grunde halten wir es für sinnvoll, begrifflich zu differenzieren zwischen frustrierenden Bedingungen, Frustriertheit und Frustriertheitsfolgen.

Frustrierende Bedingungen, Frustriertheit und Frustriertheitsfolgen

Als *frustrierende Bedingungen* oder *„Frustrierungen"* bezeichnen wir störende Ereignisse wie zum Beispiel Konfliktsituationen, Barrieren und Verzögerungen im Handlungsablauf („Problemsituationen" im weiten Sinn), Angriffe, Beleidigungen, Provokationen, Wegfall von Belohnungen nach einmal etablierter Belohnungserwartung, aber auch Krisen, Mangelsituationen und Verluste (vgl. MICHAELIS 1976; STÄCKER 1977; TEDESCHI, SMITH & BROWN 1974).

In experimentellen Untersuchungen zur Frustrations-Aggressions-Hypothese wurde häufig nicht ausreichend erklärt, ob die jeweiligen „frustrierenden experimentellen Bedingungen" überhaupt von den betreffenden Versuchspersonen wirklich subjektiv als frustrierendes Ereignis *erlebt* wurden. Es ist also zu fragen, ob „frustrierende Bedingungen" überhaupt reaktionsunabhängig definierbar sind.

Doch sogar reaktionsbezogene Bestimmungen stoßen auf Schwierigkeiten. LAWSEN (1965) konnte nachweisen, daß es keine charakteristischen Reaktionen auf die Klasse von Reizen gibt, die in psychologischen Experimenten gemeinhin als „Frustrationen" operationalisiert worden sind. Operational kann man eine Aversivität gegebener Reize dann annehmen, wenn Menschen eine Tendenz zur Beendigung oder Vermeidung dieser Reize zeigen.

Als *Frustriertheit* wollen wir in Übereinstimmung mit SELG (1971) und STÄCKER (1977) den hypothetischen *inneren Zustand* bezeichnen, der durch störende Ereignisse ausgelöst werden kann.

In der Geschichte der Frustrations-Aggressions-Hypothese sind die Behauptungen über spezifische Wirkungen frustrierender Bedingungen auf das menschliche Erleben und Verhalten immer zurückhaltender und differenzierter geworden.

In der ursprünglichen Fassung der Hypothese wurde, wie bereits dargestellt, *aggressives Verhalten* als geradezu selbstverständliche Reaktionstendenz auf frustrierende Situationen angesehen. BERKOWITZ wies später darauf hin, daß Frustrationen wahrscheinlich nur dann zu Aggressionen führen, wenn zunächst *Ärger* auftritt: „Frustrationen haben einen emotionalen Zustand zur Folge, nämlich Ärger, der die Wahrscheinlichkeit von antriebsspezifischem Verhalten erhöht, insbesondere von Aggression" (BERKOWITZ 1962, S. 49). Er sah den modifizierenden Einfluß von Lernerfahrungen auf die Art der Reaktionen auf Frustrationen darin, daß

▷ von Lernerfahrungen abhängt, wie die Situation durch die Person definiert wird;
▷ Lernerfahrungen entscheidend dafür sind, ob zusätzlich alternative Reaktionstendenzen aktiviert werden. Das Ausmaß, in dem wir uns durch ein blockierendes Ereignis überhaupt irritiert oder *„frustriert"* fühlen, hängt unter anderem wahrscheinlich davon ab, ob uns andere Verhaltensmöglichkeiten zur Verfügung stehen, das angestrebte Ziel dennoch zu erreichen;
▷ Lernerfahrungen schließlich auch die Art und Intensität der auf Frustriertheit folgenden aggressiven oder nicht-aggressiven Verhaltensreaktionen beeinflussen.

Diese Hinweise haben bereits einen direkten Bezug zum Konzept der sozialen Kompetenz. In belastenden Situationen ist es hilfreich,

1. viele Handlungsalternativen grundsätzlich zu kennen, und
2. schnell und flexibel von einer Verhaltensweise auf eine andere „umsteigen" zu können.

Die von BERKOWITZ angenommene Abfolge

Frustration → Ärger → Aggression

wird von der neuen Affektforschung in Zweifel gezogen, da anstelle von Ärger-oder Wutreaktionen auch Gefühle wie Enttäuschung, Traurigkeit, Depression oder Angst denkbar sind, Frustriertheit also nicht ohne weiteres mit einem eindeutigen Gefühlszustand identifiziert werden kann.

Im Einvernehmen mit einer großen Zahl anderer Autoren, läßt BANDURA (1979a) lediglich eine *unspezifische Erregung (arousal)* als regelhafte primäre (direkte) unwillkürliche Folge aversiver Bedingungen gelten. Verschiedene kognitive Prozesse bestimmen, wie diese unspezifische Erregung im weiteren Ablauf emotional eingefärbt oder in Verhalten umgesetzt wird.

BANDURA macht zudem darauf aufmerksam, daß zu den auslösenden Bedingungen emotionaler Erregungen nicht nur aversive Erfahrungen (Frustrationen) gehören, sondern auch *vorgestellte, antizipierte Handlungsfolgen.* Tatsächlich läßt sich durch eine Fülle von Befunden belegen, daß die Art und das Ausmaß emotionaler Reaktionen auf frustrierende Bedingungen von jeweils aktualisierten gedanklichen Vorstellungsinhalten beeinflußt werden (vgl. BANDURA 1977; MICHAELIS 1976a; VALINS 1974.

In Abbildung 4 ist stark vereinfacht veranschaulicht, welche kognitiven Faktoren einen Einfluß darauf haben, ob die Einwirkung aversiver Bedingungen überhaupt zu Frustriertheit führt. (Eine wesentlich komplexere Darstellung findet der Leser bei MICHAELIS 1976a.)

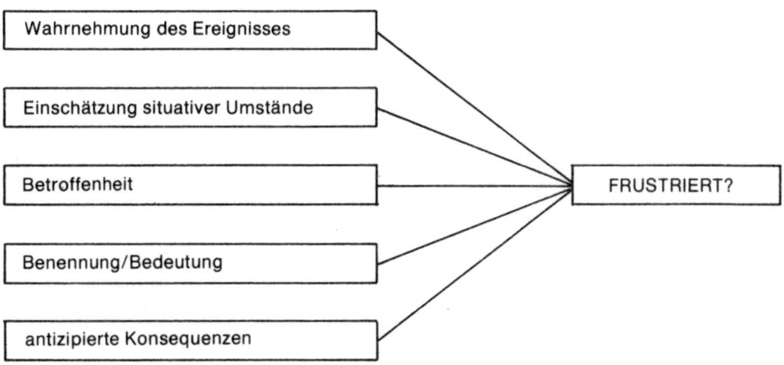

Abb. 4 Kognitive Faktoren, von denen es abhängt, ob sich eine Person nach der Einwirkung aversiver Bedingungen frustriert fühlt.

Das Geschehen ist also nicht als rein reaktiv (reflexartig) anzusehen, sondern als ein aktiver und somit vom Handelnden zumindest prinzipiell beeinflußbarer Prozeß. Wir werden diesen Gedanken später weiter ausführen.

Mögliche Umgangsweisen mit aversiven Bedingungen

Als *Frustriertheitsfolgen* wollen wir die Art und Weise bezeichnen, in der sich Menschen nach der Einwirkung furstrierender Bedingungen verhalten bzw. in der sie mit solchen Bedingungen umgehen. *Dabei erweist es sich als hilfreich, zwischen kurz- und langfristigen Frustriertheitsfolgen zu unterscheiden.*
Die nach Frustrierung unmittelbar zu beobachtenden Reaktionen sind – wie bereits angedeutet – häufig von diffuser, erhöhter Erregung gekennzeichnet. Wiederholen sich bestimmte frustrierende Ereignisse häufig, so werden als Ergebnis der psychischen Verarbeitung dieser Ereignisse *antizipatorische Erwartungen* ausgebildet, die als langfristige Frustriertheitsfolgen aufgefaßt werden können (STÄCKER 1977, S. 55–76).
Damit kann beispielsweise gemeint sein, daß die Person „sich fügt", das heißt die frustrierenden Bedingungen auch für die Zukunft *als Begrenzung des eigenen Handlungsspielraums akzeptiert*, skeptische Haltungen oder Vermeidungstendenzen entwickelt. Ebensogut können die langfristigen Frustriertheitsfolgen aber auch als ein nach und nach immer *„kompetenteres" Umgehen* mit den betreffenden Problemsituationen imponieren.
Die unmittelbaren (*kurzfristigen*) Frustriertheitsfolgen laufen oft relativ unwillkürlich und spontan ab. Dies dürfte vor allem in solchen Situationen der Fall sein, in denen heftiger Ärger aufgekommen ist und zusätzlich situative Anregungsbedingungen (z. B. in einem affektgeladenen Streit) diesen Ärger weiter „anheizen".
Die *langfristigen* Frustriertheitsfolgen sind deutlicher als die primären Effekte von *aktiven intrapsychischen Verarbeitungsweisen* gesteuert und spiegeln wider, was die betreffende Person inzwischen aus ihren Erfahrungen gelernt hat. Dennoch sind nicht nur die langfristigen, sondern auch die kurzfristigen Frustriertheitsfolgen prinzipiell beeinflußbar (DAVITZ 1972).
Will man die Reaktionsweisen von Menschen auf frustrierende Bedingungen zum Gegenstand erzieherischer Bemühungen machen (zum Beispiel im Sinne einer Unterstützung nichtdestruktiver Verhaltenspräferenzen), so wird es sinnvoll sein, die Unterscheidung von kurz- und langfristigen Frustriertheitsfolgen im Auge zu behalten.
So schwierig es oft erscheint, eine bereits in Gang gekommene Kette primärer affektiver und motorischer Reaktionsabläufe noch unmittelbar zu

beeinflussen (man denke an die Schwierigkeit, einen einmal in Rage geratenen Alkoholisierten zu beruhigen) soviel eher dürfte es möglich sein, die *gedanklichen Nachwirkungen* (also die sekundären Folgen) frustrierender Erlebnisse gezielt in die verschiedensten Richtungen zu lenken. *Die Art der gedanklichen Verarbeitung durchgemachter Frustrationen hat einen Einfluß darauf, mit welchen Vorstellungsinhalten künftige frustrierende Situationen assoziiert werden* und somit auch darauf, welche unmittelbaren Rekationsweisen bei solchen nachfolgenden Situationen „naheliegen". Durch nachträgliche Reflexion oder Informationssuche kann die Person wichtige Einsichten gewinnen in Ursachen und Hintergründe der erfolgten Versagung. Wenn dies rasch und gründlich geschieht, sinkt die Wahrscheinlichkeit eines heftigen Affektausbruchs oder einer impulsiven aggressiven Reaktion (SCHNEIDER 1969).

Es ist bisher wenig erforscht worden, inwieweit *gedanklich produzierte Hinweisreize*, die als ein Resultat früherer durchgemachter Lernprozesse aufgefaßt werden können, eine steuernde Funktion auf das Verhalten in frustrierenden Situationen ausüben. Eine besonders wichtige Rolle kommt dabei sicherlich den jeweils subjektiv erwarteten *Konsequenzen* der verschiedenen Handlungsmöglichkeiten zu; diese Erwartungen sind wiederum gelernt. Ist es einem Kind häufig gelungen, bestimmte Hindernisse durch einen aggressiven oder aggressionsähnlichen Akt (zum Beispiel durch Rütteln oder Treten) aus dem Wege zu räumen, so wird durch solche Erfolge die aggressive Verhaltenskomponente bekräftigt und möglicherweise auch bei ähnlichen Gelegenheiten erneut – zumindest gedanklich – naheliegen.

Die Bedeutung *situativer Anregungsbedingungen* für aggressives Verhalten hat vor allem BERKOWITZ herausgestellt. Im Zustand starker Erregung treten zielbewußte Überlegungen weitgehend zurück zugunsten relativ ungesteuerter, nahezu starr ablaufender *gewohnter Verhaltensmuster* unter verstärkter Berücksichtigung *zentraler Hinweisreize.* In Erregung versetzte Versuchspersonen, die bestimmten aggressiven Hinweisreizen ausgesetzt waren (zum Beispiel indem sie in Vorversuchen aggressive Wörter hatten aussprechen müssen oder indem sie herumliegende – eng mit Aggression assoziierte – Waffen erblickten), zeigten bei etwa gleicher Erregungsstärke eine deutlich höhere Aggressionsrate als Versuchspersonen der Kontrollgruppen, in deren Versuchsräumen statt Waffen lediglich „harmlose" Federballspiele und ähnliche Dinge herumgelegen hatten. Die bloße Anwesenheit von Waffen im Raum löste signifikant mehr manifeste Aggressionen bei den Versuchspersonen aus (BERKOWITZ & LE PAGE 1971, S. 131–146).

Ebenso kann in einem *affektgeladenen Streit* der Anblick des gereizten Gegenübers eine *zusätzliche* stimulierende Wirkung besitzen und einen weiteren Hinweisreiz zur Umsetzung dieser affektiven Impulse in eine aggressive Handlung bedeuten. Das Gefährliche, Riskante an den so gebahnten affektiven Durchbrüchen liegt darin, daß die Auseinandersetzungen dadurch ihren dialogischen Charakter verlieren und in ein Stadium affektiver „Hemmungslosigkeit“ eintreten können.

In Abbildung 5 ist dargestellt, wie vielfältig die verschiedenen Reaktionsweisen auf frustrierende Bedingungen grundsätzlich sein können.

Die prinzipielle Variabilität möglicher Reaktionen auf frustrierende Bedingungen bietet einen Anreiz. verstärkt nach nicht-destruktiven Verhaltens-

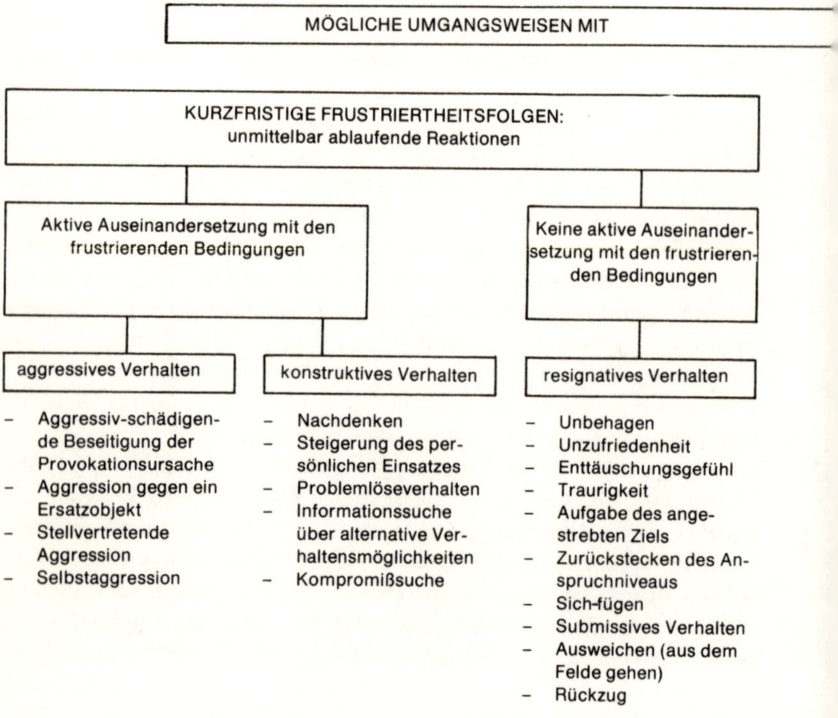

Abb. 5 Mögliche Umgangsweisen mit frustrierenden Ereignissen

kompetenzen zu fahnden und diese im erzieherischen Bereich gezielt zu fördern. *Ein Hauptziel erzieherischer Bemühungen kann darin gesehen werden, das Individuum zu befähigen, mit aversiven Bedingungen so umzugehen, daß es seiner Umgebung und sich selbst den unter den gegebenen Umständen kleinstmöglichen Schaden zufügt.* Frustrationen führen meist nur bei solchen Menschen zur Aggression, die gelernt haben, aversive Ereignisse mit Aggressionen zu beantworten. *Nach Frustrationen verhalten sich aggressiv trainierte Kinder aggressiver, dagegen kooperativ trainierte Kinder kooperativer (DAVITZ 1972).*

FRUSTRIERENDEN BEDINGUNGEN

LANGFRISTIGE FRUSTRIERTHEITSFOLGEN:
Nachwirkungen auf späteres Erleben und Verhalten

Erneute Auseinandersetzung mit den frustrierenden Bedingungen

aggressives Verhalten

- Schüren von Haß
- Rache
- Entwicklung aggressiver Gewohnheiten
- Delinquenz
- Zerstörung
- Terrorismus

konstruktives Verhalten

- aktives Einspeichern als Erfahrung, um für die Zukunft daraus zu lernen
- Andersartiges Herangehen an die Problemsituation unter selektiver Vermeidung frustrierender Bedingungen
- Verhandeln
- Zusammenschluß mit Mitbetroffenen
- Steigerung des Engagements
- Auseinandersetzung über Oberziele und Unterziele

Keine weitere Auseinandersetzung mit den frustrierenden Bedingungen

resignatives Verhalten

- Abnahme der frustrierten Reaktionen
- Nicht-Aufsuchen von Frustrationsquellen
- Abwehrmechanismen: Verdrängung, Rationalisierung, Projektion
- Somatisierung
- Fixierung
- Passivität
- Gewöhnung
- Apathie
- Abstumpfung
- Schüchternes Verhalten
- Selbstbetäugung mit Drogen und Alkohol
- Unzufriedenheit
- Wiederholungszwang
- Trauer
- Depression

Unter der Vielfalt der möglichen Reaktionsweisen auf frustrierende Bedingungen sind nun diejenigen Reaktionen genauer zu betrachten, die besonders häufig oder besonders gravierende destruktive Aggressionen nach sich ziehen. Erst wenn wir die hierbei wirksamen affektiven und kognitiven Reaktionskomponenten kennen, wird es möglich sein, ausreichend differenzierte Vorschläge für einen erzieherischen Umgang mit diesen Erlebnis- und Verhaltensabläufen zur Diskussion zu stellen.

Wir haben bereits auf Arbeiten Bezug genommen, in denen *Ärger* als eine angeborene Reaktionstendenz auf frustrierende Bedingungen und als eine zwischen Frustration und Aggression regelmäßig vermittelnde Variable angesehen wurde (BERKOWITZ 1962; 1974).

Zumindest bei *impulsiven* Aggressionen haben Ärger- und Wutempfindungen ganz offensichtlich eine wichtige vermittelnde Funktion. In einer Feldstudie alltäglicher aggressiver Interaktionen in amerikanischen Slums, Bahnhofsvierteln und Gefängnissen fand TOCH (1969) heraus, daß meist beleidigende Affronts, Frontalangriffe und provokative Kränkungen der „Männlichkeit" zu schnellen Eskalationen gegenseitiger Wutentwicklung mit nachfolgenden explosiven körperlichen Attacken führten. Auch Polizeibeamte und Gefängniswärter reagierten häufig in überaus empfindlicher Weise mit Ärger, Wut und Aggressionen auf statusbedrohende Provokationen. *Personen, die häufig in gefährliche impulsiv-aggressive Auseinandersetzungen verwikkelt waren, zeigten einen deutlichen Mangel an verbalen und anderen sozialen Fertigkeiten zur effektiven Auseinandersetzung mit provozierenden Situationen.* Vermutlich sahen diese Menschen aufgrund ihres unzureichenden Repertoires an alternativen Reaktionsweisen häufig in *aggressiven* Handlungen das einzige Mittel, das durch Provokation verletzte Selbstwertgefühl wieder aufzurichten. Da dieser Mechanismus jedoch auch bei den jeweiligen Gegnern ablief und somit auf ganz ähnlich motivierte Gegenattacken stieß, daher letztlich ineffektiv war, kam es zu erneuten gefährlichen Eskalationen unter Einsatz von Fäusten, Schlagringen, Messern oder Dienstpistolen.

Weiterhin zeigte die Studie von TOCH, daß sehr häufig auch bereits die *Entstehung* der heftigen Wutreaktionen als Ausdruck eines allgemein reduzierten Selbstwertgefühls angesehen werden kann. Wer (beispielsweise aufgrund seiner benachteiligten sozialen Stellung) ein ohnehin wenig stabiles Selbstwertgefühl besitzt, kann sich von mißachtenden Äußerungen anderer bereits dann zutiefst getroffen fühlen, wenn diese Äußerungen von Außenstehenden noch als gar nicht gravierend empfunden werden.

In einer deutschen Analyse von 80 versuchten und vollendeten Tötungsdelikten ließ sich nachweisen, daß in 66% der Fälle unmittelbar in der Tatsituation ein heftiger Affekt mitgewirkt hatte (LEMPP 1977). Viele dieser Täter waren in eine verhängnisvolle Situation hineingeraten und reagierten dann aus Gründen, die meist in einer zufälligen Konstellation der Umstände, oft auch in der Reaktionsweise der Opfer lagen, überwiegend aggressiv. LEMPP fand – ganz in Übereinstimmung mit den Ergebnissen von TOCH –, daß bei aufquellender Wut im Verlauf eskalierender Auseinandersetzungen häufig bedrohliche Ängste oder elementare Panikgefühle mitgespielt hatten.
Von verschiedenen Autoren wurde vorgeschlagen, die Frustrations-Aggressions-Hypothese auf eine Art „*Aggressions-Aggressions-Hypothese*“ zu reduzieren (vgl. MICHAELIS 1976, S. 28ff.). BUSS (1966) beispielsweise schrieb solchen Ereignissen, die er als „Angriffe gegen die Person“ klassifizierte, eine besonders aggressionssteigernde Wirkung zu. Frustrierte *und* angegriffene Personen reagieren mit stärkerer Aggression als solche Personen, die nur frustriert wurden (GEEN & BERKOWITZ 1967). Untersuchte man die Wirkung eines Angriffs und eines frustrierenden Ereignisses isoliert voneinander, so führte der Angriff stärker zu reaktiven Aggressionen als das frustrierende Ereignis (GEEN 1968, GEEN, STONNER & SHOPE 1975).
Beleidigungen, die das Selbstwertgefühl einer Person verletzen und damit zu einer besonders hohen *Betroffenheit* führen, spielen eine herausragende Rolle für die Entstehung von Ärger- und Wutreaktionen mit nachfolgender impulsiver Aggression. Dieser Befund entspricht alltäglicher Erfahrung und wurde auch durch eine ganze Reihe weiterer Untersuchungen gestützt (GENTRY 1970; O'LEARY &DENGERINK 1973; WLKINS, SCHARFF & SCHLOTTMANN 1974; TOCH 1969).
Nachdem die Ergebnisse von TOCH gezeigt haben, wie problematisch sich eine überempfindliche, auf das Selbstwertgefühl bezogene Wahrnehmung provozierender Angriffe auswirken kann, dürfte bereits deutlich geworden sein, daß die Ausbildung eines *angemessenen Selbstwertgefühls*, geeigneter Kompetenzen zum *konstruktiven Umgang mit Provokationen* und der Fähigkeit zu einer *differenzierten Wahrnehmung von Angriffen* zu den sinnvollen Ansatzpunkten in diesem Bereich erzieherischer Bemühungen gerechnet werden muß.

Für eine Erziehung zu nicht-destruktivem Umgang mit potentiell aggressionsauslösenden Affekten ist es wichtig, zu berücksichtigen, daß das Auftreten, die Art und die Auswirkungen affektiver Reaktionen von – prinzipiell aktiv steuerbaren – *kognitiven Faktoren* beeinflußt sind. Die entscheidenden Determinanten affektiver Regungen sind die jeweils unterschiedlichen *Wahrnehmungsurteile*, insbesondere *selektive Akzentuierungen* und die subjektiv empfundene *Ich-Nähe* der vorangegangenen Ereignisse.

Empirische Untersuchungen emotionspsychologischer Fragestellungen wurden vor allem durch die *Zwei-Faktoren-Theorie der Emotionen* von SCHACHTER (1964) angeregt. SCHACHTER hatte auf der Grundlage origineller sozialpsychologischer Experimente angenommen, daß emotionale Empfindungen aus dem Zusammenwirken zweier Komponenten erklärbar seien:

▷ einem allgemeinen, unspezifischen inneren Erregungszustand,
▷ einer subjektiven Interpretation dieses Erregungszustandes, die dem emotionalen Erleben eine Richtung gibt, es „einfärbt“ oder es „steuert“.

Die Wahrnehmung von Umweltereignissen kann nach der Theorie SCHACHTERS zunächst zu einem ganz unspezifischen Erregungszustand führen und im Verlauf subjektiver Lerngeschichten an bestimmte Wahrnehmungen situativer Auslösereize gekoppelt werden.

Für die unbewußte oder unterschwellige Interpretation dieser Erregung durch die betreffende Person sind die Charakteristika der jeweiligen Situation („*cues*“) und habitualisierte Interpretationsmuster ausschlaggebend.

Ein bestimmtes Ausmaß physiologischer Erregung kann von ganz unterschiedlichen emotionalen Empfindungen begleitet sein. Die Skala kann theoretisch von einem Gefühl intensiver Freude bis zu einem Gefühl intensiven Hasses reichen.

In experimentellen Studien konnte nachgewiesen werden, daß Erregungszustände nicht lediglich als *Ausgangspunkt* nachfolgender emotionaler Empfindungen fungieren, sondern daß das Aufkommen von Erregung auch selbst bereits ein *Produkt* bewußter oder unterschwelliger kognitiver Faktoren ist. Beispielsweise hat die *Interpretation* einer Streßsituation einen Einfluß auf das Ausmaß nachfolgender Furcht (Erregung). Ob auf ein Ereignis Aktivierung oder keine Aktivierung folgt, hängt zum Teil davon ab, was als Ursache für dieses Ereignis *wahrgenommen* worden ist (WEINER, RUSSELL & LERMAN 1978). Die physiologischen Affektmanifestationen können geradezu als Substrate dieser kognitiven Prozesse aufgefaßt werden (BIRBAUMER 1973).

Zur experimentellen Prüfung der Beziehung zwischen physiologischen Erregungsprozessen und Wahrnehmungsinhalten machte VALINS (1967; 1974) seinen Versuchspersonen gezielt falsche Angaben über angeblich bei ihnen gemessene physiologische Parameter. Den Versuchspersonen wurden durch nicht-wahrheitsgemäße Repräsentationen physiologischer Erregung, das heißt durch systematisch gefälschtes Bio-Feedback, Wahrnehmungen über ihre aktuelle Befindlichkeit nahegelegt, die nicht mit den tatsächlich gemessenen physiologischen Parametern übereinstimmten. VALINS kam zu dem Ergebnis, daß die *Wahrnehmung* und die *Interpretation* physiologischer Reaktionen (zum Beispiel einer Erhöhung der Herzfrequenz) unabhängig davon, ob sie zutreffend sind oder nicht, entscheidendere und konsistentere Determinanten emotionaler Empfindungen sind, als es die objektive physiologische Erregung selbst ist. Autonome physiologische Veränderungen unterliegen nach VALINS den gleichen Prozessen der Informationsverarbeitung wie andere subjektiv bedeutsame Ereignisse. Zu einer Auslösung oder Beeinflussung emotionaler Reaktionen tragen sie primär durch ihre *informative Funktion* bei. Ein physiologischer Erregungszustand als solcher ist in der Sicht von VALINS also keine entscheidende qualitative Determinante emotionalen Empfindens oder Verhaltens. Die jeweiligen Kognitionen über psychophysiologische Veränderungen können eine motivierte Informationssuche in Gang setzen, die von dem *Bedürfnis* geleitet ist, *die wahrgenommene Veränderung einem auslösenden Ereignis zuschreiben zu können* (LIEBHART 1978, S. 108ff.). Wenn wir uns also durch ein störendes Ereignis irritiert oder innerlich angespannt fühlen, so wird der weitere Ablauf des Geschehens wesentlich davon abhängen, *worauf wir nun unsere Aufmerksamkeit richten.* Dieser Prozeß der Aufmerksamkeitssteuerung kann zu wechselnden Anteilen von *äußeren Reizbedingungen* (BERKOWITZ) oder von *habituellen Interpretationstendenzen* (TOCH) beeinflußt sein.

Es können sich ganz unterschiedliche emotionale Empfindungen ergeben, je nachdem in welcher Weise wir ausgehend von unserer Wahrnehmung einen Bezug zwischen unserer gestörten Zielaktivität und dem störenden Ereignis herstellen.

HUNT, COLE und REIS (1958) bemühten sich um eine Präzisierung der für einzelne Gefühlsqualitäten entscheidenden kognitiven Muster, indem sie 30 konkrete Situationsschilderungen entwarfen und ihre Versuchspersonen baten, nach anteilnehmender Lektüre dieser Schilderungen zu entscheiden, welche Gefühlsreaktionen in diesen Situationen zu erwarten seien. Mit hoher Übereinstimmung (68–92%) konnten folgende typische Konstellationen (*„Kognitionsfiguren“*; nach BOTTENBERG 1972) unterschieden werden:

▷ *Ärger:* Eine frustrierende Bedingung (Barriere) wird als Blockade der unmittelbar in Gang befindlichen Aktivität bzw. als Störung eines bestimmten Zustandes erlebt. Die Aufmerksamkeit und die Intention der Person richten sich im Hier und Jetzt primär oder ausschließlich auf eben diese Barriere. Die Barriere schlägt unmittelbar und übergewichtig das Erleben in ihren Bann; die Zielregion wird momentan aus den Augen verloren: es entsteht Ärger.

▷ *Traurigkeit:* Es ist eine Konsolidierung der Barriere eingetreten, die Zielaktivität ist unwiderruflich von ihrem Zielobjekt abgeschnitten. Die Aufmerksamkeit der Person richtet sich primär auf den „Verlust" des Zielobjekts: es entsteht Enttäuschung oder Traurigkeit.

▷ *Furcht:* Eine bestimmte Barriere rückt im Verlauf einer Aktivität mit zunehmender Wahrscheinlichkeit heran, sie wird als Gefahr wahrgenommen, da eine Kollision zu befürchten ist. Die Erregung bleibt diffus oder ist auf Vermeidung oder Flucht gerichtet: es entsteht Furcht.

Angesichts der bisher vorliegenden Befunde zum Einfluß von Attribuierungen auf affektive Reaktionen wagen VALINS (1966) sowie WEINER, RUSSELL und LERMAN (1978) die Schlußfolgerung, Kognitionen stellten notwendige und hinreichende Bedingungen für Emotionen dar. Angesichts vieler ungeklärter Fragen in der psycho-physiologischen Emotionsforschung erscheint Zurückhaltung gegenüber derart stark generalisierenden Formulierungen angebracht. Zumindest darf allerdings wohl festgehalten werden, daß kognitive Prozesse:

▷ *das Auftreten* von Emotionen beeinflussen (LAZARUS 1966, 1968, TOCH 1969)

▷ die *Art* der emotionalen Empfindung mitbestimmen, das heißt sie „*einfärben*", ihr einen Sinn und eine Richtung geben (HUNT, COLE & REIS 1958; LIEBHART 1978; SCHACHTER 1964; VALINS 1967, 1974)

▷ eine *Veränderung* von Gefühlen herbeiführen können (BANDURA 1979b; ELLIS 1974);

▷ die *Richtung des Verhaltens* beeinflussen, das im Zustand emotionaler Erregung in Gang kommt (BANDURA 1977; BERKOWITZ 1962, 1964; BERKOWITZ & LE PAGE 1971; LEMPP 1977; TOCH 1969).

Aus diesen Feststellungen läßt sich die Hypothese ableiten, daß unter der Voraussetzung, daß Emotionen weitgehend durch kognitive Vorgänge determiniert sind, es auch möglich sein muß, durch eine eigengesteuerte Änderung der Gedanken auch Gefühle und ihre nachfolgenden Handlungen aktiv einem Änderungsprozeß zu unterziehen (ELLIS 1974; WEINER, RUSSEL & LERMAN 1978). Hiermit werden wir uns im 13. Kapitel eingehend auseinandersetzen.

Wir wollen noch einmal auf die Feststellung von BERKOWITZ zurückkommen, daß im Zustand starker Gefühlserregung zielbewußte Überlegungen weitgehend zurücktreten zugunsten relativ ungesteuerter, nahezu starr ablaufender gewohnter Verhaltensmuster, wobei zentrale Hinweisreize verstärkt genutzt werden.
Wenn sich jemand bei einer Auseinandersetzung mit seinem Ehepartner zu einem Wutausbruch hinreißen läßt, so bietet er dadurch dem Partner möglicherweise einen Hinweisreiz dafür, die Situation ab jetzt nicht mehr als „Problemsituation“, sondern als *„Ehekrach“* zu interpretieren und auch seinerseits die affektiven Hemmungen zu vermindern.
Welche Richtung das Geschehen weiter nehmen wird, hängt zum Teil davon ab, mit welchen Assoziationen die Interpretation der Situation als „Krach“ verknüpft ist. Beispielsweise kann sich zwischen den beiden Ehepartnern die Gewohnheit herausgebildet haben, daß der Gedanke:

„Jetzt haben wir schon wieder Ehekrach“

mit der Erwartung verknüpft ist:

„Ab jetzt fliegen wieder die Fetzen; jede Rücksichtnahme ist nun zwecklos.“

Wenn sich solche Erwartungshaltungen einmal auf beiden Seiten etabliert haben, dann besteht die Gefahr einer *schnellen reziproken Eskalation.* Es kommt zu einem gegenseitigen Schlagabtausch durch abwertende und kränkende Pauschalangriffe sowie verbale, manchmal auch körperliche Verletzungen. Die Motivation zu einer gemeinsamen Zentrierung der Aufmerksamkeit auf die Frage, welche Bedeutung das streitauslösende Problem hatte und wie es gemeinsam bewältigt werden kann, sinkt bei derartigen Konstellationen mit großer Wahrscheinlichkeit zunehmend. Glauben die beiden Streitenden zudem an die Triebhypothese der Aggressivität, so werden sie auch nach dem Streit noch der Ansicht sein, hier sei es zu einer „Abreaktion angestauter Aggressionen“ gekommen. Dabei wird häufig übersehen, daß *viele der zur Aggression führenden Faktoren sich erst im Verlauf der Auseinandersetzung aufgrund mangelnder Verfügbarkeit alternativer Verhaltensweisen zum Konfliktmanagement entwickelt haben,* wie in Abbildung 6 veranschaulicht ist.

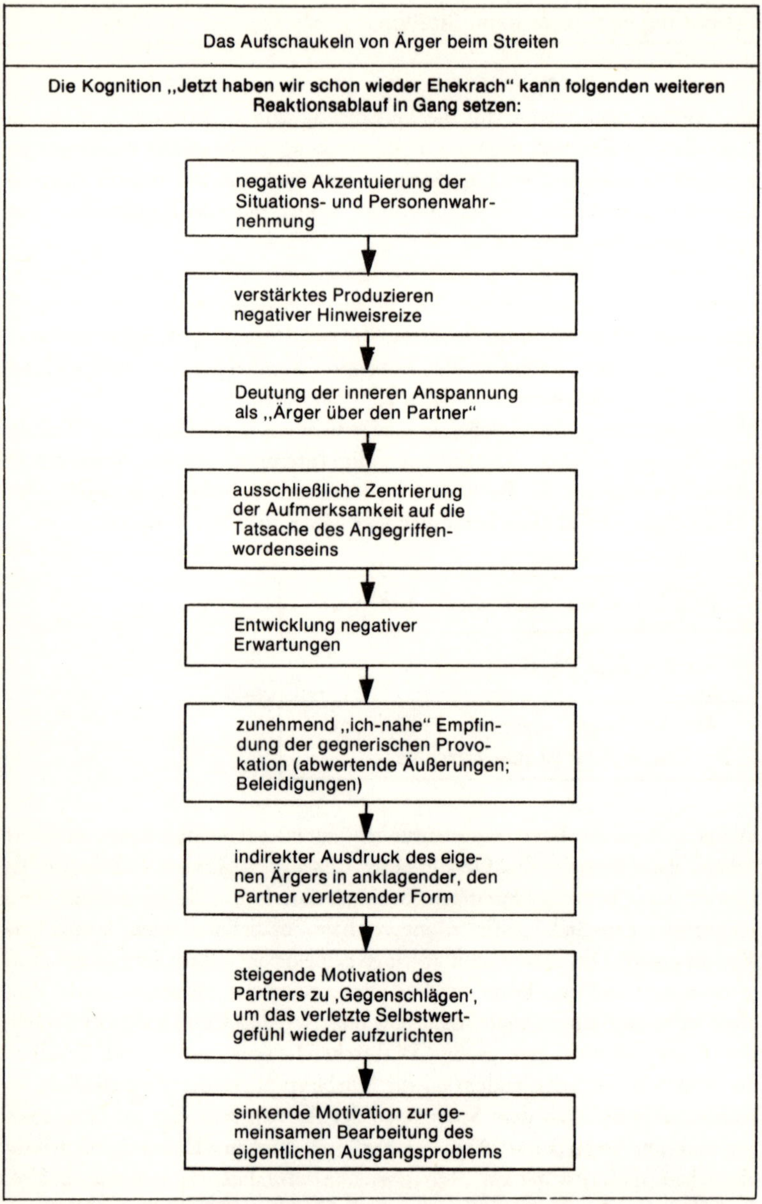

Abb. 6 Kognitive Aspekte der Eskalation von Ärger bei ineffektiven Formen des Streitens

In der Sicht der bisher diskutierten Befunde kommt es dabei – bildhaft gesprochen – nicht zu einer Explosion (Abreaktion) einer angesammelten Menge an Dynamit („Triebenergie"), sondern die Eskalation ist als eine in jeder Phase unterbrechbare *Kettenreaktion* anzusehen, bei der zahlreiche explosive Elemente aufgrund mangelnder Kenntnis ihrer Wirkung erst im Laufe des Geschehens zusätzlich und unkontrolliert ins schwelende Feuer geworfen werden.

Unterscheidung zwischen Ärger, Feindseligkeit und Aggression

Unser Eintreten für einen bewußteren Umgang mit Ärgerreaktionen macht es notwendig, zunächst auf der sprachlichen Ebene einige Unterscheidungen zu treffen zwischen „Ärger" und solchen Begriffen, die häufig mit „Ärger" gleichgesetzt werden.
SIEBERT (1977) forderte 50 Studenten auf, Situationen zu beschreiben, in denen sie die Gefühle Ärger, Wut, Enttäuschung, Angst und Trauer erlebt hatten. Eine Zufallsauswahl dieser Schilderungen wurde danach 50 weiteren Studenten mit der Bitte vorgelegt, die Gefühle zu benennen, welche ihrer Meinung nach die Autoren der Schilderungen gehabt hatten. Es kam hierbei zu sehr häufigen Verwechslungen der Gefühle Ärger, Wut und Enttäuschung, dagegen nur selten zu Verwechslungen dieser drei Gefühle mit Angst und Trauer.
„Sich ärgern" wird von vielen Menschen (einschließlich vieler Sozialwissenschaftler) häufig bereits per se als ein aggressiver Akt gedeutet. Sie sagen: *„Ich habe Aggressionen"* und meinen: *„Ich bin wütend"*. ROTHENBERG (1971) und NOVACO (1975) stellten fest, daß experimentalpsychologische ebenso wie psychoanalytische Autoren in Abhandlungen über die menschliche Aggressivität häufig klinische und verhaltensmäßige Beispiele anführen, die eigentlich Beispiele reiner *Ärger*reaktionen darstellen.
Eine solche unhinterfragte Gleichsetzung von Ärger und Aggression hat problematische Folgen. Da Ärger als eine essentielle Manifestation von Aggression angesehen wird, andererseits jedoch bekannt ist, daß Ärgerreaktionen als solche noch nicht notwendigerweise destruktiv sein müssen, wird manchmal angenommen, auch Aggressionen selbst seien nicht notwendigerweise destruktiv. Ausgehend von derartigen Argumentationsketten werden dann auch weitere – noch eindeutiger nichtdestruktive – Verhaltensweisen wie zum Beispiel Selbstsicherheit, Durchsetzungsvermögen oder motorische Aktivität als Derivate der Aggressivität bezeichnet.

Für die weitere Diskussion wird es hilfreich sein, insbesondere zwischen den Gefühls-Phänomenen *Ärger*, *Wut* und *Feindseligkeit* deutlich zu differenzieren. Wir folgen hierbei stellenweise einer Betrachtung des amerikanischen Psychiaters Albert ROTHENBERG (1971).
Feindseligkeit ist entweder ein Affekt oder eine Verhaltensmanifestation oder beides. Der entscheidende Unterschied zwischen Ärger, Wut und Feindseligkeit kann darin gesehen werden, daß *Feindseligkeit eigentlich immer einen destruktiven Aspekt hat, während dies bei Ärger und Wut nur unter bestimmten Bedingungen der Fall ist.* Gegenüber einem bestimmten Menschen „feindselige Empfindungen" zu haben, impliziert immer einen *negativen Wunsch oder eine negative Absicht diesem Menschen gegenüber.* Eine feindselige Einstellung gegenüber bestimmten Menschen muß nicht mit Ärger über diese Menschen einhergehen. Sie kann auf (manchmal kollektiven) Vorurteilen beruhen, die eine generelle Schädigungsintention diesen Menschen gegenüber als etwas Normales, Selbstverständliches und Angemessenes erscheinen läßt (ADORNO et al. 1950; NOLTING 1978b).
Ärger und Wut dagegen müssen nicht notwendigerweise auf ein bestimmtes Objekt gerichtet sein. Wir können uns in einer bestimmten Situation ganz diffus ärgerlich fühlen, ohne unbedingt schon genau wissen zu müssen, durch welche der situativen Aspekte der Ärger entstanden ist und wer oder was in der betreffenden Situation als Objekt für die weitere Auseinandersetzung primär in Frage kommt.

Stellen wir uns vor, wir hätten gerade eine wichtige Prüfung nicht bestanden. Unser emotionaler Zustand könnte – je nach den situativen Bedingungen – ausfallen als Enttäuschung, als Traurigkeit, als innere Leere, als Depression, als Ärger oder als Wut. Im Falle eines zunächst diffusen Ärgers wären ganz verschiedene Entwicklungen dieses Ärgers vorstellbar. Entscheidend für die Richtung der Ärgerrentwicklung wird möglicherweise sein, welche gefühlsrelevanten Gedanken uns nun zuallererst in den Sinn kommen. Der Ärger kann sich etwa richten gegen den Prüfer (weil wir seine Fragen als unangemessen oder seine Notengebung als ungerecht empfinden), gegen das Prüfungssystem als solches (weil es repressiv ist), gegen uns selbst (weil wir uns nicht gut genug vorbereitet haben), oder auch gegen einen Freund (weil dieser uns am Tag vor der Prüfung zu einem Kinogang „verführt" hat). Der Ärger kann aber auch eine Zeitlang ganz ungerichtet und diffus bleiben: nämlich dann, wenn unsere Suche nach einem Sündenbock erfolglos bleibt. Ob sich jedenfalls aus dem Ärger ein Wutausbruch, eine aggressiv-destruktive oder eine konstruktive Handlung entwickelt, ist zunächst jedenfalls noch völlig offen.

Ärgerempfindungen müssen keineswegs grundsätzlich ein aggressives Angriffsverhalten nach sich ziehen. Dies entspricht nicht nur allgemeiner Erfahrung, sondern es wurde auch durch sorgfältige statistische Auswertung vieler Beispiele alltäglicher Ärgerreaktionen nachgewiesen (McKELLAR

1949). Ärger kann geradezu ein Zeichen von Zuneigung und Liebe sein. *Das Aufkommen von Ärger in einer bestimmten Situation kann signalisieren, daß uns die zugrundeliegenden Äußerungen des betreffenden Kommunikationspartners tatsächlich etwas bedeuten, daß wir sie ernstnehmen, daß wir in der betreffenden Situation engagiert sind.*

Die physiologischen Reaktionen, die gemeinhin mit Ärger assoziiert werden, sind bei Menschen ganz anders in das Verhalten eingebettet als bei Tieren. Bei Tieren sind Flucht oder Angriff meist die einzigen Alternativen bei Bedrohung oder massiver Behinderung. Der amerikanische Physiologe W.B. CANNON (1929) prägte hierfür den Begriff des *„flight-or-fight" Syndroms.*

Menschen dagegen können bei Bedrohung oder Behinderung auf vielfältige Weise miteinander kommunizieren. Zustände emotionaler Betroffenheit oder Ärgerreaktionen können selbst dann ein Vehikel für kommunikative Prozesse sein, wenn sie dem betreffenden Menschen nicht einmal bewußt sind. Seine innere Anspannung, seine unwillkürliche Änderung der Stimmlage können vom Kommunikationspartner bemerkt und berücksichtigt werden. Es wird erneut deutlich, wie wichtig es ist, mit Übertragungen tierexperimenteller Ergebnisse auf die Erklärung menschlichen Verhaltens äußerst vorsichtig zu sein.

Verspüren wir bei der Wahrnehmung einer Bedrohung oder Behinderung eine unwillkürliche muskuläre Anspannung, so muß diese Anspannung nicht unbedingt wie bei Tieren ausschließlich durch eine der beiden primitiven Alternativen „Flucht oder Angriff" abreagiert werden. Wir können auch auf verbale und sogar gedankliche Weise eine Entspannung herbeiführen. Wenn uns in oder nach solchen Situationen destruktive Gedanken und Worte einfallen, so können diese uns ein subjektives Gefühl von Stärke und Macht zurückgeben. Wenn wir uns in der Phantasie ausmalen, einen Gegner zusammenzuschlagen oder gar umzubringen, so gewinnen wir weit eher das Gefühl zurück, die Situation unter Kontrolle zu haben und „stark" zu sein, als wenn wir uns mit Fluchtgedanken beschäftigen oder gar nichts tun (ROTHENBERG 1971; SULLIVAN 1956). Und vor allem können wir durch dialogische Kommunikation dazu beitragen, daß die Bedrohung oder Behinderung tatsächlich wieder verschwindet oder zumindest an Bedeutung verliert. *Menschen können also prinzipiell unterscheiden zwischen Ärgerreaktionen und manifestem Angriff. Diese Unterscheidungsfähigkeit ist sicherlich nicht bei allen Menschen gleichermaßen gut ausgebildet; sie kann zu einem Ansatzpunkt erzieherischer Bemühungen werden.*

Ein zentrales Problem liegt nun in der Tatsache, daß Ärger und Wut häufig in feindseliger Weise zum Ausdruck gebracht werden. Eine Äußerung von der Art „Ich könnte dich umbringen!" vermittelt einerseits den Eindruck eines eindeutig feindseligen Aktes; sie hat für den Akteur aber möglicherweise einfach die Funktion, den Zustand des eigenen Erregtseins besonders unmißverständlich auszudrücken und zugleich deutlich zu machen, daß er nicht länger gewillt ist, sich vom Gegenüber reizen oder attackieren zu lassen.

Letztlich müssen derartige feindselig klingende Äußerungen also nicht unbedingt als gezielt destruktiv-feindseliger Akt intendiert sein. Sie fungieren als stereotype, gelernte Verbalsignale für das Gegenüber und dienen letztlich nur dem einen Ziel, Bedrohungen abzuwehren oder zu vermeiden.

Das Fatale an solchen indirekten (anklagend-angreifend vorgebrachten) Ärgeräußerungen ist nun, daß sie – obwohl nicht unbedingt destruktiv intendiert – vom Kommunikationspartner mit hoher Wahrscheinlichkeit als feindselige Aggressionen *aufgefaßt* werden. Der Kommunikationspartner fühlt sich möglicherweise entwertet, seinerseits angegriffen, und schon ist das Klima für eine kämpferische Eskalation nach dem in Abbildung 6 beschriebenen Muster entstanden. Es wird ja nicht in Ich-Form eindeutig über den eigenen Ärger gesprochen, im Sinne von: „*Ich bin* jetzt wütend und habe keine Lust mehr, mich weiter so mit dir herumzustreiten", sondern der eigene Ärger wird *indirekt* ausgedrückt, das heißt in Form eines herabsetzenden, feindselig klingenden Angriffs auf das Gegenüber vorgebracht:

„*Du bist* viel zu blöde, mach, daß du wegkommst!"

Eine derartige indirekte Ausdrucksweise kann überdies ein Anzeichen dafür sein, daß die betreffende Person ihren Ärger gar nicht bewußt registriert hat.

Ist ein Kommunikationspartner einmal auf solche Weise herabgesetzt und abgewertet worden, so sinkt im weiteren Verlauf des Geschehens tatsächlich die Hemmschwelle für manifeste Aggressionen ihm gegenüber (BANDURA, UNDERWOOD & FROMSON 1975). *Ein wichtiges Lernziel kann also darin gesehen werden, solche Ausdrucksweisen von Ärger zu entwickeln, die von echter Feindseligkeit unterscheidbar sind.*

Viele indirekte Ausdrucks- und Abreaktionsweisen von Ärger wie Beschimpfungen, Tratschen oder Angriffe sind destruktiv, weil sie gegen das Selbstwertgefühl des Gegenübers gerichtet sind statt auf die spezifische ärgerauslösende Handlung, die von diesem ausgegangen ist. Gewalttätigkeit und Rache gehören zu den destruktiven direkten Abreaktionsweisen, aber sie sind keine ausschließlichen Ausdrucksweisen von Ärger per se. Sie sind teilweise ein Ausdruck unversuchter, mißlungener oder unmöglicher dialogischer Kommunikation. Ärger tritt als unmittelbare und plötzliche Reaktion bevorzugt dann auf, wenn ein Bedürfnis so stark ist, daß Bedrohungen und Behinderungen besonders schnell wahrgenommen werden. Är-

ger kann somit als ein Zeichen besonderer Verletzlichkeit aufgefaßt werden. Da Verletzlichkeit jedoch weitgehend als sozial inakzeptabel gilt, kann hier einer der Gründe dafür liegen, daß Ärger so selten direkt, das heißt in Ich-Form, ausgedrückt wird (ROTHENBERG 1971).
Die Grenzen zwischen einer nicht-destruktiv intendierten Ärgeräußerung und einem effektiv feindseligen Akt mit entsprechendem Risiko des Übergangs in einen offenen Kampf verschwimmen noch mehr, wenn der Ärger sich zu einem manifesten Wutausbruch steigert. Wird ein Mensch „blind vor Wut", so wird es ihm aufgrund der zunehmend egozentrischen Situationswahrnehmung gleichgültig, welche möglichen negativen Folgen seine aus Wut begangenen Taten mit sich bringen können.
Eine solche Konstellation zeigt eine gewisse Stereotypie, sei sie nun bei streitenden Ehepartnern, bei verfeindeten Rocker-Gangs, oder auch bei Zusammenstößen von Polizeitruppen und Demonstranten gegeben.
Ist im Verlauf der Eskalation reziproker Provokationen einmal ein affektgeladenes, explosives Klima „negativer Gegenseitigkeit" (STIERLIN 1978) entstanden, so schwindet zunehmend die Motivation der Kämpfenden zu einer *sachlichen* Auseinandersetzung über den ursprünglichen Anlaß. In gleichem Maße steigt die Wahrscheinlichkeit *rücksichtsloser* Verhaltensweisen. *Der Schlagabtausch als solcher kann zum eigentlichen, zunehmend verselbständigten Inhalt der Kommunikation werden* (vgl. BANDURA 1979a; LEMPP 1977; STIERLIN 1978, S. 186–246; TOCH 1969).

Ärger und das Konzept der „Eigensteuerung": Was bedeutet „kognitive Kontrolle" von Ärger?

Bisher haben wir wie unter einer Zeitlupe einige Wechselwirkungen zwischen Kognitionen und Affekten betrachtet. *Nun sind die beschriebenen handlungsbeeinflussenden kognitiven Prozesse keineswegs grundsätzlich willentlich gesteuerte Entscheidungsvorgänge.* Wenn im Zustand emotionaler Erregung unsere Wahrnehmung auf bestimmte situative Aspekte zentriert ist (was zugleich auch eine momentane Einengung des Wahrnehmungsfeldes bedeutet), so handelt es sich bei diesem Vorgang um einen Teilaspekt eines *„kognitiven Prozesses"*. Selbst wenn die betreffende Person überhaupt nicht bewußt bemerkt, daß ihre Wahrnehmung und Aufmerksamkeit nun anders gerichtet sind als zuvor, kann dieser Prozeß im Bereich der kognitiven Funktionen ablaufen. Darüber hinaus braucht der Person auch gar nicht bewußt zu sein, daß diese Umstrukturierung der kognitiven Prozesse im

Bereich von Wahrnehmung und Aufmerksamkeit nun auch eine Umorientierung des weiteren Handlungsablaufs mit sich bringt. *Die beschriebenen kognitiven und emotionalen Prozesse können also in wechselndem Ausmaß „spontan", unreflektiert und unkontrolliert ablaufen.*

Es könnte in solchen Fällen zu wünschenswerten Zielen gehören, sich selbst verstärkt als den Ort der Steuerung wahrzunehmen. Dies aber würde eine subtile Kenntnis der bisher angedeuteten Wechselwirkungen von Kognitionen und Emotionen voraussetzen.

In diesem Zusammenhang halten wir den von uns bereits mehrfach verwendeten Begriff *„Eigensteuerung"* in Übereinstimmung mit SOMMER (1977) für fruchtbarer als den Begriff *„Selbstkontrolle"*, der meist nur auf die Veränderung solcher Verhaltensweisen bezogen wird, die ein Mensch reduzieren möchte (zum Beispiel Rauchen, Essen). Die mit dem Begriff der „Kontrolle" verbundene Einengung ist problematisch, da ein Mensch sein Verhalten auch durchaus erweitern kann, wenn er sich selbst verstärkt als den Ort der Steuerung empfindet, das heißt *„Eigensteuerung"* ausübt. Bezüglich des Umgangs mit Ärgerreaktionen wird also zu klären sein, *an welchen Ansatzpunkten im Verlauf kognitiv-emotionaler Wechselwirkungen Eigensteuerungsaktivitäten wünschenswert bzw. möglich sind.*

Gerade das Alltagsverhalten ist in weiten Bereichen von *unreflektierten Routine-reaktionen* und *Automatismen* gekennzeichnet. Dies gilt auch für die Art, in der wir mit vielen unserer spontanen emotionalen Empfindungen umgehen. Wir steuern unser soziales Verhalten weitgehend durch Anwendung von Informationen, die wir uns im Laufe unserer persönlichen Entwicklung zu eigen gemacht haben. Diese verhaltenssteuernden Erfahrungen stammen aus früheren Situationen; wir haben aus ihnen „gelernt" und bestimmte Gewohnheiten entwickelt. Problematisch sind dabei zwei Aspekte:

- ▷ Die eingeschliffenen Automatismen bleiben meist unreflektiert;
- ▷ die Automatismen können sowohl *„funktional"* als auch *„dysfunktional"* sein: Die früher entstandenen Gewohnheiten können im Hier und Jetzt einer gegebenen Situation unter Umständen problematische und gefährliche Auswirkungen haben.

Auch im Falle der „Dysfunktionalität" werden die Reaktionsgewohnheiten häufig, nachdem sie einmal in das Verhaltensrepertoire aufgenommen worden sind, ein Leben lang ohne bewußte Reflexion beibehalten, sofern kein Anlaß zur Änderung auftritt. Problematische Reaktionsgewohnheiten im Umgang mit Ärgergefühlen können aber, wie die Feldstudie von TOCH (1969) gezeigt hat, auch dann stabil bleiben, wenn ein Mensch über kein ausreichend flexibles und differenziertes Alternativrepertoire für die Bewältigung affektbesetzter Problemsituationen verfügt. Im nächsten Kapitel soll genauer untersucht werden, *welche Elemente ein solches wünschenswertes Repertoire konstituieren könnten.*

Zusammenfassung des 12. Kapitels

Es wurden einige Wechselwirkungen zwischen kognitiven Prozessen, Affekten und Aggressionen erörtert.
Dabei wurde gezeigt, wie vielfältig die prinzipiell möglichen Kognitionen, Emotionen und Handlungen nach der Einwirkung aversiver Bedingungen sein können.
Zu den Zielen einer Prävention aggressiver Verhaltensweisen kann es gehören, ein möglichst umfassendes Repertoire an Kompetenzen zur aktiven und konstruktiven Auseinandersetzung mit aversiven Bedingungen zu entwickeln und zu fördern. Es ist prinzipiell möglich und wünschenswert, einige kognitive und affektive Reaktionen auf aversive Bedingungen so steuern zu lernen, daß sie nicht zu destruktivem Verhalten führen.
Unter anderem folgende kognitive Prozesse können im Hinblick auf das Kompetenzkonzept in einem sehr unterschiedlichen Maße als „funktional" oder „dysfunktional" angesehen werden und somit zu den wünschenswerten Ansatzpunkten von Eigensteuerungsaktivitäten werden: Ereigniswahrnehmungen, Akzentuierungen, Interpretationsgewohnheiten, Betroffenheitsreaktionen, Folgenantizipationen.
Insbesondere ist es notwendig, spezifische Kompetenzen zur differenzierten Wahrnehmung sowie zum nicht-destruktiven Ausdruck von Ärger und Wutempfindungen zu entwickeln.
Im Rahmen von Erziehungsprojekten ist es sinnvoll, subtile Kenntnisse über die gegenseitige Abhängigkeit von Kognitionen und Emotionen zu vermitteln.

V.

Welche Kompetenzen kommen als Lernziele für Erziehungsprojekte zur Prävention destruktiven Verhaltens in Frage?

13

Experimente zur „kognitiven Ärgerkontrolle“

In jüngster Zeit wurden von einigen klinischen Psychologen gezielte Trainingsprogramme zur kognitiven Ärgerkontrolle vorgelegt (GITTLEMAN 1965; MAHONEY 1971; MEICHENBAUM & CAMERON 1974; NOVACO 1975, 1976; SIEBERT 1977).
Wir wollen das von Madlen SIEBERT (1977) entwickelte Konzept im folgenden paradigmatisch vorstellen, da es besonders dazu geeignet erscheint, einige grundsätzliche Probleme, aber auch einige mögliche Perspektiven für erzieherische Bemühungen um einen nichtdestruktiven Umgang mit Ärger- und Wutempfindungen zu diskutieren.

Ein Trainingsprogramm zur willentlichen Beeinflussung von Ärger

Die Frage, wie Ärger am besten in Erziehung und Therapie zu kontrollieren sei, hält Madlen SIEBERT vor allem unter zwei Bedingungen für relevant:

- ▷ wenn es darum geht, Personen, die bei Ärger oder Wut zu Gewalttätigkeiten neigen, Hilfen bei der Bewältigung ihres Ärgers zu geben, und
- ▷ wenn der ärgerbedingte circulus vitiosus einer gestörten Interaktion vom Erzieher unterbrochen werden soll, damit Erziehung überhaupt möglich wird (SIEBERT 1977 b, S. 11).

Madlen SIEBERT wählt in ihrer Trainingsmethode zwei Ansatzpunkte: *psychophysische Erregungen* und *habituelle Situationsinterpretationen.* Den Probanden werden dabei Techniken vermittelt, die sie nach der Trainingsphase in ihrer natürlichen Umgebung selbständig anwenden können. Es handelt sich also um eine Methode der *Eigensteuerung.*
Es lassen sich vier Komponenten des Trainingsprogramms isolieren: ein *Entspannungstraining* (Aufstellen einer Hierarchie ärgerauslösender Situationen, Desensibilisierung durch biofeedback-geförderte Muskeltiefentspannung), *ein kognitives Training,* Anregungen zur *Situationsbeobachtung* und eine persönliche *Anwendungsberatung.*
Das kognitive Training hat das Ziel, dem Probanden den Zusammenhang zwischen eigenen Kognitionen und Ärger bewußt zu machen, sowie *Alternativkognitionen,* die mit Ärger inkompatibel sind, zu den bisher als provokativ erlebten Situationen zu erproben.

Der Proband soll versuchen, sich während der Trainingssitzungen intensiv in zuvor konkret geschilderte ärgerbesetzte Situationen hineinzuversetzen. In einem zweistufigen Prozeß werden sodann diejenigen Kognitionen analysiert, die der Proband in der entsprechenden Situation gehabt zu haben meint. Der Trainer fragt zunächst: „*Was ging Ihnen in diesem Augenblick durch den Kopf?*" Im zweiten Schritt werden die genannten und protokollierten Kognitionen nach ihrer emotionalen Wirkung beurteilt. Jede Kognition wird vorgelesen und daraufhin befragt, ob sie ärgersteigernd, ärgermindernd oder neutral gewirkt hat.
Anschließend versetzt sich der Proband erneut in die ärgerbesetzte Situation und versucht, sich vorzustellen: „*Was hätte sich in diesem Augenblick jemand gedacht, der sich darüber nicht ärgert?*" Die gefundenen Alternativkognitionen werden aufgelistet und diskutiert. Der Proband soll dann jeweils drei davon auswählen, die ihm bei zukünftigem Ärger wahrscheinlich leicht einfallen würden. Trainer und Proband bringen gemeinsam die ausgewählten Kognitionen in leicht zu merkende Kurzformen, und der Proband wird angeregt, bei Ärger in den kritischen Situationen an diese Alternativinterpretationen zu denken. Ihm wird also die Erfahrung nahegelegt, daß provokative Situationen nicht zwingend und habituell als solche aufgefaßt und erlebt werden müssen.
„Wenn die Probanden selber Alternativen finden müssen, haben sie ihren eingefahrenen kognitiven Gewohnheiten Widerstand zu leisten". Außerdem werden sie die selbst gefundenen Kognitionen mit größerer Wahrscheinlichkeit innerlich annehmen als vom Trainer vorgeschlagene Lösungen. Bei der Erarbeitung von Alternativkognitionen greift der Trainer nur dann korrigierend ein, wenn die vorgeschlagenen Kognitionen offensichtlich ärgerliche, depressive oder resignative Gefühle fördern können. Die Probanden werden dazu angeleitet, Merkmale ärgerauslösender Situationen sowie die Verläufe der eigenen Ärgerreaktionen sorgfältig in ihrem Alltag zu beobachten. Hierbei liegt die Überlegung zugrunde, daß der Einsatz von Techniken der Ärgerkontrolle auf diskriminative Hinweisreize hin zu erfolgen hat.
Keineswegs einfach zu entscheiden ist nun allerdings, welche Reizarten als Hinweisreize für den Vorgang der Ärgerbeachtung genutzt werden sollen. „Objektive" physiologisch meßbare Reize können nicht immer herangezogen werden, weil sie nicht regelmäßig mit einer Ärgerempfindung einhergehen, das heißt nicht spezifisch genug für Ärger allein sind. Außerdem scheiden die mit Ärger einhergehenden propriozeptiven Reize auch deshalb als mögliche Signale aus, weil sie in der Regel nicht beachtet werden. SIEBERT regt daher an, das *Erleben* des eigenen Ärgers mit seinen kognitiven, motorischen und physiologischen Komponenten solle als Hinweisreiz für das Ingangsetzen der Selbstregulation fungieren. SIEBERT schlägt vor, dies solle zunächst nur in einigen regelmäßig wiederkehrenden provokativen Situationen getan werden, um die täglichen Lebensvollzüge nicht durch kontinuierliche Beobachtung völlig zu stören. Das Auftreten bestimmter erfahrungsgemäß problematischer Situationen soll zum Hinweisreiz für den Vorgang der Ärgerbeachtung werden. Wenn Anzeichen beginnenden Ärgers festgestellt werden, sollen diese ihrerseits zum Hinweisreiz für den Einsatz der Ärgerkontrolltechniken werden.
Eine *individuelle Anwendungsberatung* gibt dem Trainer die Möglichkeit, alle berichteten Ärgerkontrollversuche zu unterstützen.

Die Ergebnisse ihrer Trainingsprojekte wurden von M. SIEBERT einer ausführlichen und komplexen Evaluation unterzogen.

Mit allen vier Komponenten des Trainings konnten kurzfristig Abnahmen von Ärger und von unerwünschtem (meist aggressivem) Verhalten sowie Verminderungen des Neurotizismus erreicht werden. 53 von 55 trainierten Probanden berichteten bei drei aufeinanderfolgenden Versuchen von deutlichen Reduktionen ihres Ärgers. Das kognitive Training erwies sich bei den Follow-up-Untersuchungen als der wirksamste Faktor bedeutsamer Ärgerreduktionen. Die günstigsten Wirkungen wurden mit dem gesamten, alle vier Komponenten umfassenden Trainingsprogramm erzielt.

Risiken und Wertentscheidungen bei der willkürlichen Kontrolle affektiver Empfindungen

Das Ärgerkontroll-Training von SIEBERT führt zu einer Einbettung emotionaler Empfindungen in willkürliche kognitive Steuerungsaktivitäten. Insbesondere die Anregung zur intensiveren Selbstbeobachtung und Protokollierung impliziert die Aufforderung, *Vorgänge des emotionalen Erlebens in ein System rationaler sprachlicher Beschreibungen einzuordnen.* SIEBERTS Vorgehen wirft die Frage auf, ob nicht dadurch die Fähigkeit zu spontanem Empfinden zu drastisch und letztlich auch zu generalisiert beeinträchtigt wird zugunsten einer ständigen rationalen Infragestellung dieser Empfindungen.
Wenn ein solches Training mit Menschen durchgeführt wird, die ausdrücklich den Wunsch äußern, von einer habituellen Neigung zu heftigen Wutausbrüchen mit häufigen nachfolgenden impulsiv-destruktiven Reaktionstendenzen befreit zu werden, so erscheint eine Senkung dieser spontanen Impulsivität in vielen Fällen als ein akzeptables und – nach unseren früheren Ausführungen – sogar notwendiges Trainingsziel. Dagegen ist es aber keineswegs einfach zu beantworten, ob die bisher entwickelten Prinzipien der kognitiven Ärgerkontrolle beim gegenwärtigen Forschungsstand auch für eine breitere Nutzbarmachung im präventiven oder therapeutischen Bereich vertretbar sind.
Besonders bei Kindern kann die Forderung von Erziehern zur ständigen kontrollierenden Verbalisierung eine gewaltsame Unterdrückung von emotionaler Spontaneität bedeuten. In einer Studie zum Verhalten von Erziehern in Kinderläden kam ROTH zu folgender Einschätzung der Auswirkungen häufiger Verbalisierungen von Gefühlen:

„Behindert sind in der Regel diejenigen Kinder, deren Eltern sich mit dem Zeigen von Emotionen schwer tun, die an die Stelle des Gefühlsausdrucks die *Gewalt und Vergewaltigung durch Verbalisierung* setzen. Sie haben es nicht gelernt, den Kindern ihre Gefühle zu vermitteln, sie können nicht schreien, nicht weinen, weder traurig noch besonders glücklich sein. Stattdessen zeigen sie distanzierte Rationalität gegenüber den Kindern. Das ständige „Begreiflich-machen-müssen“ von Problemen durch das Mittel der Sprache, unter Ausschluß der eigenen Gefühle, beschränkt jedoch die gesamten sinnlichen Erfahrungsmöglichkeiten der Kinder. Probleme und Konflikte werden überhaupt nicht mehr erlebt, sondern ausschließlich behandelt ... Zunächst mußten also die Eltern lernen, ihre Gefühle offen auszudrücken. Im Körperkontakt mit ihren Kindern und anderen Kindern, in der sinnlichen Kommunikation der Zärtlichkeit und Liebe zum Kind, entwickelten sie langsam die Fähigkeit, die Probleme der Kinder als Kinder-Probleme zu verstehen und zu akzeptieren. Sie verstanden, daß man dem Kind zeigen und es so erleben lassen muß, wenn einem etwas nicht paßt. *Zunehmend erkennen Eltern und Erzieher, daß Verbalisierung, Intellektualisierung und Rationalisierung kindlicher Bedürfnisse die Entfaltungs- und Wahrnehmungsmöglichkeiten der Kinder abtötet und nichts anderes als die Fortsetzung der autoritären Erziehung mit anderen Mitteln darstellt*“ (ROTH 1976, S. 78f.).

Der kognitive Umgang mit emotionalen Reaktionen – wie SIEBERT ihn vorschlägt – ist weitgehend an solche Bewußtseinsprozesse gebunden, die in Form sprachlicher *Kategorisierungen* ablaufen. Wenn ein Mensch in einem gegebenen Moment damit beschäftigt ist, seine Gefühlserlebnisse mittels gedanklicher oder sprachlicher Kodierungen bewußtseinsmäßig abzubilden und zu kommunizieren, kann er nicht gleichzeitig von seinen Gefühlen voll in Anspruch genommen bleiben. *Die sprachliche Kodierung als solche kann, sofern die Zwei-Faktoren-Theorie der Emotionen zutrifft, zu einer Veränderung eben dieser Emotionen führen.* Schon KANT nahm an, daß eine Emotion durch den kognitiven Akt der Selbstbeobachtung aufgelöst wird: „Will er (der Mensch) auch nur sich selbst erforschen, so kommt er, vornehmlich was seinen Zustand im Affekt betrifft ... in eine kritische Lage: nämlich, daß, wenn die Triebfedern in Aktion treten, er sich nicht beobachtet und, wenn er sich beobachtet, die Triebfedern „ruhen“ (KANT 1798).
SIEBERT, die dieses Problem sehr wohl sieht, versucht, sich mit folgender Überlegung aus dem Dilemma zu helfen: Einerseits determiniert wohl die kognitive Situationsinterpretation die Emotion; diese Interpretation hängt aber ganz entscheidend von der aktuellen Disposition des Individuums ab. Diese Disposition kann als Resultante von individualgenetisch erworbenen Situationserwartungen einerseits und körperlichem Empfinden andererseits aufgefaßt werden. Im Falle von Provokationen kann ein Mensch nur dann seine aktuelle Disposition ändern, wenn er Signale der Situation und der eigenen Befindlichkeit *rechtzeitig* und so *verzerrungsfrei* wie möglich erkennt; andernfalls reagiert er spontan mit möglicherweise problematischen autonomen Veränderungen und/oder mit gewohnheitsmäßig verfestigten motorischen Reaktionen. Die Selbstbeobachtung ist also nicht ausschließlich als ein Störfaktor im Verlauf von Erlebens- und Verhaltensketten anzusehen, sondern als ein notwendiges Regulativ, das zur Aktivierung kognitiver

Regulationsmechanismen anstelle der potentiell dysfunktionalen und destruktiven gewohnheitsmäßig verfestigten Reaktionen veranlaßt.
Unseres Erachtens kann das SIEBERTsche Konzept in der gegenwärtigen Form noch nicht auf breiter Ebene angewandt werden. Befolgt man die SIEBERTschen Empfehlungen, so wird man beim Aufkommen ärgerlicher Erregung die eigene Aufmerksamkeit ganz unmittelbar auf die im Training ausgewählten *„Alternativinterpretationen"*, also auf rein rationale kognitive, an sprachliche Prozesse gebundene, bereits *im voraus fixierte* Überlegungen lenken. Damit kann das intensive Erleben eigener spontaner Emotionen, das heißt ein fundamentaler menschlicher Erfahrungsbereich, drastisch eingeschränkt werden und zwar auch dann, wenn die emotionale Empfindung möglicherweise sehr wichtig für den betreffenden Menschen ist. Wird ein emotionaler Vorgang zu vorschnell und ganz grundsätzlich durch rationale Prozesse (hier: das augenblickliche Sich-Vergegenwärtigen von Alternativinterpretationen der Auslösesituation) unterbrochen, so besteht diese Möglichkeit, daß wichtige Funktionen des – gleich wieder in Frage gestellten – Gefühls zu grundsätzlich aus dem Erleben ausgeschlossen werden. Dieses Problem kann bei der Beratung oder Behandlung äußerst jähzorniger Menschen vielleicht eine zeitlang in Kauf genommen werden, da es hier tatsächlich notwendig sein kann, eingefahrene affektive Reaktionsmuster abzublokken und nach und nach durch angemessenere Verhaltensweisen zu ersetzen. Das Trainingsziel einer weitgehenden willkürlichen Kontrolle emotionaler Reaktionen ist ein zweischneidiges Schwert: einerseits können durch rationale Aktivität einige unerwünschte Folgen bestimmter spontan aufkommender Affektreaktionen verhindert werden, andererseits jedoch wird durch eben diese rationale Aktivität möglicherweise die gefühlsmäßige Erlebnisfähigkeit überhaupt als solche reduziert. Die schon zitierten Ergebnisse der psychosomatischen Forschung haben viele Hinweise dafür erbracht, daß eine reduzierte Bereitschaft zum vollen Wahrnehmen, Erleben und Ausdrücken emotionaler Befindlichkeiten mit ausgeprägten Funktionsstörungen im körperlichen Bereich einhergehen kann. Das Problem einer Unfähigkeit, eigene Gefühle zuzulassen und auszudrücken, ist in Form des *„Alexithymie"-Konstrukts* zu einem beherrschenden Thema der gegenwärtigen psychosomatischen Forschung geworden (vgl. BRÄUTIGAM & VON RAD 1977; FREIWALD, LIEDTKE & ZEPF 1973; SIFNEOS 1975; VON RAD 1977; ZEPF 1978).
Die Menschen in unserem Kulturkreis werden zu einer erheblichen Beherrschung und Negierung ihrer Emotionalität erzogen. In gigantischem Ausmaß werden Beruhigungsmittel („Tranquillizer") verwendet, die einen Abschirmeffekt gegenüber den psychischen Auswirkungen sozial-struktureller Lebensbedingungen haben und als „Sonnenbrille für die Seele" die

Intensität des emotionalen Erlebens dämpfen. Allein im Jahr 1971 wurden in der Bundesrepublik Deutschland von Ärzten insgesamt 359 819 500 Einzeldosen des Psychopharmakons Valium verschrieben (DIE ZEIT, 10.11.1972). Millionen von Menschen werden hierdurch in einen Zustand reduzierter Emotionalität versetzt, in dem sie sich möglicherweise an unerträgliche Lebensbedingungen anpassen, gegen die sich aufzulehnen eigentlich notwendig wäre. Gerade das würde aber wohl auch eine emotionale Empfindungsfähigkeit voraussetzen, die mit den Methoden pharmakologischer und kognitiver Kontrolle ausgerechnet in Frage gestellt und „wegrationalisiert“ wird. Ein aktives Engagement für soziale Veränderungen ist ohne Emotionalität, vor allem ohne Betroffenheit über Mißstände wohl kaum denkbar.

Wenn wir über ein bestimmtes Erlebnis zornig werden, so haben wir oft allen Grund zu unserer zornigen Reaktion. Nicht der Zorn als solcher stellt ja das eigentliche Problem der vorliegenden Abhandlung dar, sondern die Tatsache, daß auf der Basis zorniger Empfindungen zuweilen Handlungen begangen werden, die aufgrund ihrer besonderen Eigendynamik und Impulsivität gefährliche und destruktive *Folgen* haben können.

Das für die spezielle Population besonders jähzorniger und impulsiver Menschen sicherlich geeignete Ärger-Kontrollkonzept von SIEBERT kann also wegen des Verdachts unerwünschter Nebenwirkungen solange nicht zur Grundlage allgemeiner Empfehlungen zum generellen Umgang mit Ärgerreaktionen gemacht werden, wie keine Entscheidungshilfen für die Frage bereitstehen, für *welche* Ärgerreaktionen Alternativkognitionen erstrebenswert erscheinen und welche nicht abgebaut werden sollten. *Es ist also die Frage gestellt, ob Ärger angesichts seiner potentiell destruktiven Folgen per se negativ zu bewerten ist oder ob er auch positiv gesehen werden kann und welche ligen Probanden mit ihren eigenen Ärgerreaktionen verbinden.*

Unter welchen Bedingungen Ärger als „dysfunktional“ oder als „funktional“ angesehen werden soll, impliziert Wertungen, die nicht im Sinne von Vorentscheidungen vor Beginn der Beeinflussungsmaßnahmen grundsätzlich gelöst werden können. Eine Aufarbeitung der Wertungsimplikationen setzt eine Kenntnis darüber voraus, *welche subjektiven Erwartungen die jeweiligen Probanden mit ihren eigenen Argerreaktionen verbinden.*

Ärger beeinflußt den Verlauf von Interaktionen unmittelbarer als beispielsweise Furcht oder Trauer. Die funktionale Bedeutung einer Emotion für das jeweilige Gesamtgeschehen eines Interaktionssystems verzerrungsfrei zu erkennen, kann allerdings das einzelne Individuum überfordern.

Die alltagspsychologisch zumindest bei Mittelschichtpopulationen weit verbreitete *negative Bewertung des Ärgers* findet sich auch in der praxisorientierten Ärgerforschung. Ärgerkontrollprogramme sind vornehmlich an den

Ergebnissen der experimental-psychologischen Aggressionsforschung orientiert, die „Ärger" primär als bahnenden Faktor vieler impulsiver, aggressiv-„destruktiver" Verhaltensmuster untersucht hatten. Im Alltag dagegen sind die subjektiven Erwartungen von Menschen hinsichtlich der Funktionalität von Ärger wahrscheinlich schichtenspezifisch und auch rollenspezifisch sehr unterschiedlich ausdifferenziert. Eine gewisse Polarität kann beispielsweise angenommen werden zwischen „Mittel-/Oberschicht weiblich" und „Unterschicht männlich".

Die Schwierigkeiten der Wertentscheidung beim Einüben von Eigensteuerungsmethoden könnten – einem Vorschlag von SOMMER (1976) folgend – dadurch reduziert werden, daß der Proband selbst den Sollzustand festlegt.

Nach einer systematischen Selbstbeobachtung von Gefühlen und dem Vergleich mit dem Anspruch an das eigene Verhalten und Fühlen (Selbstbewertung) würde die Entscheidung des Probanden folgen, ob er etwas ändern möchte. Eigensteuerungstechniken im engeren Sinne sollen nur dann eingesetzt werden, wenn Ist- und Sollzustand nicht übereinstimmen.

Auch bei solchen Vorgehen wird zu problematisieren sein, daß viele Menschen gar nicht bemerken, welchen Schaden sie im Gefolge ihrer Ärger-und Wutreaktionen zuweilen anrichten. Ob Menschen ihre persönlichen Umgangsweisen mit Ärger-und Wutempfindungen als „funktional" für sich selbst ansehen, hängt wahrscheinlich unter anderem von geschlechtsrollen- und schichtspezifischen Bezugsnormen ab. *Das elaborierte Verbalisieren von Gefühlen bei vielen „Mittelschicht"-Angehörigen kann in der Sichtweise von „Unterschicht"-Angehörigen als sinnloses theoretisches „Gelabere" empfunden werden.* Umgekehrt ist der Fall denkbar, daß ein Familienvater in seiner Selbsteinschätzung glaubt, mit seinem Ärger gut und angemessen umzugehen; aus der Sicht seiner Ehefrau oder der von ihm im Affekt häufig mißhandelten Kinder kann das möglicherweise sehr anders empfunden werden. Mit einer Motivation zur Änderung des eigenen Verhaltens und Fühlens ist in solchen Fällen also nicht zu rechnen.

Es erscheint uns darüber hinaus notwendig zu überlegen, ob nicht gerade auch die „unangenehmen" und „störenden" Emotionen (sogar bei zunächst negativer Einschätzung durch das betreffende Subjekt) *langfristig* aufgrund ihrer motivierenden Impulse für den Einzelnen und sein soziales Bezugssystem wichtig sein können: Die Fähigkeit zum Ärgern sollte, ebenso wie die Fähigkeit zum Trauern (MITSCHERLICH), zum Betroffen-Sein und Zweifeln (BRECHT/Wissenschaft) erhalten bleiben.

Überlegenswert erscheint der Vorschlag von NOVACO (1975), das *Empfinden von Kontrollverlust* als Hinweisreiz für den Einsatz gezielter Eigensteuerungstechniken heranzuziehen; auch dieser Vorschlag reicht jedoch noch nicht zur Entkräftung der von uns vorgebrachten Einwände aus.

Nicht befriedigend gelöst ist nach wie vor die Frage, welche Reizarten (situative, propriozeptive, kognitive) primär als Auslösesignal für den Vorgang der „Ärgerbeachtung" bzw. „Gefühlsabklärung" herangezogen werden sollen. Speziell bei der gezielten Registrierung physiologischer (propriozeptiver) Signale ist oft nur schwer entscheidbar, wie zwischen ärgerlicher Erregung einerseits und – zum Beispiel durch überlagerte aggressive Impulse ausgelöster – Furchterregung andererseits differenziert werden kann (vgl. BANDURA 1979 a, S. 71 ff.).
Da die Frage nach der positiven oder negativen Bewertbarkeit von Ärger ohne Kenntnis des jeweiligen Kontexts nicht allgemein beantwortbar ist, kann es unseres Erachtens nicht empfohlen werden, auf breiter Ebene solche kognitiven Techniken zu propagieren, die eine Unterdrückung von Ärger als solchem zum Ziel haben. Es erscheint uns wichtig, eine Ärgerreaktion dann, wenn sie spontan aufgekommen ist, *zunächst* bedingungslos als ein potentiell wichtiges psychophysisches Signal zur Kenntnis zu nehmen. Erst im weiteren Umfeld der Ärgerrekation, also vor allem *nachdem* sie als eine leib-seelische Empfindung zugelassen und erlebt worden ist, können die beschriebenen kognitiven Verarbeitungsweisen eine wichtige Hilfe zur Verhinderung oder Verminderung potentiell destruktiver Folgen darstellen.
Sind wir über ein bestimmtes Ereignis sehr ärgerlich geworden, so muß ja im ersten Moment der aufkommenden Erregung noch nicht unbedingt schon entscheidbar sein, ob ausgerechnet eine Zurücknahme unseres eigenen Ärgers die angemessene Umgangsweise mit dem Problem ist. Möglicherweise kommt dem Ärger aufgrund seiner aktivierenden und verhaltensdynamisierenden Wirkung eine wichtige kommunikative Funktion im betreffenden Interaktionskontext zu. Werden wir beispielsweise von einem Menschen körperlich angerempelt, so kann ein unwillkürlicher wütender Ausruf unsererseits die Funktion einer notwendigen und angemessenen Rückmeldung an diesen Menschen haben. Es gilt lediglich, Ärgerempfindungen auf eine Art zu äußern, die nicht das Risiko der oben beschriebenen reziproken, sich verselbständigenden Eskalation negativer Gegenseitigkeit mit sich bringt.

Ärger ist ein „Problemsignal"

Ärger als „spontan wertende" Vermittlungsinstanz zwischen Kognitionen und Handlungen

Bei Bestimmungsversuchen der Funktionalität/Dysfunktionalität von Ärger im jeweiligen subjektiven Kontext ist eine Unterscheidung hinsichtlich der *„Kurzfristigkeit"* und *„Langfristigkeit"* sinnvoll.

Selbst wenn eine aufkommende Ärgerreaktion mitten in den Ablauf einer in Gang befindlichen Aktivität hineintrifft und sich somit zunächst *handlungsstörend* und *desorganisierend* auswirkt, kann diese Störung – langfristig gesehen – auch wichtige positive Aspekte haben. Das Aufkommen einer aversiven Empfindung kann beispielsweise – im Sinne einer *unwillkürlichen Wertung* – auf übergangene Bedürfnisse aufmerksam machen. In diesem Fall wäre ihr eine potentiell *fördernde* Wirkung auf diejenige Richtungsaktivität zuzusprechen, die sich als Konsequenz aus der nun neu vorzunehmenden Situationseinschätzung ergibt und solche Änderungen des Geschehens in Gang setzt, die – zum Beispiel durch Rückmeldung an die betreffende Frustrationsquelle – zu einer Reduzierung der ärgerauslösenden Bedingungen führen können. Aus diesem Grunde hat Ruth COHN (1975) im Rahmen ihres Konzepts der „themenzentrierten Interaktion" für die Arbeit in Gruppen die Regel aufgestellt, daß emotionsbedingte Störungen von Geschehensabläufen bedingungslos und immer vorrangig zu thematisieren seien, damit sie nicht zu einer langfristigen unkontrollierten Beeinträchtigung des Gruppengeschehens führen.
Folgende vorläufigen Gesichtspunkte könnten sich bei der Erarbeitung einer Taxonomie der funktionalen Bedeutung von Ärger und Wut als hilfreich erweisen (vgl. hierzu BOTTENBERG 1972; NOVACO 1975, 1976; ROTHENBERG 1971; VERRES & SOBEZ 1980).

Verhaltensintensivierende (energetisierende) Funktion von Ärger

Ärgerliche Erregung führt häufig zu verstärkten Anstrengungen (DEMBO 1931). Das altchinesische Wort für Ärger lautet *sheng ch'i*, was zugleich der Ausdruck für eine Produktion von *Energie* ist. Einige Verhaltensweisen, die ansonsten eher gehemmt sind, werden oft erst im Zustand heftiger Erregung möglich. Die Energetisierung kann bewirken, daß ein Mensch selbstsicherer dem verantwortlichen Provokateur oder der empfundenen Ungerechtigkeit entgegentritt. Verschiedentlich wird diese Wirkung als *„Impakt"* bezeichnet (BACH & BERNHARD 1971). Wird ein Verhalten im Zustand ärgerlicher Erregung intensiver und „energischer", so steigt die Wahrscheinlichkeit dafür, daß es von Außenstehenden als „aggressiv" klassifiziert wird, und zwar selbst dann, wenn es – wie zum Beispiel das heftige Zuknallen einer Tür – gar nicht destruktiv intendiert war. Die energetisierende Wirkung kann allerdings zugleich die Wahrscheinlichkeit tatsächlicher Aggressionen erhöhen, da wir dann, wenn wir ein bestimmtes Verhalten intensivieren, meist den größten Teil unserer Energie auf eben dieses

Verhalten richten und in einem solchen Moment weniger aufgeschlossen sind für eine gründliche Reflexion möglicher *Nebenwirkungen und Spätfolgen* (Vgl. BANDURA 1979 a; DEMBO 1931; KEMMLER 1957; TOCH 1969).

Ärger als Auslösesignal für adaptive Umorientierung

Eine durch Aufkommen von Ärger bedingte Verhaltensunterbrechung kann also zu adaptiven Umorientierungen führen und – zum Beispiel als Lösung eines Motivationskonfliktes – eine *reorganisierende Wirkung* auf Handlungsvollzüge haben. Ein Ärgergefühl hat die Funktion eines Problemsignals in dem Sinn, daß irgend ein aversives Ereignis aufgetreten sein muß, das nach Berücksichtigung verlangt. Eine tatsächliche Berücksichtigung dieses Signals in Form einer Umorientierung des Verhaltens ist häufig schon deshalb notwendig, weil sich anderenfalls die mit der inneren Anspannung einhergehenden physiologischen Veränderungen (zum Beispiel Spasmen von Blutgefäßen, Erhöhung der Magensäurekonzentration) langfristig schädlich auswirken können (vgl. WOLF und Mitarbeiter 1948; zusammenfassend BÖSEL 1978).

Ärger als Auslöser „dysfunktionaler" Umorientierung

Der Zusammenhang zwischen Emotionsniveau und der Aufnahme und Verarbeitung von Information wurde von EASTERBROOK (1959) untersucht. Es zeigte sich, daß steigende emotionale Erregung den Bereich von Hinweisreizen (*cues*) einschränkt, den ein Individuum bei Problemlösungen nutzt.

Das mit wut-induzierter Energetisierung häufig verbundene *„kognitive Wegtreten"* (MICHAELIS 1976, S. 114) und die nach folgende Einengung der weiteren Aktivität auf einen und nur einen Situationsaspekt können vor allem in Kommunikationssituationen äußerst dysfunktional sein. Ein im Zustand „blinder Wut" schließlich begangenes Umsichschlagen führt oft zu Verschlimmerungen des eigentlichen ärgerauslösenden Ausgangsproblems. So wichtig es beispielsweise sein kann, daß eine Mutter ihrem Kind deutlich zeigt, daß eine bestimmte Verhaltensweise des Kindes immer wieder Ärger bei ihr auslöst (vielleicht kann nur durch eine Aussprache eine gemeinsame Lösung gefunden werden), so furchtbar kann die Situation werden, wenn die Mutter zunehmend „außer sich vor Wut gerät" und ihrem Kind durch Verprügeln schwerste Schäden zufügt, ohne sich dabei – bei klarem Kopf – um ein Verständnis der kindlichen Sichtweise bemüht zu haben.

Defensive Funktion von Ärger

Ärger kann bei massiver Bedrohung auch einen – letztlich dem Selbstschutz dienenden – Gegenangriff auslösen. Hier liegen vielleich die phylogenetischen Wurzeln der psychophysiologischen Ärgermanifestationen, die aufgrund einer Erhöhung des Sympathicotonus die Energiereserven des Körpers schlagartig mobilisieren.
Das Aufkommen und Ausleben von Ärger reduziert die Empfindung der eigenen Verletzlichkeit. Sich in Wut „hineinzusteigern", beugt dem Erleben von Furchtgefühlen vor und ist dazu geeignet, den zugrundeliegenden Konflikt wahrnehmungsmäßig außerhalb des eigenen Ichs anzusiedeln, indem die Aufmerksamkeit auf etwas Externes, nämlich das Objekt der Wut gerichtet wird.
Zwischen aufkommender Wut und latenter Angst können enge Verbindungen angenommen werden (FÜRNTRATT 1974, S. 242–244; NOVACO 1975, S. 4; SULLIVAN 1956, S. 96). Betrachtet man diese defensive Funktion des Ärgers unter dem Gesichtspunkt ihrer Auswirkung auf das betreffende Interaktionssystem als Ganzes (zum Beispiel auf die Familienstruktur), so kann sie sich unter Umständen als letztlich äußerst dysfunktional herausstellen, da sie oft mit Wahrnehmungsverzerrungen verbunden ist.
Wenn eine dynamische Funktion von Ärger tatsächlich darin liegt, latente Angstgefühle angesichts von Ich-Bedrohungen abzumildern, dann dürften solche therapeutischen oder erzieherischen Interventionen zu einer Reduzierung von Ärger- und Wutreaktionen führen, die die betreffende Person in die Lage versetzen, Provokationen als weniger ich-bedrohlich einzustufen oder die sie beispielsweise im Sinne eines Selbstsicherheitstrainings zum konstruktiveren Umgang mit bedrohlichen Situationen befähigen. Im Rahmen dieser Betrachtung erscheint es überdies erneut problematisch, Ärgergefühle als etwas per se Negatives einzuschätzen: solange ein Mensch sich noch zu ärgern vermag, hat er möglicherweise auch das Gefühl, die Situation noch einigermaßen zu meistern (ROTHENBERG 1971).

Die Selbstaufwertungsfunktion von Ärger

Bei vielen Tierarten haben einige der von uns mit „Wut" assoziierten Reaktionen (zum Beispiel Brüllen, Haare sträuben) die reine Funktion von Drohsignalen. Sie dienen der Einschüchterung anderer und damit der Aufrechterhaltung eines hohen Status innerhalb von Hierarchien (vgl. EIBL-EIBESFELDT 1978, S. 225ff).

Ein Austoben von Wut kann auch bei Menschen einen rein *demonstrativen Charakter* besitzen, also durchaus zielgerichtet (instrumentell) sein.
Die selbstdarstellerische Inszenierkunst mancher Menschen (NOVACO 1976; TOCH 1969) äußert sich nicht selten in einer gewissen *„Dramaturgie“*, wodurch eine *Umstrukturierung von Situationen zugunsten des ärgerlich Agierenden erreicht wird.* Der Wütende engt den Verhaltensspielraum seiner Interaktionspartner im Sinne einer unmißverständlichen *„Rühr-mich-nicht-an“-Botschaft* ein und definiert, wie andere sich ihm gegenüber zu verhalten haben.
Auch von juristischer Seite werden *„Affekthandlungen“* tendenziell eher als rational geplante Taten *entschuldigt:* Zustände starker Erregung können geradezu als eine Art „Freiraum“ wahrgenommen werden, in dem sich „Unzurechnungsfähigkeit“ strafmildernd auswirken kann.
Die selbstaufwertende Funktion von Ärger liegt aber nicht nur im Bereich der reinen Selbstdarstellung. Die zunächst ohnmächtige Wut diskriminierter oder benachteiligter Gruppen beim Erleben demütigender Praktiken kann zum organisierten Zusammenschluß führen. In der Identifikation mit der nun beginnenden Erfahrung tatsächlicher Macht und in der Mobilisierung von Kräften kann eine nachfolgende Stärkung des Selbstwertgefühls begründet sein. Diese Form von Selbstaufwertung bekommt allerdings dann einen gefährlichen Aspekt, wenn sie zum blinden Ausagieren führt: wenn aus einer potentiell machtvollen, aufgebrachten Menschenmenge ein „rasender Mob“ wird, der durch wahllose Lynch- und Demolieraktionen ein Chaos anrichtet.

Kommunikative Funktion von Ärger

Wie alle emotionalen Signale gibt auch der Ausdruck eines aufkommenden Ärgers möglicherweise Aufschluß über die Art der momentanen Beziehung zum jeweiligen Kommunikationspartner. Enttäuschungen aufgrund unerfüllter Bedürfnisse werden oft erst dann zum Diskussionsgegenstand, wenn einer der Beteiligten in Ärger geraten ist. Für das Funktionieren einer sozialen Gemeinschaft ist es unerläßlich, auch negative Empfindungen auszudrücken und einander Raum für Abgrenzungen und negatives Feedback zu geben.
Der deutschamerikanische Psychologe George BACH machte diesen Gesichtspunkt zum zentralen Thema zahlreicher kämpferischer Schriften und entwickelte ein *„Aggressions-Lab“*, das liebende Partner zum effektiven Streiten befähigen soll (BACH & WYDEN 1970; BACH & BERNHARD

1971). Da der Ausdruck von Ärger einerseits wichtig bei Beziehungsklärungen sein kann, andererseits aber auch desorganisierende und destruktive Wirkungen mit sich bringen kann, ist es sinnvoll, den Ärger auf eine Weise ausdrücken zu lernen, die nicht zur Feindseligkeit und zu den bereits beschriebenen reziproken Eskalationen negativer Gegenseitigkeit führt, aber auch die kommunikative Funktion nicht verliert. In Anlehnung an BACH und BERNHARD (1971, S. 14) kann die in Abb. 7 dargestellte Formel zur Veranschaulichung dienen.

$$\text{Konstruktiver Ärgerausdruck} = \frac{\text{I.I. (Informativer Impakt)}}{\text{S.F. (Schmerzzufügende Feindseligkeit)}}$$

Abb.7 Veranschaulichung der reziproken Beziehung der beiden Einflußgrößen, die den Grad konstruktiven Ärgerausdrucks determinieren (in Anlehnung an BACH und BERNHARD, 1971)

Aggressionsanbahnende Funktion von Ärger

Ärger führt häufig zu einer negativen Akzentuierung der Personen- und Situationswahrnehmung. Die selektive Wahrnehmung negativer Aspekte des Provokateurs kann sich unter anderem so auswirken, daß man ausschließlich ihm die „Schuld" für das augenblickliche eigene Frustriertsein zuschreibt, die Achtung vor ihm verliert und damit auch eigene Aggressionshemmungen reduziert (BANDURA 1979 a; BANDURA, UNDERWOOD & FROMSON 1975). Die nahezu überall als selbstverständlich erachtete und gelernte Assoziation zwischen Ärger und Aggression kann dann im Zustand der ärgerlichen Agitiertheit aufgrund enttäuschter Erwartungen und feindseliger Gedanken aggressionsauslösend wirken.

Zusammenfassung des 13. Kapitels

Ein Hauptproblem der Wirkungen von Ärger in alltäglichen Interaktionen liegt darin, daß Handlungsverläufe sehr schnell „entgleisen" können, da Menschen im Zustand ärgerlicher Erregung oft ganz unhinterfragt die Verantwortlichkeit für den weiteren Ablauf des Geschehens abgeben, das heißt nicht mehr sich selbst als den Ort der Ereignissteuerung wahrnehmen und insbesondere dem Risiko möglicher unerwünschter Nebenwirkungen ihres Tuns keine ausreichende Aufmerksamkeit mehr schenken. Die subtilen Wechselwirkungen zwischen kognitiven Prozessen der selektiven Situationswahrnehmung, der negativen Akzentuierung und der oft durchaus zufallsabhängigen Ursachenattribuierung können sich im Laufe der persönlichen Entwicklung zu habituellen Reaktionsgewohnheiten verfestigen, sind aber prinzipiell beeinflußbar.

Es ist also durchaus sinnvoll, nach Möglichkeiten der Förderung „effizienten" Umgangs mit Ärger und Wut zu fahnden. Dabei müßte noch gezielter ermittelt werden, an welchen „Entscheidungspunkten" im Ablauf kognitiv-emotionaler Wechselwirkungsketten solche Bewältigungsprozesse sinnvollerweise ansetzen sollen.

Eine Verbreitung spezieller „kognitiver Techniken" nach dem Muster des SIEBERTschen Ärger-Kontrollprogramms ist beim gegenwärtigen Stand der Erkenntnis nur mit Vorbehalten zu empfehlen, da eine starre Anwendung solcher Techniken (zum Beispiel der Etablierung von zuvor festgelegten „Alternativkognitionen" durch Konditionierung an situative Hinweisreize) das Risiko einer zu generalisierten Reduktion der allgemeinen emotionalen Erlebnisfähigkeit mit sich bringt. Auch ist es unzureichend, die Aufmerksamkeit primär auf eine immer effektivere „Kontrolle" von Ärger- und Betroffenheitsreaktionen zu lenken, solange viele Anlässe der Ärgerentstehung selbst keineswegs als konstante, unabänderliche Ausgangsbedingungen des menschlichen Zusammenlebens anzusehen sind.

Ein „kompetenter" Umgang mit ärgerauslösenden Bedingungen impliziert eine differenzierte Fähigkeit zum Antizipieren, Initiieren und flexiblen Verändern aversiver Situationen.

Im Rahmen der psychologischen Ärgerforschung sollte unseres Erachtens neben der notwendigen Grundlagenforschung verstärkt die Entwicklung differenzierter diagnostischer Methoden angestrebt werden, mit deren Hilfe eine Aufarbeitung der „subjektiven" Erwartungen hinsichtlich der Funktionalität von Ärger, und zwar unter Einbeziehung interaktioneller Perspektiven, möglich ist. Alltagssprachlich ausgedrückt: Es muß zuweilen herausgefunden werden, ob im gegebenen Einzelfall das Ausmaß und die Häufigkeit erlebten Ärgers „zu hoch", „gerade angemessen" oder „zu niedrig" sind. Mit Maßnahmen zur psychologischen Beeinflussung von Ärger im Sinne der diskutierten Technologien und Trainingsprogramme sollte unseres Erachtens sehr zurückhaltend umgegangen werden, solange deren Indikationsstellung nicht besser abgesichert ist.

Schließt man sich der Auffassung an, daß Ärger selbst bei unmittelbarer Einschätzung im Sinne von „unerwünscht" oder „dysfunktional" nichtsdestoweniger „objektiv" wichtig im Sinne eines spontanen „Problemsignals" sein kann, so wird deutlich, daß für den anschließenden Umgang mit einem solchen Signal kaum standardisierte Ärgerreduktions-Techniken, sondern flexiblere Kompetenzen zur „konstruktiven Auflösung" wünschenswert sind.

14

Zur Konkretisierung des Konzepts der nicht-destruktiven sozialen Kompetenz

Im folgenden soll zusammenfassend versucht werden, die Bedeutung des Konzepts der „sozialen Kompetenz" für eine Prävention destruktiven Verhaltens anhand einiger Beispiele denkbarer Verhaltensalternativen zu solchen Aggressionen darzustellen, die häufig als *„reaktive Aggressionen"* bezeichnet werden, das heißt als Reaktionen auf aversive Bedingungen auftreten. Der Übersichtlichkeit halber soll nicht im Einzelnen wieder auf die entsprechenden Abschnitte der vorliegenden Arbeit Bezug genommen werden.
Zunächst werden wir, abgeleitet aus unseren bisherigen Erörterungen, einige typische Defizite in menschlichen Verhaltensrepertoires nennen, die aggressives Verhalten als Reaktion auf aversive Ereignisse häufig begünstigen.
Wenn es – wie zum Beispiel SIEBERT (1977) demonstriert hat – möglich ist, habituelle Reaktionsgewohnheiten durch ein gezieltes kognitives Training zugunsten einer kompetenteren Eigensteuerung aufzugeben, so müßte es auch möglich sein, durch Aufklärungsarbeit das Wissen von Menschen um die Wechselwirkungen zwischen kognitiven und emotionalen Prozessen zu fördern und dadurch zu einem verantwortlicheren Umgang mit ihnen anzuregen.

Typische Kompetenzdefizite im Hinblick auf Möglichkeiten nicht-destruktiven Verhaltens

Mangelnde „Handlungsbewußtheit"

Viele Menschen erkennen nicht, daß zahlreiche ihrer Handlungen destruktive Wirkungen haben, oder sie sehen destruktive Aggressionen als etwas Selbstverständliches, Notwendiges oder Unvermeidliches an. In einer sehr subtilen und lesenswerten Analyse hat WELLENDORF (1974) aufgezeigt, daß viele zwischenmenschliche Konflikte unbewußte Hintergründe haben, die nicht direkt kommuniziert werden und sich daher in Form unreflektierter destruktiver Aktionen entladen können.
Problematisch wirken sich in dieser Hinsicht nicht zuletzt verschiedene

Popularisierungen vereinfachender Erklärungsansätze der menschlichen Aggressivität aus. Gerade die große Verbreitung der vereinfachenden Frustrations-Aggressions-Hypothese in ihrer ursprünglichen Fassung hat bei vielen Menschen die Auffassung verfestigt, aggressive Reaktionen nach Frustrationen gehörten zu den unabänderlichen Naturgegebenheiten und seien daher nicht weiter zu hinterfragen. So erhielt bei einer Umfrage unter 62 Lehrern und Lehrerinnen die durch die Triebtheorie nahegelegte Vorstellung, jeder Energiedruck brauche sein Ventil in Form von Aggressionen, eine fast einhellige Zustimmung (NOLTING 1978, S. 19–26).
Mangelnde Handlungsbewußtheit kann sich ferner auch darin zeigen, daß *die mit aggressivem Verhalten einhergehenden Schädigungen und negativen Nebenwirkungen nicht auf die eigene Handlung bezogen, das heißt „übersehen" werden.* Vielleicht tragen hierzu auch die häufigen Gewaltdarstellungen in Filmen bei, bei denen die negativen Folgen aggressiver Handlungsweisen meist ausgeblendet werden.

Mangelnde Handlungskontrolle

Häufig werden emotionale Erregungszustände also *unmittelbar und unreflektiert aggressiv „ausagiert"*. Die Tatsache, daß auch nicht-destruktive Handlungsweisen möglich sind, wird dabei oft gar nicht in Betracht gezogen, ganz im Sinne des populären Rechtfertigungsmusters, man „müsse" seine Aggressionen „abreagieren".
Auch das im Zustand affektiver Erregung häufig zu beobachtende *Abschieben von Verantwortung* auf die jeweiligen Interaktionspartner trägt dazu bei, daß viele Menschen keinerlei Grund dafür sehen, *sich selbst* um eine verstärkte Kontrolle destruktiver Handlungsabläufe zu bemühen (vgl. LÖSEL 1975).
Problematisch wirkt sich hierbei ferner aus, daß Möglichkeiten der willentlichen Unterbrechung von Handlungsabläufen vielleicht nie gelernt wurden oder auch aufgrund von Unterlegenheitsängsten und *internalisierten Rollenkonzepten* (zum Beispiel *„wer nachgibt, ist schwach"*) abgelehnt werden.
Defizite an „konstruktiven" Verhaltensweisen zum Umgang mit potentiell aggressionsauslösenden Situationen können unter anderem auch dadurch bestehen bleiben, daß entsprechende Vorbilder fehlen oder daß die sozialen Anreize zur Nachahmung nicht-aggressiver Verhaltensmodelle nicht ausreichend sind.

Fehlende Motivation zur Vermeidung schädigender Handlungsfolgen

Da aggressives Verhalten aufgrund seiner Durchschlagskraft und der damit verbundenen schnelleren Zielerreichung oft wesentlich einfacher als konstruktives Problemlöseverhalten ist, bedarf es in solchen Fällen zusätzlicher motivierender Impulse, den vergleichsweise „größeren Aufwand" für nicht-aggressives Problemlöseverhalten zu erbringen.
In sozialen Systemen, in denen in vielen Bereichen zu eigennützigem und rücksichtslosem Durchsetzungsverhalten (zum Beispiel Profitstreben) geradezu herausgefordert wird, ist die Wahrscheinlichkeit relativ groß, daß rücksichtsvolles und empathisches Verhalten zumindest langfristig nicht zu ausreichend motivierenden positiven Konsequenzen führt und letztlich ein Gefühl des Ausgenutztwerdens nahelegt.

Förderungsmöglichkeiten eines nicht-destruktiven Umgangs mit aversiven Ereignissen

Es wurde bereits mehrfach betont, daß uns eine breite Anwendung spezifischer kognitiver „Kontrolltechniken" zum Umgang mit aversiven Ereignissen nur mit erheblichen Vorbehalten diskutabel erscheint. Dennoch verdienen einige Ergebnisse der neueren Emotionsforschung, in konkreter Anwendung auf ihre praktische Nützlichkeit hin überprüft zu werden. Wir haben hierzu im folgenden eine Liste von Möglichkeiten zur Erleichterung eines konstruktiven Umgangs mit aversiven Bedingungen formuliert. Diese Zielvorstellungen sind als Zusammenfassung unserer bisherigen Überlegungen über Möglichkeiten nicht-aggressiven, sozial-kompetenten Verhaltens entstanden.
Abbildung 8 soll zusammenfassend zeigen, wie vielfältig die Ansatzpunkte sind, die zur Verringerung destruktiver Folgen aversiver Bedingungen in Frage kommen.
So problematisch es einerseits ist, möglicherweise rezeptartig klingende Vorschläge zu unterbreiten, so notwendig erscheint es uns auf der anderen Seite, aus den diskutierten Ergebnissen der wissenschaftlichen Ärger- und Aggressionsforschung versuchsweise einige Zielsetzungen einer Förderung sozialer Kompetenzen für eine nicht-destruktive Bewältigung zwischenmenschlicher Auseinandersetzungen abzuleiten.

Nicht - destruktiver Umgang mit aversiven Ereignissen

Entwicklung spezifischer Kompetenzen (individuelle Ebene)

Konstruktiver Umgang mit Frustrationen

- Frustrationen antizipieren
- Frustrationen vorbeugen
- unvermeidbare Frustrationen erläutern
- Bedeutung der frustrierenden Bedingung einschätzen
- Informationen über alternative Verhaltensmöglichkeiten suchen
- Die subjektive Wertigkeit des frustrierten Handlungsziels neu einschätzen
- Anspruchsniveau überprüfen
- Kompromisse in Betracht ziehen
- Sich erneut mit der Frustrationsquelle auseinandersetzen
- Provokationen beenden oder umstrukturieren

Konstruktiver Umgang mit Ärger

- Anzeichen aufkommender Gefühle zunächst unzensiert wsahrnehmen
- Gefühlszustand klären
- Gründe und Ursachen erforschen
- Angemessenheit überprüfen
- Funktionale Bedeutung einschätzen
- Nicht-destruktiv ausdrücken
- Nachwirkungen der Ärgeräußerung reflektieren

Konstruktiver Umgang mit Konflikten

- Kompetenzen für den Umgang mit eigenem Ärger über Interaktionspartner entwickeln
- Kompetenzen für den Umgang mit ärgerlich erregten Interaktionspartnern entwickeln
- Kompetenzen zur Verhinderung von Eskalationen entwickeln
- Kompetenzen für eine niederlagelose Konfliktbearbeitung entwickeln

Abb. 8 Möglichkeiten eines nicht-destruktiven Umgangs mit aversiven und frustrierenden Ereignissen auf individueller und auf sozialer Ebene. – Fortsetzung Seite 191 –

Nicht - destruktiver Umgang mit aversiven Ereignissen

Situationsübergreifende Möglichkeiten (soziale Ebene)

Im persönlichen Bereich

- Streß-Immunisierung:
- Entspannungstraining
- Selbstsicherheitstraining
- Bewußtmachung des eigenen Selbstwertes und Selbstvertrauens
- Reduktion unangemessen ichnaher Interpretationen von Provokationen
- Hinterfragen eingeschliffener emotionaler Reaktionsweisen
- Hinterfragen habitueller Situationsinterpretationen
- Erwerb flexibler Bewältigungstechniken

Im sozialstrukturellen Bereich

- Streß-Reduzierung (Reduktion aversiver Lebensbedingungen):
- Verringerung struktureller Gewalt
- Reduzierung persönlichkeitsverletzender Frustrationen und Provokationen (z. B. durch Bürokratismus)
- Förderung nicht-destruktiver Aktionsmöglichkeiten bei sozialen Auseinandersetzungen
- Erzieherische Veränderung kultureller Verhaltensmuster durch Aufklärung
- Bereitstellung einflußreicher nicht-destruktiver Verhaltensmodelle
- Reduzierung aggressiver Verhaltensmodelle in den Massenmedien und im Erziehungsbereich
- Erleichterung der Inanspruchnahme sozialer Beratungsstellen
- Reduzierung der Stigmatisierung von Beratungssuchenden

Wir haben uns bei der Formulierung von Lernzielen zum „Ärger-Management" am gedachten Ablauf aufeinanderfolgender Reaktionen auf aversive Ereignisse orientiert, die potentiell zu aggressiven Verhaltensweisen führen, um aufzeigen zu können, daß im zeitlichen Ablauf einer solchen Sequenz an jeder einzelnen Stelle die Verfügbarkeit spezifischer Kompetenzen dazu geeignet sein kann, aggressiv-destruktive Verhaltensprozesse zu unterbrechen oder ganz zu vermeiden.

▷ *Anzeichen aufkommender Gefühle unzensiert wahrnehmen:*
- die Sensibilität für Gefühlszustände allgemein verbessern

▷ *Gefühlszustand klären:*
- physiologische Erregungszeichen beachten und als Hinweisreize für eine kritische Situation erkennen
- bei ambivalenten Gefühlen sich die verschiedenen Gefühlsanteile bewußt machen
- sensibel werden für Gefühlsschattierungen (Beispiel: Bei der Empfindung von Eifersucht kann entweder Ärger oder mehr ein Gefühl des „Gekränktseins" im Vordergrund stehen)
- sich auch die Möglichkeit eines unspezifischen Erregtseins zugestehen; bei der Benennung von Gefühlen sich nicht zu schnell auf eine bestimmte Einordnung festlegen (durch die Verbalisierung von Gefühlen kann eine Veränderung der Gefühlsqualität eintreten)

▷ *Ursachen und Gründe erforschen:*
- abwägen, ob der Ärger eventuell auch auf Enttäuschung, Angst, Unterlegenheit oder Feindseligkeit zurückgeführt werden könnte
- den Zusammenhang zwischen eigenen Kognitionen (zum Beispiel Wahrnehmungs- und Interpretationsgewohnheiten) und Ärgerentstehung bewußtmachen

▷ *Angemessenheit überprüfen:*
- die subjektive Wertung der auslösenden frustrierenden Bedingung und die subjektive Wichtigkeit der Zielerreichung überprüfen
- eine überempfindliche, auf das Selbstwertgefühl bezogene Wahrnehmungsweise provozierender Äußerungen hinterfragen
- die empfundene Ich-Nähe des auslösenden Ereignisses überprüfen
- Alternativinterpretationen abwägen: zum Beispiel durch ein Sich-Hineinversetzen in die Rolle des Interaktionspartners (Role taking)
- gelegentliches auch „eingeschliffene" emotionale Reaktionsweisen hinterfragen

- sich über die Angemessenheit der subjektiven Interpretation der Situation rückversichern

▷ *Funktionale Bedeutung einschätzen:*

- sowohl die Folgen des Sich-hineinsteigerns als auch diejenigen des „Ärgerverdrängens" reflektieren
- die Zielorientierung nicht aus dem Auge verlieren, selbst wenn eine Provokation als besonders „ich-nahe" empfunden worden ist
- Verantwortung für die kurz- und langfristigen Ärgerfolgen (für sich selbst und die übrigen Beteiligten) übernehmen
- keine bequemen Rechtfertigungen akzeptieren, die die eventuellen destruktiven Folgen der Ärgeräußerung entschuldigen
- wissen, daß Ärger häufig zu einer Einengung des Wahrnehmungsfeldes führt: sich vor Augen führen, daß auch die Sichtweise des Interaktionspartners richtig sein kann

▷ *Ärger nicht-destruktiv ausdrücken:*

- sich klarmachen, daß es weitgehend vom eigenen Verhalten abhängt, wie sich die Situation weiterentwickeln wird
- so konstruktiv und informativ wie möglich seinen Ärger ausdrücken und solche Ausdrucksweisen von Ärger entwickeln, die von echter Feindseligkeit unterscheidbar sind (zum Beispiel möglichst genau das eigene Gefühl beschreiben und über sich selbst sprechen, statt den Interaktionspartner herabzusetzen)
- möglichst diejenigen Personen ansprechen, deren Verhalten den Ärger ausgelöst haben
- Betroffenheit besonders auch dann ausdrücken, wenn dadurch eventuell eine unbeabsichtigte Provokation durch den anderen erst als solche erkennbar wird.
- so präzise wie möglich ausdrücken, was genau zum Ärger geführt hat
- sich selbst zunächst nur einen gewissen Zeitraum zum Ärgerausdruck zugestehen

▷ *Nachwirkungen der Ärgeräußerung reflektieren:*

- retrospektiv klären, welche der Ärgerfunktionen die wichtigste war
- wissen, daß sich die Beziehung zum Interaktionspartner nach Ärgeräußerungen zumindest kurzfristig ändern kann (Beispiel: der Partner reagiert nun auch seinerseits mit Betroffenheit oder Ärger, oder er zieht sich zurück)
- sich Ärger auch im nachhinein als Gefühl zugestehen
- sich für konstruktive Ärgerbewältigung selbst bekräftigen
- Schlußfolgerungen für zukünftige ähnliche Situationen ableiten.

Zu einem kompetenten Umgang mit frustrierenden Bedingungen und Ärgergefühlen gehören nicht nur Fertigkeiten im Bereich des innerpsychischen Reagierens, sondern auch Fertigkeiten zum Lösen zwischenmenschlicher Probleme (vgl. hierzu ausführlich SPIVACK & SHURE 1974).

Aus den Axiomen der *Kommunikationstheorie der Palo Alto-Schule* (WATZLAWICK und Mitarbeiter 1969, S. 50ff) können zur Verhinderung konfliktverschärfender Kommunikationsstörungen insbesondere zwei Anregungen abgeleitet werden: das Anwenden von expliziter *Metakommunikation* (das Sprechen über die Art und Weise der augenblicklich realisierten Kommunikation) und ein intensives Training in *nonverbaler Kommunikation* zur Ergänzung und Verdeutlichung der verbalen Äußerungen. Dem liegt die Annahme zugrunde, daß weder nonverbale noch verbale Kommunikation *allein* ausreicht zur optimalen Verständigung auf der Inhalts-und Beziehungsebene.

WERBIKS *Konfliktlösungsprinzip* (1974, S. 46f) fordert freie Kundgabe, unsanktionierte Kenntnisnahme und gleiche, offene Behandlung der Ziele aller Interaktionspartner (von WERBIK „Beratungsteilnehmer" genannt).

Bei widerstreitenden Motiven innerhalb einer Gruppe wird die Bereitschaft der Gruppenmitglieder gefordert, ihre Ziele durch neue, gemeinsame „Oberziele" zu ersetzen und andere Mittel zu verwenden, die die Erreichung des gemeinsamen Oberziels garantieren.

Sieht man einmal davon ab, daß es im Zustand starker affektiver Erregung sehr schwierig ist, einen solchen *„herrschaftsfreien Dialog"* zu führen, und ist man sich darüber hinaus der *unrealistischen Voraussetzung der „Gleichheit" aller Interaktionspartner* bewußt, so erscheint es nichtsdestoweniger als sinnvoll, sich die notwendigen Voraussetzungen anzueignen und eine möglichst häufige Realisierung des Konfliktlösungsprinzips anzustreben.

Allerdings sind kommunikative Situationen häufig *asymmetrisch,* da faktische Machtverhältnisse oder unterschiedliche Voraussetzungen der Interaktionspartner (zum Beispiel bezüglich ihrer verbalen Ausdrucksfähigkeit oder Durchsetzungskraft) Sanktionen mit sich bringen, die im Rahmen des Konfliktlösungsprinzips eigentlich zu verbieten sind. Zu den verhaltensmäßigen Voraussetzungen eines herrschaftsfreien Dialogs gehört eine Fähigkeit und Motivation zur *Entscheidungsverzögerung*, zur *gleichberechtigten Diskussion*, zur *Umstrukturierung eigener Ziele* und zur Verwendung *alternativer Mittel* – was wiederum deren potentielle Verfügbarkeit voraussetzt.

GORDONS (1972, 1978) Technik des *„aktiven Zuhörens"* entspricht weitgehend der von ROGERS entwickelten gesprächstherapeutischen Methode,

anteilnehmend zuzuhören, dem Gesprächspartner durch verbale Rückmeldung zu verstehen zu geben, daß man seine Äußerung aufgenommen und verstanden hat. Durch diese Art der Kommunikation in Form von *„Ich-Botschaften"* soll ein offenes Aussprechen von Gefühlen und eine faire Auseinandersetzung in Konfliktsituationen erleichtert werden. Außerdem sollen die Familienmitglieder lernen, situationsspezifisch zu analysieren, wessen Probleme die vorliegenden Schwierigkeiten primär sind (*wer „besitzt" eigentlich das Problem?*) und sogenannte *„Kommunikationssperren"* zu vermeiden, da sie eine offene Kommunikation unterlaufen. Zu den Kommunikationssperren gehören Verhaltensmuster wie Befehlen, Warnen, Predigen, Belehren, Vorwürfe machen, Verhören, Ausweichen usw.
Die familiendynamische Forschung hat allerdings gezeigt, daß bei der Bearbeitung der Frage, welches Familienmitglied ein bestimmtes Problem primär besitze, häufig *projektive Zuschreibungen* eine Rolle spielen. Innerhalb eines Familiensystems können Kräfte wirken, die zu einer *kollektiven Fehlwahrnehmung* von Problemen führen, so daß einzelne Familienmitglieder in die Rolle eines Sündenbocks oder Symptomträgers gedrängt werden und sich schließlich auch mit dieser Rolle identifizieren, so daß für die Beteiligten zu guter Letzt gar nicht mehr erkennbar ist, daß hier Zuschreibungs- und Abwälzprozesse im Spiele waren (vgl. hierzu STIERLIN 1978). Je nach dem, wie die jeweilige Interaktionssituation strukturiert ist, sind spezifische Interaktionskompetenzen gefordert.

Lernziele zum konstruktiven Umgang mit Konflikten

▷ *Umgang mit eigenem Ärger über den Interaktionspartner:*
- sich bei Verhaltensinterpretationen beim Interaktionspartner rückversichern
- sich der Möglichkeit bewußt sein, daß die Interpretation des Partnerverhaltens durch subjektive Fehlwahrnehmungen verfälscht sein kann
- genaue Information über die empfundenen Gefühle geben
- destruktiv-anklagenden (feindseligen) Ausdruck von Gefühlen vermeiden
- verhaltensbezogen kommunizieren
- „wunde Punkte" des Partners respektieren
- den Partner vorwarnen, daß man verärgert ist

▷ *Umgang mit einem ärgerlichen Interaktionspartner:*
- dem Interaktionspartner Freiraum zur unzensierten Kundgabe seines Ärgergefühls geben

- „aktiv zuhören"
- Gefühlsäußerungen nicht zensieren
- nicht den Ärger des anderen, sondern den gemeinsamen Umgang damit zum eigenen Problem machen
- Ärgeräußerungen nicht pauschal als feindselige Angriffe interpretieren
- Antwortmöglichkeiten auf antizipierte feindselig-provozierend vorgebrachte Ärgeräußerungen von Interaktionspartnern ausprobieren und einüben
- dem Interaktionspartner anbieten, gemeinsam nach einer Lösung zu suchen
- die Ärger-Ursachen gemeinsam analysieren

▷ *Kompetenzen zur Verhinderung von Eskalationen:*
- sich der Gefahr der Eskalation bewußt sein (circulus vitiosus negativer Gegenseitigkeit)
- Verantwortung für den Ausgang der Konfliktbearbeitung mitübernehmen
- zusätzliche Provokationen vermeiden
- gemeinsam versuchen, beim „Thema" zu bleiben, nicht durch das Abschweifen zu früheren Ärgersituationen den augenblicklichen Ärger vergrößern (Ansprechen „alter Hüte")
- dem Interaktionspartner die Sicherheit geben, daß seine offenen Äußerungen später nicht als Sanktion gegen ihn verwendet werden
- wissen, daß bei der Wahrnehmung des Ablaufs reziproker Ärgerentwicklung von den Interaktionspartnern meist unterschiedliche Interpunktionen gesetzt werden („du hast angefangen" – „nein, du hast angefangen!")
- die eigene Interpunktion des Geschehens hinterfragen
- die Beziehungs- und die Inhaltsebene der Äußerungen deutlich trennen
- Metakommunikation versuchen und akzeptieren
- dem anderen eventuell auch zugestehen, die Konfliktsituation vorübergehend zu verlassen

▷ *Kompetenzen für eine niederlagelose Konfliktbearbeitung:*
- die konstruktive Bearbeitung eines Konfliktes als höheres Ziel (Oberziel) akzeptieren, anstatt Auseinandersetzungen mit eventuell schmerzlichen Erfahrungen zu vermeiden
- als Oberziel die Konfliktbearbeitung und nicht die Überordnung oder Unterordnung von Bedürfnissen akzeptieren
- gemeinsam über mögliche neue, von beiden Seiten akzeptierbare Ziele beraten
- „aktiv zuhören"
- Ausdrücken eigener Gefühle in Form von „Ich-Botschaften"

- symmetrische und komplementäre Form der Kommunikation abwechselnd einsetzen (zum Beispiel ein Zurückstecken nicht in allen Fällen als Niederlage definieren)
- versuchen, dem Interaktionspartner seine eigene Form des Umgangs mit Ärger zuzugestehen, sofern sie nicht destruktiv ist
- dem anderen Gefühle zugestehen, die man selbst in vergleichbaren Situationen vielleicht nicht hätte.

Das in diesen Vorschlägen zum Ausdruck kommende Konzept der *kognitiven Kontrolle von Betroffenheits- und Ärgerreaktionen zur Prävention destruktiven Verhaltens* sollte nicht dahingehend mißverstanden werden, eine verstärkte kognitive Steuerung unmittelbar affektiver Prozesse selbst werde von uns als eine hinreichende Perspektive der Förderung sozialer Kompetenzen angesehen. Gerade die Unzufriedenheit und die Ärgerempfindungen von Menschen sind besonders gut dazu geeignet, die Aufmerksamkeit verstärkt auf diejenigen Gegebenheiten zu richten, die zu diesen Empfindungen Anlaß gegeben haben, und zu überlegen, ob man bereit ist, sich diese Gegebenheiten noch länger gefallen zu lassen. Das bedeutet: *eine „sozial kompetente" kognitive Kontrolle von Ärger und Wut ist nicht im geringsten gleichzusetzen mit gefügiger Unterwerfung unter aversive Bedingungen.*

Zusammenfassung des 14. Kapitels

Im 14. Kapitel wurde versucht, das Konzept der nicht-aggressiven sozialen Kompetenz am Beispiel möglicher Umgangsweisen mit aversiven Ereignissen zu verdeutlichen, die häufig in dyadischen Interaktionen (Konfliktsituationen) auftreten.

Hierzu wurden zunächst einige typische Defizite in menschlichen Verhaltensrepertoires herausgestellt, die aggressives Verhalten als Reaktionen auf aversive Ereignisse häufig begünstigen: mangelnde „Handlungsbewußtheit", mangelnde Handlungskontrolle, mangelnde Verfügbarkeit nichtaggressiver Kompetenzen, fehlende Motivation zur Vermeidung schädigender Handlungsfolgen.

Versuche einer Förderung nicht-destruktiver Umgangsweisen mit aversiven Bedingungen können auf verschiedensten Ebenen ansetzen. Spezifische Kompetenzen lassen sich entzwickeln zum konstruktiven Umgang mit Frustrationen, mit Ärger und mit Konflikten. Darüberhinaus sind auch unspezifische Maßnahmen notwendig, die sich als „Streß-Immunisierung" (im persönlichen Bereich) und als „Streß-Reduzierung" (im sozialen Bereich) kennzeichnen lassen.

Insbesondere am Beispiel von Möglichkeiten des Umgangs mit Ärger in interaktionellen Situationen haben wir deutlich zu machen versucht, daß die Verfügbarkeit spezifischer Kompetenzen im Umgang mit aversiven Erlebnissen dazu geeignet sein kann, aggressiv-destruktive Verhaltensprozesse zu unterbrechen oder zu vermeiden, ohne daß damit eine kritiklose Anpassung an die aversiven situativen Bedingungen einhergehen muß. Hierzu sind unter anderem spezifische Kompetenzen zur differenzierten Gefühlswahrnehmung, zum differenzierten Gefühlsausdruck sowie zur differenzierten Reflexion von Nachwirkungen der Gefühlsäußerungen notwendig.
Wir haben ferner einige Lernziele zum konstruktiven Umgang mit Konflikten in dyadischen Interaktionen zur Diskussion gestellt, die in erzieherischen Situationen häufig eine Rolle spielen und paradigmatisch zeigen sollen, daß Eskalationen von Konflikten und gegenseitigen Aggressionen durch eine Reihe von Kompetenzen auf der kognitiven und der Verhaltensebene verhindert werden können.

15

Welche sozialstrukturellen Faktoren müssen bei Bemühungen um eine Verringerung von Aggressionen berücksichtigt werden?

Obwohl das vorliegende Buch primär solchen Aspekten der zwischenmenschlichen Aggressivität gewidmet ist, die vornehmlich in das Arbeitsgebiet der *Psychologie* fallen, das heißt mit psychologischen Methoden erfaßbar und veränderbar erscheinen, soll abschließend nachdrücklich darauf hingewiesen werden, daß die psychologischen Ansätze wahrscheinlich nur einen Teil der zwischenmenschlichen Gewalttätigkeit zu erklären vermögen. Psychologische Konzepte zur Verminderung zwischenmenschlicher Gewalt erfahren dort eine wesentliche Beschränkung, wo sozialstrukturelle Bedingungen so gestaltet sind, daß sie aggressives Verhalten in vielen Situationen geradezu nahelegen.

Prävention aggressiven Verhaltens hat nicht nur als Bewußtmachung und Beeinflussung intrapsychischer und verhaltensmäßiger Prozesse stattzufinden, sondern auch als Veränderung von Faktoren auf der sozialstrukturellen Ebene (CAPLAN & GRUNEBAUM 1967). Die Wahrscheinlichkeit dysfunktionalen Verhaltens kann besonders dann hoch sein, wenn für eine Population bestimmte *Basisressourcen* nicht in angemessener Weise verfügbar sind. Danach wäre beispielsweise statt Streß-Immunisierung *Streß-Reduzierung* anzustreben (vgl. ERNST 1977). *Ein kompetenter Umgang mit aversiven Bedingungen müßte also personenorientiert und systemorientiert sein.* Zur Reduktion von Bedingungen destruktiven Verhaltens können spezifische oder auch ganz unspezifische Maßnahmen notwendig sein. Einige Gesichtspunkte zur Verringerung destruktiver Reaktionsweisen auf allgemeiner Ebene wurden in Abbildung 8 (Seite 140f.) zusammengestellt. Appelle an Menschen zur friedfertigen Bewältigung ihrer Frustrationen und Konflikte werden nur einen begrenzten Nutzen haben, solange nicht auch im sozialstrukturellen Bereich Maßnahmen zur Verringerung von struktureller Gewalt und persönlichkeitsverletzenden Praktiken stattfinden.

Solche Maßnahmen werden jedoch oft erst dann eingeleitet, wenn sich ein ausreichend massiver Protest erhoben hat. Ein energischer heftiger Protest wiederum ist ohne die Initialzündung von persönlichen Betroffenheits- und Ärgerreaktionen kaum denkbar. Dies kann unter anderem am Beispiel von revolutionären Bewegungen deutlich gemacht werden (GURR 1972).

Ob ein Protest in nicht-destruktiver Weise ausgetragen wird, hängt ganz entscheidend davon ab, welche Wege der Artikulation und Interessenvertretung im betreffenden sozialen System überhaupt zugelassen sind.

Hat ein durch die bestehenden gesellschaftlichen Herrschaftsverhältnisse stark frustrierter engagierter Oppositioneller immer wieder die Erfahrung gemacht, daß seine konstruktiv gemeinten Diskussionsbeiträge nicht etwa inhaltlich ernsthaft erörtert werden, sondern regelmäßig als „zu radikal" abgewiesen werden, so mag dieser Mensch vielleicht schlußfolgern, daß es nichts nützt, mit seinen politischen Gegnern in einen offenen Dialog zu treten und daß es zweckmäßiger ist, sein politisches Engagement im „Untergrund" fortzusetzen.

Wird eine Podiumsdiskussion mit einem politischen Dissidenten in nichtargumentativer Weise durch Polizeieinsatz verhindert, so ist bereits durch diesen Akt der Dialogverhinderung ein Klima für nachfolgende Protestaktionen in Form potentiell gewalttätiger Ausschreitungen vorgezeichnet.

In ganz ähnlicher Weise dürfte es sich auch in kleineren sozialen Einheiten (Partnerbeziehung; Familie) eher schädlich auswirken, den Ausdruck von Ärger und das Artikulieren von Unzufriedenheit zu tabuisieren. Wenn Interessenkollisionen nicht offen ausgetragen werden können, ist weder eine konstruktive Konfliktregelung möglich, noch können Fertigkeiten zum Umgang mit frustrierenden Bedingungen und Konflikten eingeübt werden.

Zu den situationsübergreifenden Möglichkeiten einer Prävention destruktiver Ärgerfolgen gehören auch all solche Aktivitäten, die dazu beitragen, das Selbstvertrauen von Menschen so zu stützen, daß sie im Falle von Provokationen nicht gleich in überempfindlicher Weise reagieren und sich in affektive Durchbrüche oder ineffektive Eskalationen gegenseitigen Schlagabtausches hineinreißen lassen müssen (siehe TOCH 1969).

SOMMER (1977) und KAISER (1977) forderten kürzlich die Konzipierung einer „*Kompetenzepidemiologie*", das heißt eine Bestandsaufnahme der Verteilung und Determination psycho-sozialer Fertigkeiten in den verschiedenen Bevölkerungsgruppen. Sie solle zur Grundlage für die Erarbeitung gezielter Kompetenzförderungsprogramme werden, da im Rahmen präventiver Maßnahmen nicht nur problematische psychosoziale Variablen zu reduzieren, sondern auch spezifische Kompetenzen in möglichst gezielter Weise aufzubauen sind.

Die Wirksamkeit isolierter psychologischer und pädagogischer Einzelinitiativen sollte unseres Erachtens auch schon deshalb nicht überschätzt werden, weil gerade diejenigen Bevölkerungsgruppen, die häufig zur Gewalttätigkeit neigen, eine besonders geringe Motivation zur Verhaltensänderung zeigen. Bei einer umfangreichen Erkundungsstudie mit jugendlichen Tötungsdelinquenten fand T. WEINERT (1976) heraus, daß keiner der Untersuchten irgendwelche Therapiewünsche hatte. Kennzeichnend für den Täterkreis waren: Alkoholmißbrauch, Berufslosigkeit, ungeordnetes bis desolates häusliches Milieu mit vornehmlich gewalttätigen familiären Verhaltensmustern. Gerade diejenigen Menschen, die mit der Unzufriedenheit über ihre

Lebensbedingungen auf besonders „asoziale“ oder „gemeingefährliche“ Weise umgehen, sind einer erzieherischen Beeinflussung meist wenig zugänglich. In vielen Fürsorgeinstitutionen sind die Lebensbedingungen vernachlässigter Jugendlicher überdies noch immer so strukturiert, daß Gewalttätigkeit und Brutalität geradezu unausweichlich immer wieder neu reproduziert werden (vgl. hierzu sehr eindrucksvoll: WOLFFERSDORFF-EHLERT 1977).

Allerdings sind viele Möglichkeiten positiver Einwirkung noch nie erprobt worden. LISCHKE (1972, S. 195) berichtet in einer Übersicht über psychologische Projekte zur Modifikation aggressiven Verhaltens, er habe nur eine Veröffentlichung gefunden, in der neben der Technik der „Isolierung“ der Versuch unternommen wurde, soziale Verhaltensweisen zu lehren, die im Repertoire des betreffenden Menschen bisher nicht vorhanden waren.

Daß es prinzipiell möglich ist, auch auf „Delinquenten“ und chronisch gewalttätige Personengruppen sogar ganz außerhalb von Institutionen kompetenzfördernd einzuwirken, bewiesen originelle Arbeiten von SCHWITZGEBEL und KOLB (1964; 1978).

Diese Psychologen engagierten in Spielhöllen, an Straßenecken und an anderen typischen Treffpunkten der „Subkultur“ vorbestrafte Jugendliche für bestimmte bezahlte Jobs. Diese freiwilligen Jobs waren in geschickter Weise so arrangiert, daß die Jugendlichen bei der Ausführung der Jobs ihre eigene Lage stärker zu reflektieren begannen, Freude und Durchhaltevermögen bei zielstrebigen Aktivitäten entwickeln und Verhaltenskompetenzen erwerben konnten, die bei ihnen bisher wenig ausgebildet waren. Ähnlich originelle Projekte wurden von BURCHARD und Mitarbeitern (1976), COHEN (1976), PHILLIPS, WOLF, FIXSEN & BAILEY (1976) und SARASON (1976) auf der Grundlage der sozial-kognitiven Lerntheorie (RIBES & BANDURA 1976) veröffentlicht. Ein kritischer, aber dennoch ermutigender Erfahrungsbericht über Möglichkeiten und Grenzen kompetenzfördernder „Jugendarbeit zwischen Kneipe und Knast“ wurde von KRAUSSLACH, DÜWER und FELLBERG (1976) nach fünfjähriger Arbeit mit aggressiven Jugendlichen vorgelegt.

Gerade auch die „ärgerlichen“ Lebensbedingungen in sozialen Systemen müssen mehr als bisher ausfindig gemacht werden und zum Ziel überindividueller, letztlich politischer Veränderungsstrategien werden.

Literaturverzeichnis

ADORNO, Th.W.: Zum Verhältnis Psychoanalyse und Gesellschaftstheorie. In: Psyche, Jg. 6, 1952

ADORNO, Th.W.; FRENKEL-BRUNSWICK, E.; LEVINSON, D.; SANFORD, R.: The Authoritarian Personality, 1950

AICHHORN, A.: Verwahrloste Jugend. Bern, Stuttgart 1957

AMNESTY INTERNATIONAL: Bericht über die Folter. Frankfurt 1975

ARBEITSGRUPPE KINDERSCHUTZ: Gewalt gegen Kinder. Reinbek bei Hamburg, 1975

ARNOLD, M.B.: Emotion and Personality. Bd. 1. New York 1960

ARNOLD, M.B.: Perennial problems in the field of emotion. In: ARNOLD, M.B. (Hsg.): Feelings and emotions: The Loyala symposium. New York, 1970

AZRIN, N.: Pain und aggression. Psychol. Today, 1, 1967, 27–33

AZRIN, N.H.; HOLZ, W.C.: Punishment. In: Honig, W.K. (Hsg.): Operant behavior. New York 1966, 380–447

BACH, G.R.; DEUTSCH, R.M.: Pairing. Düsseldorf, Köln 1972

BACH, G.R.; WYDEN, P.: Streiten verbindet. Gütersloh 1970

BACH, G.R.; BERNHARD, Y.: Aggression Lab. Deutsche Studienausgabe: Hamburg (Altmann) o.J. (Orig. 1971)

BANDURA, A.: Social learning through imitation. In: Jones, M.R. (Hsg.): Nebraska symposium on motivation. Lincoln: University of Nebraska Press, 1962, 211-269

BANDURA, A.: Influence of models' reinforcement contingencies on the acquisitior of imitative responses. J. of personality and soc. psychol. 1, 1965 a, 589–595

BANDURA, A.: Principles of Behavior Modification. Holt, Rinehart and Winston Inc. New York 1969

BANDURA, A.: Self-reinforcement processes. In: R. Glaser (Ed.): The Nature of reinforcement. Academic Press 1971

BANDURA, A.: Verhaltenstheorie und die Modelle des Menschen. In: Bandura, A.: Lernen am Modell. Stuttgart 1976, 205–229 (Orig.: 1975)

BANDURA, A.: Psychological Mechanisms of Aggression. 1977 (Manuskript)

BANDURA, A.: Aggression — eine sozial-lerntheoretische Analyse. Stuttgart (Orig.: 1973), 1979 a

BANDURA, A.: Sozial-kognitive Lerntheorie. Stuttgart (Orig.: 1977), 1979 b

BANDURA, A.; MENLOVE, F. L.: Factors determining vicarious extinction of avoidance behavior through symbolic modeling. J. Pers. Soc. Psychol. 8, 1968, 99–108

BANDURA, A.; ROSS, D.; ROSS, S. A.: Transmission of aggression through imitation of aggressive models. J. of abnormal and soc. Psychol. 63, 1961, 575–582

BANDURA, A.; UNDERWOOD, B.; FROMSON, M. E.: Disinhibition of aggression through diffusion of responsibility and dehumanization of victims. Journal of Research in Personality 9 (1975) 253-269

BANDURA, A.; WALTERS, R.H.: Adolescent Aggression. New York 1959

BANDURA, A.; WALTERS, R. H.: Der Erwerb aggressiven Verhaltens durch soziales Lernen. In: Schmidt-Mummendey/Schmidt, 1971, 107–130

BARKER, R. G.; DEMBO, T.; LEWIN, K.: Frustration and regression; an experiment with young children. Univ. of Iowa Studies of Child welfare 18, No. 1,1941

BARON, R. A.: Reducing the influence of an aggressive model: The restraining effects of discrepant modeling cues. J. Pers. Soc. Psychol. 20,1971, 240–245

BARON, R. A.; KEPNER, C. R.: Model's behavior and attraction toward the model as determinants of adult aggr. behavior. J. Pers. Soc. Psychol. 14, 1970, 335–344

BAR-TAL, D.: Prosocial Behavior. Washington 1976

BECKER, G. E.; DIETRICH, B.; KAIER, E.: Konfliktbewältigung im Unterricht. Bad Heilbrunn 1976

BECKER, J.: Hitlers Kinder? Der Baader-Meinhof-Terrorismus. Frankfurt 1978

BERGIUS, R.: Psychologie des Lernens. Stuttgart 1971

BERKOWITZ, L.: Aggression: A Social-Psychological Analysis. New York 1962

BERKOWITZ, L.: Aggressive Cues in Aggressive Behavior and Hostility Catharsis. Psych. Rev. 71, 1964, 104–122

BERKOWITZ, L.; LEPAGE, A.: Waffen als aggressionsauslösende Reize. In: Schmidt-Mummendey/Schmidt (Hsg.): Aggressives Verhalten. München 1971, 131–146

BERNA, J.: Kinder beim Analytiker. München 1973

BLACKHAM, G. J.; SILBERMAN, S.: Grundlagen und Methoden der Verhaltensmodifikation bei Kindern. Weinheim und Basel 1975 (Orig.: 1971)

BÖSEL, R. und Mitarbeiter: Streß — Einführung in die psychosomatische Belastungsforschung. Hamburg 1978

BOTTENBERG, E.H.: Emotionspsychologie. München 1972
BRÄUTGIGAM, W.; RAD, M.v. (Eds.): Towards a theory of psychosomatic disorders — Alexithymia, pensée opératoire, psychosomatisches Phänomen. Basel 1977
BRAUN, P.; TITTELBACH, E.: Verhaltenstherapie. In: Pongratz (Hsg.) Handbuch Psychol. 8,2, 1978, S. 1955–2081, Göttingen
BREHM, J.W.: A theory of psychological reactance. New York 1966
BROCK, T.C.; PALLACK, M.S.: The consequenses of choosing to be aggressive: an analysis of the dissonance model and review of relevant research. In: Philip G. Zimbardo (Ed.) The cognitive control of motivation. Glenview/Ill., 1969, 185–202
BRÜCKNER, P.: Zur Sozialpsychologie des Kapitalismus. Ffm. 1972
BURCHARD, J.D. et. al.: New Strategies in Community-Based Intervention In: E. Ribes-Inesta, A. Bandura (Eds.) Analysis of Delinquency and Aggression. Hillsdale 1976, 95–122
BUSS, A.H.: The Psychology of Aggression. New York 1961
BUSS, A.H.: The effect of harm on subsequent aggression. J. exp. Res. Pers. 1, 1966, 249–255
BUSS, A.H.: Die Quittung der Aggression. In: J.L. Singer (Hrsg.) Steuerung von Aggression und Gewalt. Frankfurt/M. 1972, 20–33, (Orig.: 1971)
CANNON, W.B.: Bodily Changes in Pain, Hunger, Fear and Rage. New York 1929
CAPLAN, G.; GRUNEBAUM, H.: Perspektiven primärer Prävention. In: SOMMER, G.; ERNST, H. (Hrsg.): Gemeindepsychologie, München 1977, 51–69
CHITTENDEN, G.E.: An Experimental Study in Measuring and Modifying Assertive Behavior in Young Children. Monographs of the Society for Research in Child Development Vol. VII, No. 1 (Serial No. 31) 1942, Washington
COFER, Ch.N.: Motivation und Emotion. München 1975 (Orig.: 1972)
COHEN, H.L.: BPLAY — A community support system, phase one. In E. Ribes and A. Bandura (Eds.) Analysis of delinquency and aggression. Hillsdale, N.J.: Lawrence Erlbaum, 1976, 147–169
COHN, R.C.: Von der Psychoanalyse zur themenzentrierten Interaktion. Stuttgart 1975
COMSTOCK, G.A.: Television Violence: Where the Surgeon Generals Study Leads. o.J.
CRANACH, M. v.: Ethology and human behavior. In: J. Israel und H. Tajfel (Hrsg.): The context of social psychology, London, New York 1972, 370–392

DANN, H.D.: Müssen Aggressionen ausgelebt werden? In: Schmidt-Mummendey, 1971, 59–86

DAVISON, G.C.: Self-control through „imaginal aversive contingency" and „one-downmanship" enabling the powerless to accomodate unreasonableness. In: Krumboltz, J.D.; Thoresen, C.E. (Eds.): Behavioral counseling. New York 1969

DAVITZ, J.R.: Die Auswirkungen eines Trainingsprogramms auf das Verhalten nach einer Frustrationssituation. In: Ewert, O.M. (Hrsg.): Entwicklungspsychologie — Band I, Köln 1972, 193–200 (Orig.: 1952)

DEMBO, T.: Der Ärger als dynamisches Problem. Psychol. Forschung 15, 1931, 1–144

DIENER, E. et. al.: Effects of altered responsibility, cognitive set, and modeling on physical aggression and deindividuation. J. of Personality and Soc. Psychology, 31, 1975, 328–337

DOLLARD, J.; DOOB, L.W.; MILLER, N.E.; MOWRER, O.H.; SEARS, R.S.: Frustration und Aggression. Weinheim 1971, (Orig.: 1939)

DÜRKHEIM, E.: Regeln der soziologischen Methode. Neuwied, 1961

EDWARDS, N.L.: Aggressive expression under threat of retaliation. Unveröffentlichte Diss. Univ. Iowa 1967

EIBL-EIBESFELDT, I.: Liebe und Haß. München 1970

EIBL-EIBESFELDT, I.: Der vorprogrammierte Mensch. Wien-München-Zürich 1973

EIBL-EIBESFELDT, I.: Krieg und Frieden aus der Sicht der Verhaltensforschung. München/Zürich 1975

EIBL-EIBESFELDT, I.: Grundriß der vergleichenden Verhaltensforschung. München/Zürich 1978, (5., überarbeitete und erweiterte Auflage)

EINSTEIN, A.; FREUD, S.: Warum Krieg? London, Ges. Werke Band 16, 1933, (Sonderausgabe: Zürich 1972)

ELHARDT, S.: Über gesunde und neurotische „Aggression". Ztschr. Psychosom. 14/3, 1968

ELHARDT, S.: Aggression als Krankheitsfaktor — Eine Einführung in das Verständnis der psychosomatischen Medizin. Göttingen 1974

ELLIS, A.: Reason and emotion in psychotherapy. New York 1962

ELLIS, A.: Rational-emotive theory. In: A. Burton (Ed.), Operational theories of personality. New York 1974

ENGEL-JANOSI, F.; KLINGSTEIN, G.; LUTZ, H. (Hrsg.): Gewalt und Gewaltlosigkeit. München 1977

ERNST, H.: Primäre Prävention: Möglichkeiten und Grenzen einer Strategie. In: Sommer/Ernst (Hrsg.): Gemeindepsychologie, München 1977, 40–50

ERON, L.D.; LEVKOWITZ, M.M.; HUESMANN, L.R.; WALDER, L.O.:

Does Television Violence Cause Aggression? American Psychologist — April 1972, 253–263
ERON, L.D.; LEVKOWITZ, M.M.; WALDER, L.O.: Learning of aggression in children. Boston 1971
ESSER, J.: Zur Theorie und Praxis der Friedenspädagogik. Wuppertal 1973
ESSER, J.: Unterricht über Gewalt. München, Wien, Baltimore 1978
EULER, H.E.: Aggressionskontrolle mit Methoden der Verhaltenstherapie. In: Schmidt-Mummendey/Schmidt 1971, 209–232
FAWL, D.L.: Disturbances experienced in children in their natural habitats. In: Barker, R.G. (Ed.): The stream of behavior. New York 1963
FESHBACH, S.: The catharsis-hypoth. and some consequences of interaction with aggr. and neutral play objects J. Pers. 24, 1956, 449–462
FESHBACH, S.: The stimulating versus cathartic effects of a vicarious aggressive activity. In: J. abnorm. soc. psychol. 63, 1961, 381–385
FESHBACH, S.: The cathartic effect: research and another view. In: Report, violence and the media. Washington 1969
FESHBACH, S.: Aggression. In: Mussen, P.H. (Hrsg.), Carmichael's manual of child psychology, Bd. II. Wiley, New York 1970, 159–259
FESHBACH, N.; FESHBACH, S.: The Relationship between em pathy and aggression in two age groups. Developmental Psychology, 1, 1969, 102–107
FLORIN, J.; TUNNER, W.: Behandlung kindlicher Verhaltensstörungen, München 1971
FREIWALD, M.; LIEDTKE, R.; ZEPF, S.: Versuch einer Objektivierung des Aggressionsverhaltens psychosomatisch erkrankter Patienten. Kongreß für Innere Medizin, Band 1973, 1452–1454
FREUD, A.: Einführung. In: Freud, A. und Grubrich-Simitis, J. (Hrsg.): Sigmund Freud. Frankfurt am Main, 1978, 519–522
FREUD, S.: Abriß der Psychoanalyse, Band 17 der Ges. Werke, London 1938
FREUD, S.: Zur Psychopathologie des Alltagslebens. Frankfurt/M. 1941/54
FRIEBEL, H.: Aggressivität und Gewalt. Wuppertal 1976
FROMM, E.: Anatomie der menschlichen Destruktivität. Stuttgart 1974
FÜRNTRATT, F.: Angst und instrumentelle Aggression. Weinheim 1974
FUSS, A.: Ein neurotisches, verwahrlostes Kind. Praxis der Kinderpsychologie, 18, 1969
FUSS, A.: Esra — das aggressive, anti-soziale, vereinsamte Kind. Ztschr. für Heilpädagogik, 8, 1970
GALTUNG, J.: Theorien des Friedens. In: Senghaas, G. (Hrsg.), Kritische Friedensforschung, Frankfurt 1971, 235–246

GALTUNG, J.: Strukturelle Gewalt. Reinbek 1975

GEEN, R.G.; BEROWITZ, L.: Some conditions facilitating the occurence of aggression after the observation of violence. J. Pers. 35, 1975, 666–676

GEEN, R.G.: Effects of frustration, attack, and prior training in aggressiveness upon aggressive behavior. J. Pers. Soc. Psychol. 9, 1968, 316–321

GEEN, R.G.; STONNER, D.; SHOPE, G.L.: The facilitation of aggression by aggression: Evidence against the catharsis hypothesis. Journal of Personality and Social Psychology, 31, 1975, 721–726

GENTRYWKE, W.D.: Effects of Frustration. Attack, and Prior Aggressive Training and Overt Aggression and Vascular Processes. J. Pers. and Soc. Psychol. 16, 1970, 718–725

GERBNER, G.: Violence in television drama: Trends and symbolic functions. In: Comstock, G.A. and Rubinstein, E.A. (Hrsg.): Television and social behavior. Band 1: Content and Control. Washington 1972, 28–187

GERBNER, G.; GROSS, L.: The Scary World of TV's Heavy Viewer. Psychology Today, April 1976, 41 ff

GERST, M.: Prozesse der symbolischen Kodierung beim Beobachtungslernen. In: Bandura, A. (Hrsg.), Lernen am Modell, Stuttgart 1976, 93–114

GITTLEMAN, M.: Behavior rehearsal as a technique in child treatment. J. Child Psychol. Psychiat., 6, 1965, 251–255

GLUECK, S.; GLUECK, E.: Jugendliche Rechtsbrecher. Stuttgart 1963

GOFFMANN, E.: The Presentation of Self in Everyday Life. Gardon City, New York, 1959

GOLDAU, A. und Mitarbeiter: Biologische Argumente gegen das Aggressionskonzept von Lorenz. In: Das Argument 88, 1974 , 819-826

GOLDFRIED, M.R.; D'ZURILLA, t.J.: A behavior-analytic model for assessing competence. In: Spielberger, c.D. (Ed.): Current topics in clinical and community psychology. Academic Press 1969

GOLDSTEIN, J.H.; DAVIS, R.; HERMAN, D.: Escalation of aggression: Experimental studies. Journ. of Pers. and Soc. Psychology, 31, 1975, 162–170

GORDON, T.: Familienkonferenz. Hamburg 1972

GORDON, T.: Familienkonferenz in der Praxis. Hamburg 1978

GRELL, J.: Halt den Mund, sonst fliegst du raus! In: Betrifft: Erziehung Heft 11, 1975, 30–34

GROEBEN, N. Und WESTMEYER, H.: Kriterien psychologischer Forschung. München 1975

GURR, T.R.: Rebellion. Eine Motivationsanalyse von Aufruhr, Konspiration und innerem Krieg. Düsseldorf/Wien 1972

HACKER, F.: Aggression. Wien 1971

HACKER, G. I.: Materialien zum Thema Aggression. Wien, Zürich 1972
HALLIE, P. O.: Justification and rebellion. In: N. Sanford u. Comstock, C. (Eds.) Sanctions for evil. San Francisco, 1971, 247–263
HALLORAN, J. D.; CROLL, P.: Television programs in Great Britain: Content and control. In: Comstock, G. A. und Rubinstein, e. A. (Hrsg.): Television and social Behavior, Band I, Washington 1972, 415–492
HANKE, B,; HUBER, G.; MANDL, H.: Aggressiv und unaufmerksam — Die Aufgaben des Lehrers bei Schulschwierigkeiten. München 1976
HEITMEYER, W. et. al.: Curriculum „Schule und aggressives Konflikthandeln". Opladen 1976
HICKS, D. J.: Girl's attitudes toward modeled behaviors and the content of imitative private play. Child Developm. 42, 1971, 139–147
HILKE, R.; KEMPF, W. F.: Zur Rechtfertigung der Aggressionsmaschine. Z. f. Sozialpsychologie 7, 1976, 47–58
HÖCHSTETTER, W. K.: Die psychoanalytischen Grundlagen der Erziehung. Starnberg 1970, 1972
HOFFMAN, M. L.: Power assertion by the parent and its impact on the child. Child Developm. 31, 1961, 129–143
HOFFMANN, M. L.: Empathy, Role-Taking, Guilt, and Development of Altruistic Motives. In: Lickona, Th. (Ed.) Moral Development and Behavior. New York 1976, 124–143
HOFFMANN, M. L.: Personality and social development. Ann. Rev. Psychol. 28, 295–321, 1977
HOKANSON, J. E.; WILLERS, K. R.; KOROPSAK, E.: The modification of anatomic responses during aggressive interchange. J. Pers. 36, 1968, 386–404
HOLLAND, J.; SKINNER, B. F.: Analyse des Verhaltens. München, Berlin, Wien 1971
HOLLITSCHER, W.: Aggression im Menschenbild. Marx, Freud, Lorenz. Frankfurt/M. 1970
HOLZKAMP, K.: Wissenschaft als Handlung. Berlin 1968
HOLZKAMP, K.: Kritische Psychologie. Frankfurt 1972
HOLZKAMP, K.: Sinnliche Erkenntnis — Historischer Ursprung und gesellschaftliche Funktion der Wahrnehmung. Frankfurt/M. 1973
HOLZKAMP-OSTERKAMP, U.: Grundlagen der psychologischen Motivationsforschung. Frankfurt/New York 1975
HORN, K.: Bemerkungen zur politischen Konsequenz des Psychologismus psychologischer Denkmodelle und Vorschläge zu dessen Überwindung. In: WULF, Chr. (Hrsg.), Kritische Friedenserziehung. Frankfurt 1973
HUNT, J. M.; COLE, M. W.; REIS, E. E.: Situational cues distinguishing anger, fear, and sorrow. Am. J. Psychology 71, 1958, 136–151

HUTCHINSON, R.R.: The environmental causes of aggression. In: Cole, J.K. und Jensen, D.D. (Eds.) Nebraska symposion of Motivation 1972, Univ. of Nebraska press, 1973, 155–182

JANKOWSKI, P.: Diagnostik in der Erziehungs- und Familienberatung. In: Pongratz, L. (Hrsg.): Handbuch der Psychologie Band 8 (Klinische Psychologie), 2. Halbband, Göttingen 1978, 1726–1755

JONES, E.: Sigmund Freud. Leben und Werk. Frankfurt am Main, 1969

JÜTTEMANN, G.: Eine Prädikationsanalyse des Aggressionsbegriffs. Die Auflösung einer Definitionsproblematik durch die Untersuchung des Wortgebrauchs. In: Ztschr. f. Soz. psych. 9, 1978, 299–312

KAISER, A.: Aggressivität als anthropologisches Problem. In: Plack, A. (Hrsg.): Der Mythos vom Aggressionstrieb. München 1973

KAISER, P.E.: Kompetenzepidemiologie — Überlegungen zu einer Epidemiologie sozialer Fertigkeiten. In: Sommer, G./Ernst, H. (Hrsg.), Gemeindepsychologie, München 1977, 99–117

KANFER, F.H.: Vicarious human reinforcement: A glimpse into the black box. In: Krasner, L. und Ullmann, L.P. (Hrsg.): Research in behavior modification. New York 1965, 244–267

KANFER, F.H.: Self-regulation: Research, issues and speculations. In: Neuringer, C. und Michael, J.M. (Eds.): Behavior Modification in clinical psychology. New York 1970, 178–220

KANT, I. 1798: zit. nach SIEBERT 1977 b

KAUFMANN, H.: Definitions and methodology in the study of aggression. Psychol. Bull. 64, 1965, 351–364

KAUFMANN, H.: Aggression and Altruism. A Psychological Analysis. New York 1970

KAUFMANN, H.; FESHBACH, S.: The influence of antiagressive communications upon the response to provocation. J. of Personality 31, 1963, 428–440

KEIL-SPECHT, H./DENZER, S.: Möglichkeiten der Diagnostik aggressiven Verhaltens. In: Schmidt-Mummendey/Schmidt 1971, 189–208

KELLER, G.: Die Psychologie der Folter. In: Psychologie heute, Nr. 3/1978, 39–46

KELLER, M.: Kognitive Entwicklung und soziale Kompetenz. Stuttgart 1976

KELLY, G.A.: The psychology of personal constructs. New York 1955

KELMANN, H.C.: Violence without moral restraint: Reflections on the dehumanization of victims and victimizers. Journ. of Social Issues, 29, 1973, 25–61

KELMER, O.; STEIN, A.: Fernsehen — Aggressionsschule der Nation? Bochum 1975

KEMMLER, L.: Untersuchungen über den frühkindlichen Trotz. Psychol. Forschung 25, 279–338

KNUTSON, J.P.: The control of aggression. Chicago: Aldine 1973

KOUNIN, J.S.: Techniken der Klassenführung. Bern-Stuttgart 1976

KRAUSSLACH, J.; DÜWER, F.W.; FELLBERG, G.: Aggressive Jugendliche — Jugendarbeit zwischen Kneipe und Knast. München 1976

KRUMBOLTZ, J.D.; THORESEN, C.E.: Behavioral Counseling: Cases and Techniques. New York 1969

KRUMBOLTZ, J.D.; THORESEN, C.E.: Counseling Methods. New York 1976

KUNCZIK, M.: Gewalt im Fernsehen. Köln, Wien 1975

LARSEN, O.N.: Violence and the Mass Media. New York, Evanston, London, 1968

LARSEN, O.N.; GRAY, L.N.; FORTIS, J.G.: Achieving goals through violence on television. In: Larsen, O.N. (Hrsg.): Violence and the mass media. New York 1968, 97–111

LAWSON, R.: Frustration. New York 1965

LAZARUS, R.S.: Psychological stress and the coping process. New York, 1966

LAZARUS, R.S.: Emotions and adaption. Conceptual and empirical relations. In: Arnold, W.J. (Ed.), Nebraska Symposium of motivation. Lincoln 1968

LAZARUS, H.: Subjektive Familienstruktur und Jugendkriminalität. Rheinstetten 1976

LAZARUS, A.A.: Multimodale Verhaltenstherapie. Frankfurt/M., 1978, (Prog.: 1976)

LAZARUS, A.; FAY, A.: Ich kann, wenn ich will. Stuttgart 1977

LEMPP, R.: Jugendliche Mörder. Bern-Stuttgart-Wien 1977

LEVITT, E.: Die Psychologie der Angst. Stuttgart, Berlin, Köln, Mainz 1971

LICKONA, Th. (Hrsg.): Moral Development and Behavior. Holt, Linehart and Winston, New York 1976

LIEBERT, R.M.; NEALE, J.M.; DAVIDSON, E.S.: The early window: Effects of television on children and youth. New York 1973

LIEBHART, E.H.: Wahrgenommene autonome Veränderungen als Determinanten emotionalen Verhaltens. In: Görlitz, D.; Meyer, W.U.; Weiner, B. (Hrsg.): Bielefelder Symposion über Attribution, Stuttgart 1978, 107–137

LISCHKE, G.: Aggression und Aggressionsbewältigung. Freiburg, München 1972

LOCH, W. (Hrsg.): Die Krankheitslehre der Psychoanalyse. Stuttgart, 1971

LORENZ, K.: Über die Bildung des Instinktbegriffs. Die Naturwissenschaft, 25, 1937, 289–300, 307–318, 325–331

LORENZ, K.: Das sogenannte Böse. Wien 1963

LÖSEL, F.: Handlungskontrolle und Jugenddelinquenz. Stuttgart 1975

LOUIS, B. u. Mitarbeiter: Lehrer- und Schülerverhalten in wechselseitiger Bezogenheit. Donauwörth 1976

LÜCK, H. E.: Prosoziales Verhalten. Köln 1975

LÜCK, H. E. (Hrsg.): Mitleid — Vertrauen — Verantwortung. Ergebnisse der Erforschung prosozialen Verhaltens. Stuttgart 1977

LUKATS, E.; LUTHE, R.: Ergebnisse einer Reihenuntersuchung zur Frage der Beziehungen aggressiven Verhaltens zu psychosomatischer Störanfälligkeit. In: EHRHARDT, H. E. (Hrsg.) Aggressivität — Dissozialität — Psychohygiene. Bern, Stuttgart, Wien 1975, 85–90

LURIA, A.: The role of speech in the regulation of normal and abnormal behavior. New York: Liveright, 1961

MACCOBY, E.: Die Wirkung des Fernsehens auf Kinder. In: Schramm, W. (Hrsg.): Grundfragen der Kommunikationsforschung. München, 1964, 141–154

MAHONEY, M. J.: A Residential Program in Behavior Modification — Paper presented at the 5th Annual meeting of the Association for the Advancement of Behavior Therapy, Washington D.C., Sept. 1971

MAI, E. D.: Vergewaltigung. Haarlem-Westberlin, 1977

MALLICK, S. K.; MCCANDLESS, B. R.: A study of catharsis of aggression. J. of Personality and Soc. Psychol. 4, 1966, 591–596

MANGELSDORFF, A. D.; ZUCKERMAN, M.: Habituation to scenes of violence. Psychophysiology, 12, 1975, 124–139

MANDEL, A.; MANDEL, K. H.; SADTER, E.; ZIMMER, D.: Einübung in Partnerschaft. München 1971

MANTELL, D. M.: Das Potential zur Gewalt in Deutschland. In: Schmidt-Mummendey/Schmidt 1971, 161–178

MANTELL, D. M.: Familie und Aggression — Zur Einübung von Gewalt und Gewaltlosigkeit. Frankfurt 1972

MARFELD, A. F.: Kybernetik des Gehirns. Berlin 1970

MCKELLAR, P.: The emotion of anger in the expression of human aggressiveness, Brit. J. Psychol., 1949, 148–155

MEES, U.: Modification ‚aggressiven' Verhaltens. In: H. Selg, Menschliche Aggressivität, 1974 b, 147–172

MEICHENBAUM, D.: Cognitive Behavior Modification. Morristown 1974

MEICHENBAUM, D.; GOODMAN, J.: Training impulsive children to talk to themselves: A Means of developing self-control. J. Abnorm. Psychol. 77, 1971, 115–126

MEICHENBAUM, D.; CAMERON, R.: The clinical potential of modifying what clients say to themselves. In: MAHONEY, M. und THORESEN, C. E. (Eds.): Self-Control: Power to the person. Monterey, 1974, 263–290

MEES, U.: Vorausurteil und aggressives Verhalten. Stuttgart 1974

MICHAELIS, W.: Verhalten ohne Aggression? Köln 1976 (a)

MICHAELIS, W.: Perspektiven der Theorienbildung über die Aggression. Unveröffentlichte Habilitationsschrift Univ. Kiel, Psychol. Institut, Dez. 1976 (b)

MICHAELIS, W.: Dürfen die Ergebnisse der Aggressionsforschung angewandt werden? Vortrag beim 31. Kongress der Dt. Ges. f. Psychologie, Mannheim 1978

MILGRAM, S.: Das Milgram-Experiment - Zur Gehorsamsbereitschaft gegenüber Autorität. Reinbek 1974

MILLER, N. E.: The frustration-aggression-hypothesis. Psychol. Review 48, 337–342

MILLER, G. A.; GALANTER, E.; PRIBRAM, K. H.: Strategien des Handelns. Stuttgart 1973

MISCHEL, W.; MISCHEL, H.: A Cognitive Social Learning Approach to Morality and Self-Regulation. In: Lickona, Th. (Ed.): Moral development and Behavior. New York 1976

MITSCHERLICH, A.: Aggression und Anpassung. In: Marcuse, H. u. a. (Hrsg.): Anpassung in der Industriegesellschaft, Frankfurt/M., 1970, 5. Auflage

MITSCHERLICH, A.: Die Idee des Friedens und die menschliche Aggressivität. Frankfurt 1971

MONTAGU, M. F. A.: Mensch und Aggression. Weinheim 1974 (Orig.: 1968)

NEIDHART, F.: Die junge Generation. Opladen 1970

NOLTING, H. P.: Lernfall Aggression. Reinbek bei Hamburg 1978 a

NOLTING, H. P.: Zur Erklärung von Sündenbockphänomenen. In: Gruppendynamik 1978

NOVACO, R. W.: Anger Control: The Development and Evaluation of an Experimental Treatment. Lexington, Toronto, London 1975

NOVACO, R.: The Functions and Regulations of the Arousal of Anger. Am. J. Psychiatry 133, 1976, 1124–1128

O'LEARY, K. D.; O'LEARY, S. G.: Classroom management: The successful use of behavior modification. New York 1972

O'LEARY, M. R.; DENGERINK, H. A.: Aggression as a function of the intensity and pattern of attack. J. Res. Pers. 7, 1973, 61–70

OSWALD, A.; RAUE, S.: Über aggressives Verhalten in einem Kinderladen. Eine Beobachtungsstudie. Münster 1971

PASTORE, N.: The role of arbitrariness in the frustration-aggression-hypothesis. J. abnorm. soc. psychol., Vol. 47, 1952

PATTERSON, G.R.: Behavioral Intervention procedures in the classroom and in the home. In: Bergin A und Garfield, S. (Eds.), Handbook of psychotherapy and behavior change: An empirical analysis. New York 1971, 751–775

PATTERSON, G.: Soziales Lernen in der Familie. München 1975

PATTERSON, G.; COBB, J.A.; RAY, R.S.: A social engeneering technology for restraining the families of aggressive boys. In: Adams, H.E. (Ed.): Issues and trends in behavior therapy. Springfield 1972

PATTERSON, G.; LITTMAN, R.A.; BRICKER, W.: Assertive behavior in children: A step toward a theory of aggression. Monographs of the Society for Research in Child Development, 32, No. 5 (Serial No. 113) 1967

PATTERSON, G.; REID, J.B.; JONES, R.R.; CONGER, R.E.: A social learning approach to family intervention. Vol. 1. Families with aggressive children. Eugene, Oregon: Castalia Publishing Co., 1975

PETERMANN, F.; PETERMANN, U.: Training mit aggressiven Kindern. München 1978

PETERSON, R.A.: Aggression level as a function of expected retaliation and aggression level of target and aggressor. Development Psychol. 5, 1971, 161–166

PETRI, H.; LAUTERBACH, M.: Gewalt in der Erziehung. Frankfurt, 1975

PEYREFITTE, A.: Réponses á la violence. Rapport á M. Le Président de la République. Présenté par le comité d'etudes sur la violence, la criminalité et la délinquance. Paris 1977

PHILLIPS, L.: The competence criterion for mental health programs. In: Cook, P.E. (Ed.): Community psychology and community mental health. Holden Day, San Francisco, 1970

PHILLIPS, E.L.; WOLF, M.M.: FIXSEN, D.L.; BAILEY, J.S.: The Achievement Place model: A community-based, family-style behavior modification program for predelinquents. In: E. Ribes und A. Bandura (Eds.), Analysis of delinquency and aggression. Hillsdale, N.J.: Erlbaum, 1976, 171–201

PILZ, G.; MOESCH, H.: Der Mensch und die Graugans — Eine Kritik an Konrad Lorenz. Frankfurt/M. 1975

PIONTKOWSKI, U.: Psychologie der Interaktion. München 1976

PISANO, R.; TAYLOR, S.P.: Reduction of Physical Aggression. J. of Pers. and Soc. Psychol. 19, 1971, 237–242

PLACK, A. (Hrsg.): Der Mythos vom Aggressionstrieb. München 1973

PRIOR, H. (Hrsg.): Soziales Lernen. Düsseldorf, 1976

PÜTZ, A.: Einstellungs- und Verhaltensänderung bei Jugendlichen mit sozial abweichendem Verhalten. Stuttgart, Berlin, Köln, Mainz, 1976

RAD, M. v.: Das psychosomatische Phänomen. Eine empirische Vergleichsuntersuchung psychosomatischer und psychoneurotischer Patienten. Unveröffentlichte Habilitationsschrift, Heidelberg 1977

RATTNER, J.: Aggression und menschliche Natur. Frankfurt/M. 1972

REDL, F.; WINEMAN, D.: Steuerung des aggressiven Verhaltens beim Kind. München 1976

REICH, W.: Der Urgegensatz des vegetativen Lebens. Ztschr. f. politische Psychol. und Sexualökonomie 1, 1934

REID, J.B.; PATTERSÔN, G.R.: The modification of aggression and stealing behavior of boys in the home setting. In: Ribes, E. und Bandura, A. (Eds.), Analysis of delinquency and agression. Hillsdale, N.J.: Erlbaum, 1976, 123–145

RIBES, E.: Methodological remarks on an delinquency prevention and rehabilitation program. In: S.W. Bijou und E. Ribes (Eds.): Behavior modification: issues and extensions. N. 4, Acad. Press, 1972

RIBES-INESTA, E.; BANDURA, A.: Analysis of Delinquency and Aggression. John Wiley and Sons, New York 1976, Lawrence Erlbaum, Ass., Hillsdale)

RÖHM, H.: Kindliche Aggressivität. Starnberg 1972

ROSCHE, C.: The effects of television violence on the aggressive behavior of children and adults. Unveröffentl. Manuskript, Stanford University, 1976

ROSENHAN, D.: Some origins of concern for others. Aus: Mussen, P., Langer, J., Covington, U. (Eds.), Trends and issues in developmental psychol., Nr. 4, 1969, 132–153

ROSENHAN, D.L.: Learning theory and prosocial behavior. J. of social issues, 28, 1972, 151–164

ROSENZWEIG, S.: A general outline of frustration. Character and Personality 7, 1938, 151–160

ROTH, G. (Hrsg.): Kritik der Verhaltensforschung — Konrad Lorenz und seine Schule. München 1974

ROTH, J.: Eltern erziehen Kinder — Kinder erziehen Eltern. Köln 1976

ROTHENBERG, A.: On Anger. Amer. J. Psychiat. 128, 1971, 454–460

RUBINSTEIN, S.L.: Grundlagen der allgemeinen Psychologie. Berlin (DDR) 1968

SARASON, I.G.: A modeling and informational approach to delinquency. In: Ribes, E.; Bandura, A. (Eds.), Analysis of delinquency and aggression. Hillsdale, N.J.: Erlbaum, 1976, 71–93

SARASON, I.G.; GANZER, V.J.: Developing Appropriate Social Behaviors of

Juvenile Delinquents. In: Krumboltz, J.D., TORESEN, C.E. (Eds.): Behavioral counseling. New York 1969, 178–193

SARNOFF,: Testing Freudian Concepts.— An Experimental social Approach. New York Springer 1971

SCHACHTER, S.: The interaction of cognitive and physiological determinants of emotional state. In: Berkowitz, L. (Ed.), Advances in experimental social psychology, Vol. 1, New York 1964

SCHACHTER, S.; SINGER, J.E.: Cognitive, social and physiological determinants of emotional state. Psychol. Rev. 69, 1962, 379–399

SCHEINER, P.: Wie du mir . . . Aggressionen und Konflikte im Alltag. Weinheim 1977

SCHMIDBAUER, W.: Die sogenannte Aggression. Hamburg 1972

SCHMIDT-MUMMENDEY, A.; SCHMIDT, H.D.: Ärger und Einstellung. Bericht über den 27. Kongress der Dtsch. Gesellschaft für Psychologie in Kiel, 1970

SCHMIDT-MUMMENDEY, A.: Bedingungen aggressiven Verhaltens. Bern, Stuttgart, Wien 1972, 1975

SCHMIDT-MUMMENDEY, A.; SCHMIDT, H.D. (Hrsg.): Aggressives Verhalten. München 1971

SCHNEIDER, H.D.: Ansatzpunkte zur Reduktion aggressiven Verhaltens. Päd. Rundschau 23, 1969, 237

SCHNEIDER, M.; ROBIN, A.: The Turtle Technique: A Method for the Self-Control of Impulsive Behavior. In: Krumboltz, J.D.; TORENSEN, C.E. (Eds.), Counseling Methods, New York etc., 1976, 157–163

SCHOTT, F.: „Was ist Aggression?“ In: Selg, H. (Hrsg.), zur Aggression verdammt? Stuttgart 1975, 129–159

SCHWITZGEBEL, R.L.: Private Events in Public Places. In: Ribes, E.; Bandura, A. (Eds.): Analysis of Delinquency and Aggression. Hillsdale 1976, 35–50

SCHWITZGEBEL, R.A.; KOLB, D.A.: Systematische Verhaltensänderung. Stuttgart 1978

SCOTT, J.P.: Aggression. University of Chicago Press. Chapter VI: Ecological Causes of Aggression. 1958, 106–110 (1975. 2. Auflage)

SEARS, R.R.: Non-aggressive reactions to frustration. Psychol. Review, 48, 1941, 343–346

SEARS, R.R.; MACCOBY, E.E.; LEVINE, H.: Patterns of child rearing. Evanstown 1957

SELG, H. (Hrsg.): Zur Aggression verdammt? Stuttgart, Berlin, Köln, Mainz 1971

SELG, H.: Menschliche Aggressivität. Göttingen-Toronto-Zürich 1974

SELMAN, R.L.: Social Cognitive Understanding: A Guide to Educational and Clinical Practice. In: Thomas Lockona (Ed.), Moral Development and Behavior. New York 1976, 299–316

SENGHAAS, D. (Hrsg.): Kritische Friedensforschung. Frankfurt/M. 1971

SEUBERT, E.: Gegenwärtiger Stand der Präventionsforschung. In: Pongratz, L.J. (Hrsg.), Handbuch der Psychologie Band 8, 2. Halbband, Göttingen 1978, 3172–3207

SIEBERT, M.: Ärgerkontrolle: Eine Methode der Aggressionsbewältigung? Ztschr. f. klin. Psychol. 1/1977 a, 59–67

SIEBERT, M.: Ärger: Theorie, Messung und Kontrolle. Beiträge zu einem erziehungsrelevanten Gegenstand. Phil. Diss. Univ. Oldenburg; unveröffentlich, 1977 b

SIFNEOS, P.E.: Problems of Psychotherapy of Patients with Alexithymic Characteristic and Physical Disease. Psychother. Psychosom. 26, 1975, 65–70

SINGER, B.D.: Violence, protest and war in television news: The U.S. and Canada compared. Public Opinions Quarterly, 34, 1970–1971, 611–616

SINGER, J.L.: In Fernsehen und Film dargestellte Gewalt und ihr Anteil an der Bewirkung offener Aggression. In: J.L. Singer (Hrsg.): Steuerung von Aggression und Gewalt. Frankfurt/M. 1972, 34–83, (Orig.: 1971)

SKINNER, B.F.: Futurum zwei. Reinbek 1970 (Orig.: 1948)

SOBEZ, I.; VERRES, R.: Die Kunst, sich „richtig“ zu ärgern. Psychologie heute, 4, 1980, 20–25

SOMMER, A.; GROBE, H.: Aggressiv durch Fernsehen? Neuwied und Berlin 1974

SOMMER, G.: Hilfe zur Selbsthilfe (Eigensteuerung). Funkkolleg Beratung in der Erziehung. Band 2, Frankfurt 1977 a, 609–638

SOMMER, G.: Kompetenzerwerb in der Schule als primäre Prävention. In: Sommer, G.; Ernst, H.: Gemeindepsychologie, München 1977 b, 70–98

SOMMER, G. et al: Gemeindepsychologie. In: Pongratz (Hrsg.): Handbuch der Psychologie 8, 2, 1978, 2913–2979

SOMMER, G.; ERNST, H. (Hrsg.): Gemeindepsychologie — Therapie und Prävention in der sozialen Umwelt. München-Wien-Baltimore 1977

SPITZ, R.: Vom Säugling zum Kleinkind. Stuttgart 1969

SPIVACK, G.; PLATT, J.J.; SHURE, M.B.: The problemsolving approach to adjustment. San Francisco 1976

SPIVACK, G.; SHURE, M.B.: Social adjustment of young children. Jossey-Bess, San Francisco 1974

STÄCKER, H.K.: Frustration. Stuttgart 1977

STAUB, E.: Das Lernen und Verlernen von Aggression. In: J.L. Singer, (Hrsg.): Steuerung von Aggression und Gewalt. Frankfurt/M. 1972, 117–149, (Orig.: 1971)

STAUB, E.: The Development of Prosocial Behavior in Children. The Univ. of Massachusetts, Amherst, im Druck: Warner Modular Publications, Inc., 1973

STEINERT, H.: Die Strategien des sozialen Handelns — Zur Soziologie der Persönlichkeit und der Sozialisation. 1972

STIERLIN, H.: Von der Psychoanalyse zur Familientherapie. Stuttgart 1975

STIERLIN, H.: Delegation und Familie. Frankfurt am Main 1978

STIERLIN, H.; RÜCKER-EMBDEN, J.; WETZEL, N.; WIRSCHING, M.: Das erste Familiengespräch. Stuttgart 1977

SULLIVAN, H.S.: Clinical Studies in Psychiatry. W.W. Norton, New York 1956

TAUSCH, R.; TAUSCH, A.M.: Erziehungspsychologie — 8., gänzlich neugestaltete Auflage. Göttingen 1977

TEDESCHI, J.T.; SMITH, R.B.; BROWN, R.C.: A Reinterpretation of Research of Aggression. Psych. Bull. 81, 1974, 540–562

TEUTSCH, G.M.: Lernziel Empathie. In: Lück, H.E. (Hrsg.), Mitleid — Vertrauen — Verantwortung. Stuttgart, 1977, 145–155

THOMAS, M.H. und Mitarbeiter: Desensitivation to portrayals of real-life aggression as a function of exposure to television violence. J. Pers. Soc. Psychol. 35, 1977, 450–458

TINBERGEN, N.: The Herring Gull's World. London, 1963

TOCH, H.: Violent Men. Chicago 1969

VALINS, S.: Cognitive effects of false heart-rate feedback. J. Pers. Soc. Psychol. 4, 1966, 400–408

VALINS, S.: Emotionality and information concerning internal reactions. J. Pers. Soc. Psychol. 6, 1967, 458–463

VALINS, S.: Persistant effects of information about internal reactions: Ineffectiveness of debriefing. In: London, H. und Nisbett, R.E. (Eds.): Thought and feeling: Cognitive modification of feeling states. Chicago, 1974, 116–124

VERRES, R.: Vorwort des Herausgebers der deutschen Ausgabe. In: A. BANDURA, Sozial-kognitive Lerntheorie. Stuttgart 1979

VERRES, R. u. SOBEZ, I.: Kognitive Aspekte von Ärger und Wut. In: S. DAVIES-OSTERKAMP, E. PÖPPEL (Hrsg.): Emotionsforschung im medizinischen Bereich, Göttingen, 1980

VIRKKUNEN, M.: Alcohol as a factor precipitating aggression and conflict behavior leading to homicide. The British Journal of Addiction, 69, 1974, 149–154

VOLKMANN-RAUE, S.: Aggressions-Interaktionen bei repressionsfreier Erziehung. Münster 1977

WAGNER, I.: Aufmerksamkeitstraining mit impulsiven Kindern. Stuttgart 1976

WALDMANN, P.: Strategien politischer Gewalt. Stuttgart 1977

WALLER, M.: Soziales Lernen und Interaktionskompetenz. Stuttgart 1978

WALTERS, R.H.; BROWN, M.: Studies of reinforcement of aggression. III. Transfer of responses to an interpersonal situation. Child Development, 34, 1963, 563–571

WALTERS, G.C.; GRUSEC, J.E.: Punishment. San Francisco 1977

WATSON, J.B.: Behaviorism. (deutsch: Behaviorismus; Köln 1968), Original: 1930

WATZLAWICK, P.; BEAVIN, J.; JACKSON, D.: Menschliche Kommunikation. Bern, Stuttgart, Wien 1969

WATZLAWICK, P.; WEAKLAND, J.H.; FISCH, R.: Lösungen. Bern, Stuttgart, Wien 1974

WEINER, B.; RUSSELL, D.; LERMAN, D.: Affektive Auswirkungen von Attributionen. In: Görlitz, D.; Meyer, W.U.; Weiner, B. (Hrsg.): Bielefelder Symposion über Attribution, Stuttgart 1978, 139–174

WEINER, T.: Aggression und Depression — Eine mehrdimensionale Untersuchung an kindlichen und jugendlichen Tötungsdelinquenten. Göttingen 1976

WEINGARTEN, A.; WILLMS, S.: Umgang mit aggressiven Verhaltensweisen. Stuttgart 1978

WELLENDORF, F.: Soziale Konflikte in der Schule. In: F.E. WEINERT u.a. (Hrsg.), Funk-Kolleg Pädagogische Psychologie. Frankfurt 1974, S. 451–472

WERBIK, H.: Versuch einer Bewertung der Frustrations-Aggressions-Hypothese. In: Schmidt-Mummendey/Schmidt, 1971, 87–106

WERBIK, H.: Theorie der Gewalt. München 1974

WESTMEYER, H.: Kritik der psychologischen Unvernunft. Probleme der Psychologie als Wissenschaft. Stuttgart 1973

WILKE-BIRKENHAUER, U.: Kooperatives Verhalten bei Kindern - ein Überblick über theoretische Konzepte und empirische Befunde. In: H.E. Lück (Hrsg.): Mitleid - Vertrauen - Verantwortung. Stuttgart 1977, 156–169

WILKINS, J.L.; SCHARF, W.H.; SCHLOTTMANN, R.S.: Personality type, reports of violence, and aggressive behavior. J. Pers. Soc. Psychol. 30, 1974, 243–247

WOLF, S. et al: Hypertension as a reaction pattern to stress; Summary of experimental data on variations in blood pressure and renal blood flow. Ann. Int. Med. 29, 1948, 1056–1076

WOLFFERSDORFF-EHLERT, C.: Beratung in der Erziehungshilfe und Resozialisierung. In: R. BASTINE u.a. (Hrsg.): Funk-Kolleg Beratung in der Erziehung. Frankfurt 1977, S. 545–582

WORCHEL, P.: Catharsis and relief of hostility. J. Abnorm. Soc. Psychol. 55, 1957, 138–143

WULFF, C. (Hrsg.): Kritische Friedenserziehung. Frankfurt/M. 1973

YABLONSKY, L.: The violent gang. New York 1962

ZEPF, S.: Primäre Sozialisation als alexithyme Defekte der Symbol- und Repräsentanzbildung. In: Overbeck, G. u. A. (Hrsg.): Seelischer Konflikt — körperliches Leiden. Reinbek 1978, 327–334

ZILLMANN, D.: Excitation in communication-mediated aggressive behavior. J. of experimental soc. psychol. 7, 1971, 419–434

ZILLMANN, D.; BRYANT, J.: Effect of residual excitation on the emotional response to provocation and delayed aggressive behavior. Journ. of Pers. and Soc. Psychology 30, 1974, 782–791

ZULLINGER, H.: Schwierige Kinder. Zwölf Kapitel über Erziehung, Erziehungsberatung und Erziehungshilfe. Bern, Stuttgart, Wien 1970

Personenregister

Sachregister

Sozialwissenschaften

Hertha Sturm / J. Ray Brown (Hrsg.)

Wie Kinder mit dem Fernsehen umgehen

Nutzen und Wirkung eines Mediums

Mit Beiträgen von Heinz Bonfadelli, Jane Delane Brown, J. Ray Brown, Joyce Cramond, Cecilia von Feilitzen, Bradley S. Greenberg, Walter Hättenschwiler, Heidi R. Hoffman, Bromley H. Kniveton, Olga Linné, Jack Lyle, Gerhard Maletzke, Jack McLeod, Denis McQuail, Grant Noble und Ulrich Saxer
1979, 330 Seiten, kartoniert ISBN 3-12-930610-2

Das Massenmedium Fernsehen ist von Anfang an Gegenstand von Diskussion und Kritik gewesen. Es hat in das menschliche Leben eingegriffen wie kaum eine andere Erfindung: Ein großer Teil der Freizeit wird ihm gewidmet und es beeinflußt in zunehmendem Maße das Bild, das sich seine Benutzer von der Welt machen.
Wie aber wirkt das Fernsehen auf unsere Kinder, die zum Teil schon vom frühesten Alter an fernsehen? Wie gehen sie mit diesem Medium um? Richtig? Falsch? Kritisch? Sehen sie zuviel? Kindgerechtes? Können sie womöglich beim Fernsehen etwas lernen? Haben sie eine Vorstellung, wie das Fernsehen funktioniert?
Aufgrund von Ergebnissen empirischer Untersuchungen, die in verschiedenen Ländern durchgeführt wurden, analysieren die Autoren dieses Buches Fernsehnutzung, Sehverhalten und Wirkungen auf die einzelnen Altersgruppen.

Kurt Lüscher (Hrsg.)

Sozialpolitik für das Kind

Mit Beiträgen von Hans Bertram, Norberto Bottani, Franz-Xaver Kaufmann u. a., Hans-Günter Krüsselberg, Kurt Lüscher, Rosemarie von Schweitzer, Gilbert Y. Steiner, Jack Tizard und Max Wingen
1979, 283 Seiten, kartoniert ISBN 3-12-925041-7

Die Frage, wie wir in der Gegenwart die Lebensverhältnisse für unsere Kinder gestalten sollen, beschäftigt in zunehmendem Maße eine breite Öffentlichkeit. Der Konstanzer Sozialwissenschaftler K. Lüscher hat sich die Aufgabe gestellt, eine erste Übersicht über die Maßnahmen zu erarbeiten, die geeignet sind, zur Verbesserung der Lebensbedingungen der Kinder beizutragen. Einzelne Bereiche wie die Wohnumwelt, Maßnahmen wie Tagespflege und Elternbildung werden in Beiträgen anerkannter Fachleute unter besonderer Berücksichtigung der Bundesrepublik beschrieben.

Klett-Cotta